랍비 예수와 함께
성경 읽기

Reading the Bible with Rabbi Jesus

Originally published in English under the title
Reading the Bible with Rabbi Jesus
by Baker Books, A division of Baker Publishing Group
P. O. Box 6287, Grand Rapids, MI 49516, U. S. A.

예수님의 방식으로 다시 읽는 성경

Reading the Bible with Rabbi Jesus

랍비 예수와 함께 성경 읽기

로이스 티어베르그 지음

손현선 옮김

사랑하는 어머니

로라 에블린 티어베르그(1922 - 2017)를 추억하며

목차

제3부. 그분이 성경을 풀어주실 때

추천의 글

저는 약속의 땅 이스라엘을 20회 이상 다녀왔습니다. 때로는 몇 사람과 때로는 공동체 교우들의 성지순례 인도로 말입니다. 그럼에도 그 땅은 저를 싫증 나게 하지 않습니다. 갈 때마다 성경을 새롭게 이해하는 안목이 넓어지고 예수님을 새롭게 만나기 때문입니다.

사실 예수님의 공식 명칭은 '랍비 선생'이었습니다. 그래서 랍비 예수님의 안목으로 성경을 이해하는 것은 성경의 오리지널 메시지에 접근하는 지름길입니다. 저자는 서구교회가 헬라-로마인의 안경으로 성경을 읽기 때문에 '성경 이해'가 아닌 '성경 오해'가 일어나고 있다고 지적합니다. 그리고 히브리적 성경 읽기의 길을 소개합니다.

이 책은 제가 지금까지 읽은 어떤 책보다도 더 쉽고 흥미진진하게 약속의 땅과 그 땅의 주인 그리고 우리의 주님으로 오신 예수님을 새롭게 만나도록 돕습니다. 그래서 이 책을 기쁨과 열정으로 추천하는 바입니다.

- **이동원** 지구촌교회 창립/원로목사, 지구촌 미니스트리 네트워크 대표

"성경은 동양 서적이다. 그런데 우리는 서구문화의 색안경을 끼고 성경을 본다. 이 과정에서 많은 것이 유실된다"는 신약학 교수 케네스 베일리의 지적은 신선한 충격을 준다. 그동안 특히 신약성경은 서양 사고방식의 뿌리가 되는 그리스-로마식 관점으로 읽는 것이 대세였다. 그러나 최근에 와서 예수의 유대성에 주목하기 시작했다. 이 책은 예수가 유대인이며, 그의 사고방식이 유대적, 히브리적이라는 사실에서 출발한다. 우리는 놀랍게도 이 당연한 사실을 간과해왔다. 이 책은 독자를 예수의 발치 아래로 초대하여 그분의 음성을 직접 들려준다. 부록으로 실린 "성경공부에 유익한 히브리 단어 30개"에서는 성경을 보는 특수 렌즈를 특별 보너스로 제공하고 있다. 이 책을 통하여 성경의 세계가 더 깊이 그리고 더 흥미롭게 다가올 것이다.

- **차준희** 한세대학교 구약학 교수, 제20대 한국구약학회 회장, 한국구약학연구소 소장

서양인이 한국사를 연구하려면 한국어뿐 아니라 한국의 역사와 문화에 대한 깊은 이해가 필수적입니다. 마찬가지로 고대 중동 문화권에서 태어난 성경(특별히 구약성경)을 잘 이해하려면 당연히 그 언어와 언어습관, 그 문화와 역사를 알아야 합니다. 그런데도 이 사실을 많은 서양학자가 오랫동안 잊고 살았습니다. 이 책의 저자 로이스 티어베르그는 여러 가지 실례를 들어가면서 이 불편한 진실을 에둘러 드러냅니다. 히브리적 악센트를 알아차리고 히브리적으로 생각하라고 촉구합니다. 동양 문화권에 속한 우리는 저자가 애써 말하려는 것을 머리가 아닌 직관적으로 알 수 있을 것입니다. 경쾌한 글쓰기, 쉽게 설명하기, 딱 부러지는 예시들, 설득력 있는 논지, 호소력 있는 글투, 다정하고 친절한 안내는 여성 저자 특유의 섬세함을 보여줍니다. 우리의 사유를 일깨우는 동시에 재미있는 책입니다. 성경을 진지하게 대하는 그리스도인들에게 적극 추천합니다.

- **류호준** 백석대학교 신학대학원 구약학 교수

성경을 가장 잘 이해하는 길이 있다면 무엇일까? 내 방식이 아니라 예수님의 방식으로 읽는 것이다. 한국적 사고가 아니라 히브리적 사고로 읽는 것이다. 이 책은 히브리인의 문화와 풍습을 통하여 성경을 읽도록 도와주는 좋은 안내서이다. 독자는 자기도 모르게 1세기 유대인의 세계로 들어가 그들의 시각으로 성경을 읽게 된다. 이스라엘에서 살며 예수님 당시의 문화와 풍습을 연구한 저자는 예수님의 시각으로 성경을 읽도록 친절한 안내자 역할을 하고 있다.

- **최명덕** 건국대학교 문과대학 명예교수, 조치원성결교회 담임목사

예수님의 수제자가 되어 그분과 함께 성경을 공부한다면 어떤 느낌일지 궁금한가? 이 책이 좋은 출발점이 될 것이다. 티어베르그는 갈릴리 출신의 현자, 나사렛 예수아*Jeshua*와 함께 '모세와 모든 선지자의 글'을 공부한다는 것의 의미를 명쾌하게 설명한다.

- **데이비드 비빈** 〈예루살렘 퍼스펙티브〉 설립자 겸 편집자

로이스 티어베르그는 특유의 매력적인 스타일로 성경의 세계와 더 가까운 세계관과 문화를 우리에게 선보인다. 그 과정에서 성경 본문 자체의 생명력은 더 춤을 춘다.

- **크레이그 키너** 애스베리 신학교 성경학 교수

예수님의 유대인 제자들과 21세기 그리스도인 사이의 문화적 골을 우아하게 메워가는 그녀를 따라가다 보니 어느새 성경과 사랑에 빠졌다. 로이스는 스토리와 은근한 유머를 아주 효과적으로 사용할 줄 아는 탁월한 선생이다. 난 이 멋진 책을 허겁지겁 탐독했다. 강력하게 추천한다!

- **린 오스틴** 《우리는 어디에 속해 있는가》*Where We Belong* 저자

예수님은 엠마오로 가는 길에서 제자들과 대체 무슨 이야기를 나누셨을까? 이 뛰어난 책은 종종 간과되거나 오해받는 성경의 많은 값진 진리를 펼쳐 보인다. 저자는 믿음직한 길잡이가 되어 특유의 통찰로 구약의 가슴 설레는 구절들에 곁들일 매력적인 애피타이저를 제공한다. 내가 아는 모든 사람에게 이 책을 추천하고 있다.

- **토드 볼렌** 더마스터스 대학교 성경학 교수

이 책에서 저자는 성경의 익숙한 구절들이 살아 움직이는 강의실의 맨 앞줄 좌석을 우리에게 제공한다. 1세기의 문화와 예수의 히브리적 사고방식 속으로 들어가는 여행길로 우리를 인도하면서, 랍비 예수님의 갈릴리 억양을 청취하는 법을 가르친다. 성경을 펼치고 형광펜을 들고 한 번도 경험하지 못한 1세기의 세계로 첨벙 뛰어들라.

- **로비 갤러티** 롱할로우 침례교회 목사, 《잊혀진 예수》*The Forgotten Jesus* 저자

각 장은 우리를 새로운 발견의 여정으로 인도한다. 따라가다 보면 이제껏 미궁에 빠져 있었거나 그릇 이해된 구절들이 명쾌해진다. 그리스도인이라면 누구나 읽어야 할 책이다!

- **브래드 그레이** 《당신의 흔적을 남겨라》*Make Your Mark* 저자

하나님의 말씀 속에 담긴 진리는 시간과 공간과 문화를 초월하지만, 성경의 맥락을 이해하는 일은 모든 디테일에 심층적 의미를 더한다. 저자는 성경의 유대 맥락에 능숙한 길잡이다. 독자들은 그녀의 사려 깊은 연구와 공감이 가는 적용점을 통해 성경 곳곳에 숨은 새로운 보화를 발견하게 될 것이다. 그녀는 성경이 처음 주어진 시간과 공간과 문화로 들어가는 진입로를 제시하는데, 이는 우리의 개인적인 묵상과 공부를 풍성하게 하는 것을

넘어 교회의 정체성과 사명을 강화시킨다.

- **미쉘 반 룬** 《순간과 나날들》*Moments & Days* 저자

한계 없으신 창조주가 역사 속의 특정 시공간, 특정 문화, 특정 민족, 특정 언어를 구사하는 인물로 자신을 확정적으로 계시하셨다. 로이스 티어베르그는 이 신적인 기이함을 명쾌하고 유쾌하게, 번득이는 통찰로 탐구하면서 1세기 이스라엘을 거니셨던 유대인 예수께서 어떻게 모든 시공간, 만민의 구세주가 되는지를 제시한다.

- **벤 패터슨** 웨스트몬트 대학 캠퍼스 목사

예수와 함께 성경을 펼치다

: 엠마오는 아직 거기 있다

베두인족이 만든 신선한 피타 빵을 맛본 적이 있는가? 이 땅의 맛이 아니다. 바삭하면서도 노천 불에 그을린 불맛까지 더해져 식감이 쫄깃하면서도 무척 따듯하다. 베일을 두른 주름 자글자글한 할머니가 김이 모락모락 나는 빵 한 조각을 뒤집어 당신 손바닥에 올려놓는다. 손가락이 데기 전에 한 조각을 찢은 다음, 얼른 옆 사람에게 건넨다. 피타 빵에 올리브기름과 말린 히솝을 찍어 먹는 그 맛은 무엇에도 비할 수 없다.

최신 음식 트렌드 중에는 '셰프'의 음식에 대한 열광이 있다. 사람들은 진짜 장인의 음식을 맛보고 싶어 한다. 유기농 치즈와 집안 대대로 가꾼 야채, 직거래, 생협에 열광하며 패스트푸드가 아닌 '슬로우' 푸드를 원한다. 더 많은 시간과 공이 들더라도 그럴 만한 가치가 있다고들 한다.

물론 동네 식료품점에서 봉지에 담긴 피타 빵을 사 먹어도 영양가는 같을 것이다. 그러나 입에 군침이 도는 원조의 풍미를 포장해서 가져온 빵에서 맛보기란 거의 불가능에 가깝다. 마찬가지로 성경에 담긴 발상들 역시 원래의 중동 무대에서 '신선하게 차려낸 것'을 맛보아야 제맛을 알 수 있다.

이것이 이 책《랍비 예수와 함께 성경 읽기》의 골자다. 이 책의 목적은 독자에게 정신적으로 시공간 이동을 하게 해서, 당시 예수를 따라다닌 1세기 제자들의 눈으로 새롭게 성경을 읽도록 돕는 데 있다.

TV를 보면 요리 프로그램이 끝날 때 진행자들이 만든 음식을 떠먹는 모습이 나온다. 군침 고이게 하는 음식을 먹을 때마다 입맛을 다시며 즐거워하는 모습을 보면 나도 모르게 화면으로 들어가 한입 얻어먹고 싶다.

하지만 현실은? 많은 이들이 '전자렌지식' 성경공부를 한다. 출근하기 전 커피를 홀짝이며 허겁지겁 조미료 섞인 포장 식사를 먹어치운다. 그런 음식은 자판기 샌드위치처럼 무미건조하며, 배가 불러도 아무 인상도 남지 않는 게 어쩌면 당연하다.

최초의 독자들은 어떻게 성경을 읽었을까

나는 지금 장인과 함께하는 성경공부에 푹 빠져 있다. 지금 내가 경험하는 세계로 당신을 초청하고 싶은 마음이다. 성경 세계에서 직접 건져 올린 통찰로 나의 성경 읽기는 날마다 더 맛깔스러워졌기 때문이다. 물론 이런 식의 공부에는 많은 시간이 필요하다. 누구나 고어古語와 역사적 디테일과 문화적 발상을 연구할 여유가 있는 건 아니다. 하지만 자그마한 배움이라도 얼마나 큰 도움이 되는지 알면 아마 놀랄 것이다. 요리와 같은 이치다. 누구나 채소를 재배하고 무에서 유를 창조하는 요리를 할 수 있는 건 아니다. 하지만 몇 가지 신선한 허브와 현지 재배된 재료를 더하기만 해도 밥상에는 생기가 돈다.

나의 전공은 중동식으로 성경을 차려내는 것이다. 이십 년 전, 성경을 원래의 동양적, 유대적 맥락 속에서 공부하는 것의 중요성에 눈을 뜬 이래로 난 계속 그 렌즈를 통해 그리스도를 연구해왔다.

내가 쓴 랍비 예수에 관한 책이 두 권 더 있다. 《랍비 예수》(국제제자훈련원 역간)에서는 예수님의 중요한 말씀들을 유대 맥락 속에서 심층 연구했고, 21세기 제자들에게 주는 여러 의미를 살폈다. 그리고 《랍비 예수의 발치에 앉다》(*Sitting at the Feet of Rabbi Jesus*, 국제제자훈련원 역간 예정)에서 앤 스팽글러와 나는 랍비, 제자들, 절기, 기도, 토라가 있는 1세기 세계를 탐사하며 어떻게 유대적 무대가 그리스도의 공생애를 조명하는지 제시했다.

이제 난 이 책에서, 성경을 원어민처럼 읽고 싶은 독자들에게 도움을 주고자 예수님의 중동 및 유대적 세계와 우리 세계 사이의 문화적 골을 메우는 작업을 하려 한다. 어떻게 하면 평범한 그리스도인이 최초의 독자들처럼 히브리적 관점에서 성경을 읽을 수 있을까? 어떤 큰 그림이 있어야 성경을 더 깊이 이해할 수 있을까? 이는 성경의 문화적 맥락을 공부하며 내가 끊임없이 던졌던 질문들이다.

기독교 학계가 예수의 유대성을 포용한 것은 최근에야 이뤄진 변화였다. 지난 수십 년간 우리는 기독교 학계가 예수님의 유대적 맥락을 도외시한 채 그분을 과도하게 그리스-로마식 관점으로 그려왔음을 깨달았다. 물론 예수님은 다양한 배경을 지닌 사람들과 어울리셨다. 개중엔 사마리아인, 로마인, 헬라인도 있었지만, 그분이 자라난 갈릴리도 그렇고 사역의 전체 배경은 뿌리 깊이 유대적이었다.[1] 우리는 바울이 헬라인을 대상으로 가르쳤음을 안다. 하지만 예수님의 말씀은 이방 맥락보다는 유대교와 훨씬 아퀴가 잘 맞는다. 예수님을 원래의 맥락 속에서 보면 공생애를 예리하게 조명할 수 있고, 그 말씀을 더 깊이 이해하게 된다.

진실을 말하자면, 원래의 무대 속에서 성경을 상차림하여 맛보기 전엔 나 역시 삼키기 어려운 내용이 많았다. 어릴 적부터 나는 성경이 영감을 받은 하나님의 말씀임을 확신했다. 하지만 성경의 많은 부분은 나에게 영감을 주기보다는 당황스럽게 했다. 마태복음으로 시작하는 성경의 4분의 1은 페이지가 닳도록 읽었고, 머그잔 자국, 형광펜 표시, 공란의 연필 메모로 너덜너덜해질 정도였다. 하지만 나머지 4분의 3은 새것처럼 깨끗했다.

내가 새 성경책을 좋아하는 이유는 가장자리 도금 때문이다. 부드럽게 휘어지는 가죽 표지를 젖히면 거미줄처럼 가벼운 페이지 가장자리가 부드럽게 넘어가며 번득인다. 페이지를 많이 넘길수록 번득임이 희미해진다. 흡사 새 크레용 세트 같다. 처음 크레용 상자를 열면 뾰족한 꼭짓점의 작은 무지갯빛 군대가 일렬종대로 당신에게 열을 맞춘다. 그러나 크레용으로 색칠을 하려면 어쩔 수 없이 이 손 타지 않은 아름다움을 훼손해야 한다. 나는 크레용을 깔끔한 상태로 유지하고자 크레용 꽁지로 색칠하는 방법을 쓰기도 했다.

내 성경책의 가장자리 도금 중 상당 부분은 굉장히 오랜 시간 그대로였다. 내가 신경 써서 관리해서가 아니라, 너무나 많은 내용이 도저히 뚫고 들어갈 수 없는 철옹성처럼 여겨졌기 때문이었다. 닳지 않은 황금 가장자리는 온갖 기묘함을 그 안에 간직한 채 봉인이 풀리지 않은 도금 우리cage와도 같았다.

많은 구절이 이해가 안 되었다. 노아나 아브라함처럼 처음부터 사랑받는 인물도 있다. 그들은 주일학교 그림 설교와 땡그란 눈을 한 성경 만화 주인공들 덕분에 친근한 존재가 되었다. 하지만 출애굽기를 지나면서는 도무지 깊은 데까지 헤치며 갈 수가 없었다. 얼마 되지 않아 희생제와 족보와 생경한 역사적 사실들의 바다에서 표류하곤 했다. 다들 인정하지 않지만, 신약 역시 어렵기는 매한가지였다. 예수님의 어떤 말씀은 의도적으로 알아듣지 못하게 해놓은 듯했다. 그러니까, 천국이 그물과 씨앗과 가라지가 있는 밭이라고? 온갖 짐승과 재앙으로 가득한 계시록은 두말할 것도 없었다.

누가복음 24장에서 예수님과 함께 엠마오로 가는 길을 걸었던 제자들이 난 제일 부러웠다. 암행자暗行子 그리스도가 성경의 후미진 뒷골목으로 그들을 인도하며 "모세와 모든 선지자의 글로 시작하여 모든 성경에 쓴 바 자기에 관한 것을 자세히 설명"(눅 24:27)하셨다. 그리고 그때 그들의 마음은 뜨거워졌다.

예수님이 성경의 모든 점과 점을 이으시며 성경 전체를 관통하는 하나님의 큰 계획을 보여주시다니. 듣는 것만으로도 기막힌 경험이 아니었을까? 만일 내게 타임머신이 있다면 어떤 시공간보다 그때의 엠마오로 가고 싶다.

예수님이 말씀을 풀어주시던 그 길

수년 전 예루살렘 북서부 근교에 있는 마을에서 겨울을 난 적이 있었다. 예루살렘 시내로 들어가려면 154번 에게드 버스를 타야 했다. 지나가는 마을마다 정차해서 느려터진 버스였다. 이 거대한 전동 마차는 구불구불한 시골길엔 맞지 않았다. 버스 엔진이 씩씩대며 골골골 힘겹게 유대 언덕을 기어올랐고 커브 길마다 용을 썼다. 브레이크는 지그재그 비탈길을 내려갈 때마다 요란한 마찰음을 냈고 거대한 굉음을 내며 마지막 정거장인 '모짜'에 정차하곤 했다.

모짜라는 이 작은 마을에 승객들이 하차하면 다들 곧 1번 고속도로로 진입한다는 기대감으로 안도의 숨을 내쉬었다. 마침내 버스는 현대식 도로에 맞게 속도를 올려 예루살렘으로 진입하는 6차선 고속도로에 합류했다.

마지막 정거장인 모짜에서 고가高架로 올라가기 전, 버스 문이 활짝 열리는 그 순간이 하차할 때다. 교차로를 건너 덤불 속으로 몇 미터 걸어가면 메마른 잡초에 덮인 엠마오 길이 보인다. 예수님이 샌들을 신고 걸었던, 고대의 돌로 포장한 그 엠마오 길 말이다.

그렇다. 그 돌들은 진짜, 실재하는 돌이다. 이스라엘의 여느 관광지와 달리 이 고대의 포장도로엔 아무 표식이 없다. 조명도 없고 종도 없고, 매그넘 아이스크림이나 아하바 핸드크림, 성물이나 기념품을 파는 가게도 없다. 그저 어디인지만 알아두면 된다. 난 타임머신을 어디에 주차할지 이미 정했다. 긴가민가하겠지만 이곳이 바로 내가 타임머신을 주차할 현장이다. 이곳에서 제자들은 예수님과 운명적인 대화를 나눴다.

옛날 성경 주석을 보면 엠마오의 위치를 파악할 수 없다고 했다. 아니, 엠마오로 지목된 곳이 두어 군데 있긴 했다. 그중 하나가 라트룬 수도원인데, 사람들은 천오백 년도 넘게 이곳을 엠마오 유적지로 숭상했다. 그러나 예루살렘에서 29킬로미터 거리에 있는 라트룬이 진짜 엠마오라고 믿기는 어려웠다. 제자들은 예수님과 엠마오 길을 동행했다가 당일 저녁 경험한 기막힌 소식을 전하러 다시 이 길을 따라 예루살렘으로 돌아갔다. 29킬로미터는 당시 하루 만에 왕복하기엔 불가능한 거리였다(눅 24:33).

이제 대부분의 학자는 누가가 말했던 엠마오가 예루살렘에서 대략 5.5킬로미터 거리에 있는 모짜 마을 아래 있는 이곳이라고 확신한다. 모짜의 옛 이름은 '샘물'을 뜻하는 하모짜였는데, 이를 헬라어로 번역하면 엠마우스 또는 엠마오가 된다. 수 세기 동안 현지인들은 불과 수십 년 전까지만 해도 눈에 훨씬 잘 띄었던 이 고대 로마도로를 알고 있었다. 불과 몇 년 전만 해도 그들은 남아 있는 돌을 따라 엠마오 길을 걸었다. 그 길은 고도古都 예루살렘의 자파 게이트로 통하는 두 시간 거리의 샛길이었다.[2] 이 길이야말로 고대인에게 잘 알려진, 편리한 '직행도로'였다.

성경을 그 맥락 안에서 연구하며 나 역시 유사한 경험을 많이 했다. 몇백 년간 그럴싸한 교회 전통에 만족하다가, 역사 기록을 면밀하게 들여다보면서 우리는 성경 내용을 확증하는 통찰을 여럿 발견하기 시작한다. 이런 깨달음은 현지인에겐 진작에 익숙한 사실이었던 적이 많다. 그리고 등잔 밑이 어두운 것처럼 예수가 몸담았던 세계의 현실이 오늘날까지 남아 있는 경우도 있다.

율법과 선지서에서 시작하시다

엠마오에서의 조우 바로 다음에는 예수님이 다시 깜짝 출현한 이야기가 나온다. 이번엔 다른 제자들에게 나타나신다. 다시금 예수님은 성경의 여러 절경을 통과하며 여행 안내자로서 말씀하신다.

> 내가 너희와 함께 있을 때에 너희에게 말한 바 곧 모세의 율법과 선지자의 글과 시편에 나를 가리켜 기록된 모든 것이 이루어져야 하리라 한 말이 이것이라 하시고 이에 그들의 마음을 열어 성경을 깨닫게 하시고 또 이르시되 이같이 그리스도가 고난을 받고 제삼 일에 죽은 자 가운데서 살아날 것과 또 그의 이름으로 죄 사함을 받게 하는 회개가 예루살렘에서 시작하여 모든 족속에게 전파될 것이 기록되었으니(눅 24:44-47).

여기서 예수님은 성경을 "모세의 율법과 선지자의 글과 시편"이라고 하신다. 아주 유대적인 방식이다. 2천 년 후에도 유대인은 여전히 이 방식으로 그들의 경전을 칭한다(그리스도인은 개신교 정경에 따라[3] '구약'이라고 부른다). 통상 세 부분의 첫 자음을 딴 약칭으로 '타나크'*Tanakh*라고 한다. 여기서 세 부분은 토라*Torah*(율법 또는 모세오경), 네비임*Neviim*(선지서와 역사서), 케투빔*Ketuvim*(시편, 잠언 등의 저술)이다. (타나크에 수록된 책 목록은 부록의 '타나크 성경' 참조.)

엠마오 도상의 장면은 곰곰이 묵상하면 할수록 더 놀랍게 다가온다. 누가복음 24장 27절은 "이에 모세와 모든 선지자의 글로 시작하여 모든 성경에 쓴 바 자기에 관한 것을 자세히 설명하시니라"고 말한다. 예수님은 내가 가장 부담스럽게 여긴 본문인 모세의 율법과 선지서들에서 시작하셨다. 사실 예수님이 가장 즐겨 인용하셨던 책은 신명기와 이사야였고, 한두 번이 아니라 '자주' 인용하셨다.

새로운 눈으로 성경을 읽을 준비

예수님은 제자들에게 이 유대 경전이 어떻게 자신의 삶과 대속적 죽음을 지목하는지를 계시하신 후 이 메시지를 열방에 전하라고 명하셨다(마 28:19). '열방'에 해당하는 단어는 '고임'*goyim*인데, '이방인' 또는 '비非유대인'이라는 의미가 들어 있다.

공부할수록 여기에 풍성한 함의가 담겨 있음을 느낀다. 나의 노르웨이-미국계 조상들이 물려준 루터교 양육 환경은 철저히 이방인 중심이었다. 나는 예수님이 어떤 틀에서 말씀하셨는지 익숙하지 않았기 때문에 1세기 청중이라면 바로 알아들었을 많은 개념을 파악하는 데 애를 먹었다. 성경은 우리에겐 어쩔 수 없는 이국땅임을 인정해야 한다. 엠마오 대화 불과 몇 주 후에 일어난 일을 생각해보면 어쩌면 당연한 일인지도 모른다. 성령은 오순절에 제자들에게 강림하셨고, 그들은 '통역사'가 되었다.

하나님은 제자들에게 한 언어에서 다른 언어로, 한 사회에서 다른 사회로 메시지를 소통할 능력을 주신 것이다. 제자들이 멀리 갈수록 청중의 문화적 이질성이 심해졌다. 새로운 청중이 이해하는 방식으로 소통하려면 그들에게 와닿는 방식으로 복음의 틀을 새로 짜야 했다. 복음이 세계를 한 바퀴 돌았으니 우리와 복음의 발상지 사이에 일정한 이질성이 있다는 것은 어쩌면 당연하다.

만일 우리에게 타임머신이 있다면 엠마오로 시간 여행을 할 수 있을 것이다. 그러나 우리에겐 서구 세계에서 중동 무대로 가는 다른 여행이 필요하다. 신약학자 케네스 베일리의 글이다.

> 성경은 동양 서적이다. 그런데 우리는 서구 문화의 색안경을 끼고 성경을 본다. 이 과정에서 많은 것이 유실된다. 우리는 미묘한 유머와 저변에 깔린 전제들을 놓친다. … 어떤 스토리나 예화를 조명하는 몸에 밴 태도를 이해하지 못한다. … 행간에 있는 것, 말하지 않으나 느껴지는 것, 이런 것들이 실은 가장 의미심장하다.[4]

베일리는 다른 지면에서 이런 말도 했다.

> 동서양 양쪽에서 이 문제를 가지고 한 세대 넘게 고심하며 내가 깨달은 바는 서구인인 우리가 중동으로 '건너가는' 문화적 거리가 1세기로 '돌아가는' 거리보다 더 크다는 것이다. 동서양 간의 문화적 간극은 (중동의) 1세기와 현대의 보수적인 중동 마을 사이의 골보다 깊고도 넓다.[5]

대단한 발상이다. 그러니까 시간을 역행하여 엠마오로 여행하는 것이 큰 장애처럼 보여도, 실은 우리와 성경 세계 간의 '문화적' 차이가 '시간적' 차이보다 더 크다는 것이다.

그렇다면 랍비 예수와 함께 우리만의 엠마오 여행을 해보면 어떨까? 히브리 유대 맥락 안에 있는 성경의 대주제에 주목하면서 말이다. 《랍비 예수의 발치에 앉다》에서 나는 예수의 유대 신앙적 맥락에 구체적인 초점을 두었다. 이 책에서는 신구약 성경 전반에 걸쳐 나타나는 비서구적 히브리 사상과 우리 문화 사이의 차이점에 초점을 맞추고자 한다. 그들의 세계관에서 우리는 어떤 지혜를 배울 수 있을까? 우리가 미처 알지 못했던 그리스도와 그분의 사명에 관한 새로운 내용을 발견할 수 있을까? 이것이 바로 내가 이 책에서 독자와 나누고 싶은 내용이다.

성경 속 옛 이미지를 민감하게 추적한다면 성경을 새로운 눈으로 읽을 수 있다. 하나님은 고대 청중에게 메시지를 전하실 때, 양치기와 사막 유목민은 이해하겠지만 현대의 독자는 이해하기 쉽지 않은 비유들로 진리를 전하셨기 때문이다. 이 관점으로 보면, 흔히들 성경에서 발견하는 가혹한 하나님상이 아닌 그리스도가 알고 사랑하셨던 자비롭고 희생적인 아버지상이 초점에 들어온다.

우리는 1세기의 귀로 예수께서 동시대인에게 하신 말씀을 듣게 될 것이다. 예수님은 하나님의 약속이 자신을 통해 이미 성취되었고 또 성취되고 있음을 유리알처럼 명료하게 말씀하셨다. 예수님이 어떻게 선지자들의 기대를 달성하셨는지를 검토한다면 그리스도의 사명과 제자 된 우리의 역할에 관한 놀라운 진실을 발견하게 된다.

우리는 원 청중의 관점을 파악해 더 많은 통찰과 영감을 구비하고 성경을 읽을 수 있다. 또한 동양의 관점으로 성경의 핵심 발상을 새롭게 고찰할 것이다. 유대인이 삶에 접근하는 방식을 이해하고자 시간 여행을 떠날 것이고, 그리하여 대체로 가려져 왔던 지혜를 재발견하며, 하나님 말씀을 깊이 있게 읽어 오늘날 우리 삶을 위한 통찰을 건져 올릴 것이다.

제1부

새로운 눈으로 성경을 읽을 준비

거기 있는 법 배우기

: 맥락 속에서 말하는 성경

수년 전 이스라엘에서 연구를 진행하며 이스라엘 땅의 풍경과 소리도 만끽할 겸, 현지에서 진행하는 하계 히브리어 강좌에 등록했다. 수업은 예루살렘에서 몇 킬로미터 외곽에 있는 수련관에서 진행되었다.

오전 내내 수업을 받고 오후엔 숙제와 복습에 매진하는 일상이었다. 매일 점심 식사 후 시골길을 거닐다가 나무 그늘에서 숙제하며 구구구 울어대는 비둘기 소리와 산들바람에 실려 오는 백향목 향기를 마음껏 즐겼다. 곳곳에 고대 이스라엘 사람들 흔적이 엿보였다.

이스라엘 사람들은 수천 년 전부터 석회질 야산에 밭을 일구는 계단식 경작을 했다. 멀리 둘러보지 않아도 농부가 포도주를 만들려고 포도를 짓이기던 바위 속 포도즙틀이 있었고, 다윗왕 시대의 시골 아낙이 이고 가던 깨진 물동이 조각이 눈에 들어온다. 성경을 떠올리게 하는 옛것이 지천에 널려 있었다. 마치 성경 속 인물들이 살아서 내 주위를 돌아다닐 것만 같았다.

매일 점심 후 내가 제일 좋아하는 나무 아래로 걸음을 옮길 때마다 같이 수업을 듣는 대학생들을 지나쳤다. 그들은 냉방이 되는 로비 한가운데 모여 저녁때까지 노트북을 끼고 있었다. 식사 후엔 다시 로비로 꿀벌들처럼 일렬종대로 복귀했다. 그 작은 무리는 깨어 있는 대부분 시간을 의자에 접착된 사람 마냥 그곳에 처박혀 지냈다.

왜 그랬을까? 그곳은 수련관에서 유일하게 무선 인터넷이 터지는 곳이었기 때문이다(당시는 휴대폰이 널리 보급되기 전이었다). 그 대학생 무리는 여름 내내 인터넷을 항해하고, 고국의 친구들에게 이메일도 보내며 시간을 보냈다.

그들은 그 먼 길을 달려와 날마다 이 기막힌 옛땅의 흙을 밟고 거닐면서도 결코 거기 있지 않았다. 이 얼마나 큰 비극인가. 그들도 나만큼 성경 연구에 관심이 있고 이 먼 길을 오는 데 나만큼 돈을 썼을 것이다. 하지만 황금 같은 기회가 그들을 스쳐 지나치고 있었다.

그 모습을 보며 출애굽기 24장 12절에 관한 어느 랍비의 흥미로운 논평이 떠올랐다. 율법을 주시려고 모세를 시내산으로 부르셨을 때 하나님은 문자적으로 이런 말씀을 하셨다. "너는 산에 올라 내게로 와서 '거기 있으라'." 이상한 반복으로 들리지 않는가. 모세가 산으로 올라가면 이미 거기 있는 게 아닌가? 번역자들은 이 본문을 단순히 모세가 "거기서 기다려야 한다"는 뜻으로 해석한다. 그러나 19세기의 한 랍비는 성경의 이 묘한 단어 선택에 착안하여 매력적인 설교 한 편을 자아냈다. 우리가 어느 장소로 가서 실제로 거기 있지 않을 수도 있다는 것이다. 그의 논평이다.

> 사람이 힘써 정상까지 등반하여 그곳에 도달할 수는 있겠지만, 실제로 거기 있지는 않을 수 있다. 그의 몸은 산 정상에 있지만, 생각은 딴 곳에 있을 수도 있다.[1]

사람이 엄청난 에너지를 써서 목적지에 도달하고도 마음과 생각은 얼마든지 원래 출발점에 머물러 있을 수도 있다는 것이다. 하나님은 모세에게 단지 산으로 올라오기만 하지 말고 온갖 잡념을 뒤로하고 완벽한 주의와 집중을 기울여 거기 온전히 있으라고 지시하셨다는 것이 랍비의 생각이다. 하나님은 언약을 수여하는 분수령이 되는 사건을 맞아 모세의 몸과 마음과 영이 온전히 그곳에 있길 바라셨다.

이것은 성경을 읽을 때도 무척 유익한 조언이다. 읽을 때 최선을 다해 '거기 있으라.' 휴대폰에 사로잡혀 사는 우리 사회에서 머릿속 잡담을 멈추고 똑바로 생각하려면 폰을 잠시 비행 모드로 바꾸고 '폰 해독'을 할 필요가 있다.[2]

상당히 현명한 조언이지만, '거기 있으라'는 말씀에 담긴 다른 측면이 우리에겐 더 큰 문제다. 우리는 역사적 차이를 인지하면서도 원래의 청중과 더불어 '거기 있으며' 생각하지 않는다. 성경은 우리를 향해 쓰인 책인 건 맞지만 현대 사회를 향해 쓰인 책은 아니다. 하나님은 고대사회가 이해하도록 말씀하셨고, 고대인은 다른 눈으로 세상을 보았다. 우리가 고대인의 사고방식과 접근 방식을 헤아리려면 그 문화를 공부해야 한다.

문화 충돌을 피하려면

"기장님, 지난번에는 기상 레이더가 적잖이 도움이 되었습니다."

이것은 1997년 괌에서 추락한 대한항공 여객기의 블랙박스에 기록된 부기장의 마지막 말이었다. 부기장은 기장에게 시계視界가 나빠 육안 착륙은 위험하다는 메시지를 전하려 했다. 반드시 과학 장비를 써서 착륙 각도를 다시 계산해야 한다는 말을 이렇게 에둘러 표현한 것이다. 30초 후 747기는 산등성이를 들이받았고 약 250명이 사망했다.

한국처럼 고도로 훈련된 비행사들과 최첨단 장비를 갖춘 나라가 왜 이례적으로 추락률이 높은지 항공업계는 알 수가 없었다. 말콤 글래드웰은 저서 《아웃라이어》에서 개인과 집단이 다수파에서 이탈하는 특이한 이유를 연구하며 대한항공 사례를 들었다.[3]

글래드웰에 의하면 문제의 근원은 문화적인 것이었다. 기체 조종은 너무도 복잡한 작업이라 조종사 2인이 협력하며 운행하도록 설계되어 있다. 한 사람이 운항을 맡으면 다른 사람은 계기판을 재확인하면서 조종사가 간과한 오류와 문제점을 살피는 방식이다. 이 시스템은 작은 오류가 눈덩이처럼 커져 참사로 가지 않도록 두 사람이 피차 오류를 대조 검토하는 것이다.

평등주의적이고 직접적이고 개방적인 방식으로 소통하는 미국 문화에서는 이 시스템이 훌륭하게 작동했다. 그러나 위계의식이 강한 나라에서는 지위가 높은 사람을 존대하는 차원에서 말을 아끼는 경향이 있었다. 조목조목 오류나 문제를 지적하는 것은 건방지고 무례한 일이었다. 1990년에는 콜롬비아 항공기가 뉴욕의 라과디아 공항에 착륙 도중 추락했다. 예의를 차리기 바빴던 부조종사가 심각한 연료 부족으로 즉시 착륙해야 한다는 메시지를 지상 관제소에 강력하게 피력하지 못했기 때문이었다.

이처럼 문제는 문화 충돌에 있었다. 항공업은 에두른 간접적 '암시'가 아닌 솔직담백한 방식으로 소통하는 미국에서 고안되었다. 각국이 자기 고유의 문화를 돌아보고 더 직접 소통을 하도록 조종사를 충분히 훈련하기 전까지 항공 참사는 계속되었다.

오늘날 우리는 기본적으로 모든 문화에는 일정한 차이가 있음을 예상한다. 여행할 때에는 생경한 삶의 양식과 사회적 기대치를 만날 것도 안다. 같은 영어권 안에서도 문화적 차이로 오해 살 만한 일이 생긴다. 동시대를 사는 사람끼리도 이렇다면, 성경을 읽을 때에는 이런 경우가 얼마나 더 많겠는가?

성경 읽기의 핵심 도구

하나님 말씀이 당대에 주는 의미와 그것을 오늘날 어떻게 적용할 것인지의 관점에서 말씀 이해의 날을 벼리는 일은 내 평생의 업이 되었다. 우리는 이 책 전반에서 이런 차원의 심층 탐구를 하면서 성경을 자체의 문화적 관점 속에서 읽을 때 어떻게 새롭게 읽히는지를 살펴볼 것이다.

나와 다른 문화를 만났을 때 성경 본문은 어떻게 말씀하는지 민감하게 반응하는 것, 이 민감성은 성경 읽기의 핵심 도구다. 우리 모두 민감해야 한다. 만일 우리가 차이점에 촉각을 곤두세우지 않는다면 성경을 읽다가 빈 구멍이 생길 때마다 부지불식간에 자신의 현실로 메워버리는 쪽으로 간다.

크리스마스 때 처음 애틀랜타에서 아이오와로 여행한 다섯 살짜리 조카가 나무와 덤불을 덮은 하얀 양털 눈이 신기해 어쩔 줄 몰라 했다. 하지만 조카는 이내 실용적인 유치원생 두뇌를 발동해 이맛살을 찌푸리며 할아버지에게 물었다. "잔디를 깎아야 할 땐 눈을 어디에 둬요?" 조카는 1년 내내 잔디를 깎지 않고도 살 수 있는 세계를 상상하지 못했다. 우스꽝스럽지만 우리도 왕왕 성경에 대해 같은 실수를 한다. 우리는 자기 관점이 보편적이라고 자동으로 전제하고 성경 세계에 우리의 관점을 투사한다.

혹은 성경의 무대가 된 문화 현실은 모두 인류를 위한 하나님의 모범 답안이라고 단정 짓는 정반대 오류를 범하기도 한다. 즉, 성경에 나왔으니까 당연히 그래야 한다고 여긴다. 하지만 잊지 말라. 일차적으로 하나님은 자기만의 혹독한 현실에 직면한 당대의 세계를 향해 말씀하신 것이다. 일부다처제, 축첩, 유아 희생제, 부족 전쟁은 고대 근동의 악습이었다. 하나님 말씀의 수령자들은 우리와 똑같은 죄인들이었다. 그럼에도 하나님은 그들을 사랑하셨고 그들이 이해할 만한 방식으로 소통하셨다. 그들 세계와 우리 세계의 차이점을 공부하는 일은 그저 그런 지적 훈련 중 하나가 아니다. 공부하는 만큼 성경이 열리고 하나님 말씀이 깊이 이해될 것이다.

오히려 요즘에는 성경 문화를 본받아야 할 것보다는 불쾌하게 여기는 쪽으로 흘러가는 것 같다. 남자가 감히 여러 아내를 두면서 하대하다니! 부정하다는 이유로 나병환자의 성전 출입까지 금하다니! 우리는 각각의 상황에서 더 넓은 문화적 맥락이 어떻게 작동했는지를 묻기보다는 역겹다는 듯 성경을 덮어버린다. 혹은 성경 구절이 '바른' 말을 하도록 교묘하게 말씀을 비틀기도 한다(혹은 아예 건너뛴다).

혹자는 너무도 불쾌해하며 성경을 뜯어고쳐야 한다고 생각한다. 논란이 분분한 〈예수 세미나〉의 창립자 로버트 펑크는 저서 《예수에게 솔직히》*Honest to Jesus*에서 루터의 〈95개 논제〉를 본 따 〈21개 논제〉를 제시했다. 다음은 펑크가 최종 논제에서 주창한 내용이다.

> 신약은 기독교를 발명하기 위한 초기의 다양한 시도가 모인, 상당히 일관성 없고 편견에 치우친 기록임을 선언하라. 어느 문서가 초창기 증인들의 문서에 속하는지 확인하는 문제를 다시 제기하라. 새로운 신약에 여러 이견을 포함하라. 수준 미달인 부분은 제하라.[4]

펑크의 말대로라면 우리 눈에 그릇돼 보이는 구절은 잘라버리고 더 나은 본문은 추가해야 한다. 그런 식으로 하면 우리의 계몽된 기준에 부합하는 '개선된' 성경을 만들 수 있을 것이다. 실로 우려스럽기 그지 없는 발상이다.

성경은 맥락 속에서 말한다

일단 성경의 문화적 맥락을 파악하면 성경을 비틀거나 다시 써야 할 필요가 없다는 사실을 나는 누차 발견했다. 성경의 문화적 맥락을 인지하면 성경이 어느 지점에서 당대의 태도를 비판하는지, 또 어느 지점에서 청중에게 더 높은 기준을 따라 살라고 촉구하는지가 귀에 들어오기 시작한다.

가령 성경 시대엔 결혼한 아내는 친정을 떠나 시댁의 대가족으로 들어가야 했다. 그것이 얼마나 큰 스트레스였을지 상상이 되는가? 부부 관계를 정립해야 할 신혼기에 시댁 식구들의 독특한 풍습과 별난 성격에 적응해야 했다. 빨래? 요리? 뭐든 시댁만의 고유한 방식이 있다. '다행히' 시어머니가 졸졸 따라다니며 사사건건 조언을 해준다. 이 점을 염두에 두고 결혼에 관한 창세기의 명언을 생각해보라.

> 이러므로 남자가 부모를 떠나 그의 아내와 합하여 둘이 한 몸을 이룰지로다(창 2:24).

매우 엉뚱한 소리로 들리지 않는가. 성경 저자는 여자야말로 고립과 변화의 스트레스를 힘겹게 헤쳐나가야 한다는 현실에 무지했을까? 성경학자 샌드라 릭터에 따르면 창세기 저자는 여기에서 다분히 의도적으로 단어를 선택했다고 본다. 당시의 사회 현실을 염두에 두고 결혼을 평한 구절이라고 본 것이다. 물론 여자는 친정집과 식구들을 떠나 새신랑에게로 간다. 그러나 남자 역시 새 신부에게로 충성을 이전해야 한다. 릭터는 창세기 2장 24절을 이렇게 해석한다.

> 청년들이여, 비록 당신이 이 체제 내에서 모든 유익과 안락을 누리고 있지만 오늘부로 당신은 집을 떠난 사람처럼 살아야 합니다. 이제 아내는 당신의 뼈 중의 뼈요 살 중의 살입니다. 오늘부로 당신의 가장 중요한 친족 동맹은 아내입니다.[5]

창세기의 이 한 줄을 원래의 무대 안에 놓기 전에는 오늘날에도 적용 가능한 인생과 결혼에 관한 이런 혜안을 파악하기 어렵다.

우리의 문화 객관화하기

때로 성경의 문화적 태도는 우리 사회를 객관화하는 데도 도움이 된다. 출애굽 이야기를 애니메이션으로 재현한 〈이집트 왕자〉를 기억하는가? 이 영화에서 모세, 미리암, 아론은 모두 20대 초반으로 보인다. 그러나 실제 모세 나이는 80세였고 아론은 83세, 미리암은 90대 중반이었다. 이 액션 모험물의 세 주인공은 실제로는 모두 고령자로서 우리 사회에서는 진작에 은퇴했을 사람들이었다. 〈이집트 왕자〉의 '원 출연진' 중엔 현재 기준으로 보면 심각하게 '한물간' 사람들이 더 많았다. 모세가 하나님의 계획을 제시하려고 만난 이스라엘의 지도자들은 자카님*zakanim*, 즉 문자적으로 '수염'을 뜻하는 장로들이었다. (신약을 포함해) 성경 전반에 걸쳐 장로는 연륜과 지혜로 지도자 역할을 했다.

고령은 하나님 축복의 상징이자 존귀의 원천으로 여겨졌다. 잠언 16장 31절은 "백발은 영화의 면류관이라. 공의로운 길에서 얻으리라"고 했다. 욥은 "늙은 자에게는 지혜가 있고 장수하는 자에게는 명철이 있느니라"(욥 12:12)고 했다. 중동에서는 지금도 누군가를 나이보다 어리게 보는 것을 결례로 여긴다. 하시드파 유대인은 신생아의 침대 주변을 그 사회의 '록스타'인 긴 수염의 랍비 사진으로 장식한다.

성경 사회에서 젊음은 불리한 것이었다. 예레미야는 처음 선지자로 부르심받았을 때 자신이 너무 어려 아무도 자기 말을 듣지 않을 것이라며 거절했다(렘 1:6). 마찬가지로 바울은 제자 디모데를 격려하며 "누구든지 네 연소함을 업신여기지 못하게" 하라(딤전 4:12)고 했다. 반면 우리 사회는 마크 주커버그나 저스틴 비버와 같은 젊은이를 우상시한다. 우리는 노화를 '좋은 일'로 여기는 사회를 감히 상상조차 못 한다. 이 얼마나 이상한 발상인가!

"하나님이 절 뚱뚱하게 해주셨어요"

우간다 무코노에 있는 한 교회를 방문했을 때 내 친구들은 눈이 번쩍 뜨이는 경험을 했다. 주일 저녁 여신도들이 친교를 위해 모인 자리였다. 교회의 복음주의 창립자들에게 물려받은 전통을 따라 간증과 기적적인 기도 응답을 나누던 중이었다. 한 여자가 일어나 과거의 온갖 시련(돈 문제, 흉작, 연약함, 건강 악화 등)을 회고한 다음 주님의 강력하신 간섭하심으로 모든 기도가 응답되었다고 간증했다. 기세등등한 결론에 가까이 갈수록 여자의 목소리는 고조되었다.

"그리고… 하나님은… 날… 뚱뚱하게 해주셨어요!"

마치 기도 응답의 증거인 양 그녀는 거창한 몸짓으로 자신의 불룩한 배를 두드렸다.

그 자리에 있던 내 미국인 친구들이 키득거리는 모습이 그려질 것이다. 우리에게 체중 증가는 결코 기뻐할 일이 아니다. 그러나 우간다에서 친구에게 "살찐 거 같아!"라고 말하는 것은 칭찬이다. 기아가 지배하는 현실에서 체중 증가는 부귀의 상징이다.

믿기 힘들겠지만, 성경 역시 체중 증가에 대해 우간다와 같은 입장이다. 그러니까 체중 증가는 '좋은 일'이지 나쁜 일이 아니다. 아가서 저자는 연인의 아름다움을 칭송하며 울퉁불퉁하게 흘러넘치는 뱃살을 강조했다. "배꼽은 섞은 포도주를 가득히 부은 둥근 잔 같고 허리는 백합화로 두른 밀단 같구나"(아 7:2). 성경 사회는 역사상 대부분 사회처럼 군살이 아닌 기아와 투쟁했다.

그런데 많은 사람이 체중 감량의 비밀을 찾고자 성경을 뒤진다. 다니엘서 1장의 인기 있는 다이어트 이야기를 보자. 다른 청년들은 모두 왕의 만찬을 즐길 때 다니엘과 세 친구는 열흘간 오직 야채와 물만 섭취했다. 우리는 이 통쾌한 다이어트 승리담에 큰 감동을 받는다.

여기서 작은 비밀을 하나 말해도 될까?

다니엘은 그 다이어트 식단으로 오히려 살이 쪘다!

왕의 음식을 먹은 다른 소년들보다 다니엘 무리가 "더 영양상태가 좋았다better nourished"(단 1:15)고 한 NIV 번역본을 읽으면 이 사실을 놓치기 쉽다. 여기 사용된 히브리어는 실은 '뚱뚱하다'를 뜻하는 '바리'*bari*다. 더 직역에 가까운 ESV는 다니엘과 그의 친구들이 "왕의 음식을 먹은 다른 모든 소년보다 '더 살이 쪘다'fatter in flesh"고 했다. 그들은 다니엘의 다이어트 식단으로 몸무게가 준 게 아니라 늘었던 것이다! 그들은 야채만 먹는 식단으로 마르고 허약해지리라 예상했지만, 하나님은 섭생에 관한 그들의 율법 존중과 우상에게 바친 제사 고기를 피하려는 충성심을 높이 사 오히려 체중이 늘게 하셨다.

물론 하나님은 우리가 건강하길 바라시며, 우리 중엔 하나님이 보시기에도 군살을 약간 빼는 게 좋을 사람이 있다. 그러나 성경이 의도하지 않은 교훈을 성경에서 끌어내지 않도록 유의해야 한다. 날씬해지는 비결을 찾아 성경을 뒤지는 것은 성경이 그 시대에 의미한 바를 엉뚱하게 해석하는 것이다.

거꾸로 나라

어릴 적 나는 슈퍼맨 만화 시리즈에 열광했다. ('로이스'란 이름의 소녀가 모범생으로 위장한 초영웅과 연애하는 이야기가 세상 어디에 또 있겠는가?) 슈퍼맨이 자주 방문하던 행성 중에는 '거꾸로 나라'가 있었다. 그곳 주민들은 일부러 모든 일을 지구와 정반대로 했다. 누군가가 다가오면 '굿바이'라고 했고 누군가 떠나면 '헬로우'라고 했다. 아침에 저녁 식사를 했고 저녁에 아침 식사를 했다. 정원의 꽃을 뽑고 잡초를 심었다. 성경의 문화적 배경을 탐구할수록 만일 아브라함이 오늘날 우리 사회를 방문한다면 '거꾸로 나라'에 불시착했다고 생각하지 않을까 싶다.

우리 사회: 마른 것이 아름답다	성경 사회: 뚱뚱한 것이 축복과 부귀의 상징이다
우리 사회: 젊음이 매력적이다	성경 사회: 나이는 지혜다
우리 사회: 하나님이 존재할까?	성경 사회: 어느 민족의 신이 더 위대한가?
우리 사회: 나—개인적 목표	성경 사회: 우리—가족 유산
우리 사회: 햇빛—행복	성경 사회: 비—완전한 기쁨
우리 사회: 논리와 이성	성경 사회: 비유와 예언

왜 피차 이리도 관점이 어긋나는 걸까? 우리 사이에는 당연히 수천 년이란 시간 장벽이 있다. 그러나 이 어려움에는 다른 이유도 한몫한다. 언어학자이자 성경 번역자인 유진 나이다Eugene Nida는 미국성경학회ABS 소속으로 40여 년간 80여 개국의 성경 번역 프로젝트를 감독하는 일로 지구 곳곳을 여행했다. 아마도 세상 누구보다 전 세계의 다양한 문화를 많이 접했을 것이다. 그는 놀랍게도 다른 지역에선 현대사

회의 미국인처럼 성경을 어려워하지는 않는다고 말한다. 그의 평이다.

> 어떤 의미에서 성경은 이제껏 쓰인 종교 서적 중 가장 번역이 쉬운 책이다. 성경의 모태가 된 시공간(비옥한 초승달 지대의 서쪽 끝)은 세계 역사상 어떤 지역보다도 더 많은 문화적 패턴이 교차하며 독특한 특징과 가치관이 탄생한 곳이기 때문이다.
>
> 성경의 문화적 특색과 오늘날의 문화를 비교해보면… 어떤 면에서 성경은 서구의 테크놀로지 중심 문화보다 다른 문화권과 놀랄 만큼 유사함을 보인다. 서구 문화야말로 세상 별종이다. 성경을 수용하는 데 가장 큰 어려움을 겪는 이들은 다름 아닌 서구 사회와 그 영향권 아래 있는 이들이다.[6]

이 얼마나 흥미로운 발상인가. 세계의 많은 지역에서는 우리보다 성경을 더 쉽게 읽는다니. 체중 감량에 대해 '성경적' 태도를 지닌 내 아프리카인 친구들도 같은 정서를 표현했다. 미국 원주민(인디언)과 중국의 독자도 비슷한 견해를 말하는 것을 들었다. 종종 우리가 성경에 대해 제기하는 문화적 사안은 세계 여타 지역에서는 문제가 되지 않는다는 것이다. 서양 선교사의 관점으로 걸러진 기독교 메시지를 들을 땐 어려웠는데 원래의 비서구적 배경 속에서 설명한 것을 들으면 훨씬 이해가 쉽다는 것이다.[7]

우간다의 다른 친구와 신명기 6장 7절의 계명에 관해 이야기를 나눈 적이 있다. "네 자녀에게 부지런히 가르치며 집에 앉았을 때에든지 길을 갈 때에든지 누워 있을 때에든지 일어날 때에든지 이 말씀을 강론할 것이며." 나는 이 구절에서 왜 "길을 갈 때에든지"라고 했는지 궁금했다. 그 시대에는 어딜 가든 도보로 이동했기에 걷기에 상당 시간이 걸렸다고 내 친구는 설명했다. 그녀가 자랄 땐 한 번에 몇 시간씩 며칠을 걸은 적도 많다고 했다. 그녀는 예수님이 나사렛에서 예루살렘까지 5일 만에 이동하신 것이 전혀 무리한 일정이라고 보지 않는다(그래서 성경에 체중 감량 프로그램이 없는 것이다).

"기분이 좀 이상WEIRD한데"

2010년에 나온 심리학계의 한 기념비적 논문을 보면 우리의 의문에 대한 흥미로운 단서가 있다. 연구자들은 유럽과 미국에서의 심리조사 응답지를 세계 여타 지역과 비교했고, 그 결과 유럽과 미국의 조사 결과가 전혀 일반적이지 않음을 발견했다. 연구자들은 이 발견을 계기로 본격적으로 지구의 다양한 인종집단 간의 문화적 태도와 차이를 비교 조사했다. 미국인은 여러 측면에서 스펙트럼의 극단에 있었다. 심리학자들은 나머지 인류와 일관되게 차별화되는 유럽/미국 문화권(특히 세속 대학가)의 태도를 'WEIRD'('별나다'는 뜻의 영어 단어—옮긴이)라는 약칭으로 표현했다.

Western 서구

Educated 높은 교육수준

Industrialized 산업화

Rich 부유함

Democratic 민주화[8]

흥미로운 사실은 바로 이 특성들 때문에 우리 문화와 예수님의 중동 현실, 성경 세계 사이에 문화적 간극이 벌어졌다는 것이다. 얼마나 별나길래 서구 사회의 문화적 특성이 성경의 사고방식과 대조되는지 살펴보자.

서구의 높은 교육수준

우리가 생각을 빚어가는 방식은 예수님의 세계와 유산을 공유하는 히브리식이 아닌 헬라 문화권과 닮은꼴이다. 우리는 추상적으로 사고한다. 우리는 예수님이 사용하시던 비유보다는 증거에 기반한 논증이 훨씬 설득력 있다고 본다.

계몽시대의 자녀인 우리는 인간 이성의 힘으로 물질세계를 정복하는 모습을 보았다. 우리는 이성이 만물의 잣대라고 확신한다. 우리의 사고방식에서 진리의 최종 증거는 과학이다.

산업화

우리 삶의 리듬은 근대성에 따라 전혀 딴판으로 바뀌었다. 우리는 더 이상 심음과 거둠의 리듬을 따라 가족과 나란히 땅을 파 일하며 먹고 살지 않는다. 예수님은 종종 어부와 농부에 관련된 비유를 드셨다. 우리는 이런 비유를 들으면서도 농경사회에 속했던 사람들처럼 뱃속에서부터 반응이 우러나오지 않는다. 우리는 가족의 성장과 연대가 아닌 바깥일을 기본 정체성으로 삼는다.

부유함

우리 대부분은 언제든 양식을 구할 수 있고, 살 집이 있고 미래와 생존에 대해 어느 정도 안정감을 느낀다. 그런 의미에서 우리는 비교적 '부유하다.' 우리는 역사상 숱한 사람들이 겪었던 생활고에서 어느 정도 자유롭다.

누가복음 12장 15-21절을 보면 잉여 수확물을 저장할 창고를 지어 안락한 노후를 설계하는 농부 이야기가 나온다. 예수님의 이 비유를 읽을 때 우리는 대체 무엇이 잘못되었는지 의아해한다. 그의 행동은 우리의 '별난' 문화와 상당히 아귀가 잘 맞는다. 우리 문화에서는 미리미리 노후 준비를 하며 개인연금을 마련해놓은 농부가 칭찬받아 마땅한 사람이다. 하지만 다른 문화권에서는 그런 일확천금을 공동체와 공유하지 않았다는 사실에 충격을 받는 곳도 많다.

민주화

우리는 '국민에 의한, 국민을 위한' 정부를 당연하게 여기고 개인주의와 독립을 크게 강조한다. 우리는 권리와 자유라는 관점에서 자신을 정의한다. 대조적으로 세계의 많은 지역에서는 여전히 개인의 자립을 그리 중요한 가치로 보지 않는다. 오히려 그들이 사람을 정의하는 일차적 기준은 가족, 부족, 민족 같은 소속 집단이며, 집단에 대한 충성심을 강하게 요구한다. 당신은 곧 관계로 증명된다. 삶의 질서가 개인적인 자유가 아닌 타인에 대한 책임으로 규정되는 것이다.

어떻게 이런 기막힌 우연의 일치가 있을까 의아해할지도 모르겠다. 심리학 연구에서 유럽 혹은 미국인을 구별한 특성이 우리와 성경 간의 문화적 차이에서도 일치하는 걸까? 과학기술 중심의 서구 문화가 세계의 여타 지역과 남다른 부분이 있다는 유진 나이다의 논평을 상기해보라. 만일 우리의 문화적 '보트'가 인류 공통의 관점에서 벗어나 멀리 떠내려가고 있다면, 우리를 독특하게 만드는 그 개성이야말로 성경을 이해하는 데 장애물이 된다. 바로 '우리'가 원래의 자리에서 벗어났기 때문이다.

《차세대 기독교 왕국: 전 지구적 기독교의 도래》*The Next Christendom: The Coming of Global Christianity*의 저자이자 역사가인 필립 젠킨스의 평은 다음과 같다.

> 많은 미국인과 유럽인에게 신구약 성경의 세계는 시간과 공간적 거리감뿐 아니라 일상의 전제 면에서도 거의 이해 불가하다. 그런데 많은 미국인과 유럽인에게 성경을 머나먼 역사 기록 정도로 여기게 한 요소들이 남반구의 교회에 오면 성경이 계속 살아 역사한다고 여기게 하는 이유가 된다. … 그리고 이 동일시는 신약뿐 아니라 구약에도 적용된다.[9]

위로를 주는 말이다. 예전엔 하나님이 왜 이리 성경을 인류가 이해하기 어렵게 두셨는지 궁금했다. 젠킨스는 교회가 급성장세를 보이는 남반구(아프리카, 아시아, 남미)에서는 적어도 성경은 난해한 책이 아니라고 말한다. 북미와 유럽이야말로 성경 메시지를 수용하는 데 가장 어려움을 겪는 지역이다. 북미와 유럽이야말로 성경 내러티브에 대한 울림이 가장 적은 곳이다. 우리야말로 논점 파악에 가장 어려움을 겪는 사람들이다.

세계의 여타 지역은 알고 있는데 우리는 이해하지 못하는 것들은 과연 무엇일까?

성경이 사고하는 방식

이 책 전반에 걸쳐 우리는 성경의 사고방식과, 오늘날 우리가 지닌 전제들과는 많이 다른 성경의 여러 전제를 살펴볼 것이다. 나는 더 사랑이 충만하고 더 그리스도를 닮아가야 한다는 차원에서 더 성경적으로 생각하자는 그런 호소를 하는 게 아니다. 성경 사회는 어떻게 우리와 다르게 삶에 접근했는가, 그리고 어떻게 하나님이 그 세계 속으로 들어가 그 세계의 언어로 말씀하셨는가를 그려보자는 것이다.

물론 난 일반적인 이야기를 하고 있고, 일반화가 지나치면 늘 오류에 빠지는 법이다. 어떤 내용은 예수 시대보다는 아브라함이나 다윗 시대에 해당한다. 그러나 근사치라도 오늘날 우리가 몸담은 세계보다는 신약 세계에 더 가까울 것이므로 도움이 될 것이다.

'그리스도'는 정확히 무슨 뜻일까

: 구약이 말하는 복음

예수님이 엠마오 도상에서 던진 질문이 내 귓전을 울린다. "그리스도가 이런 고난을 받고 자기의 영광에 들어가야 할 것이 아니냐?" 예수님은 그날 만난 제자들이 그리스도의 사명에 이토록 아둔한 것을 놀라워하시는 눈치다. 예수님은 제자들을 이끌고 성경을 처음부터 끝까지 여행하시며 그리스도에 대한 예언과 어떻게 자신이 그 예언의 성취인지를 복습하는 시간을 가지셨다.

다소 민망한 상황이었다. 하지만 난 그날의 제자들보다 더 아둔하다. 주일학교를 우등생으로 졸업했지만, 제자들보다 더 기본적인 질문에서 시작해야 한다. 대체 '그리스도'가 무슨 뜻이에요?

이 단어는 실제로 무슨 뜻이었을까? 성경 어디에 이 단어가 있을까? 1세기 유대인들은 그리스도란 영광스러운 인물에 대해 어떤 기대를 했을까? 난 평생 예수가 나의 구세주라는 것과 대충 동격이란 의미로 이 단어를 썼다. 하지만 원래의 문화적 배경에서 그리스도가 의미한 바를 제대로 알아본 적은 없었다. 내가 고대 맥락이란 렌즈를 끼고 그리스도라는 개념을 연구하기 시작하자 의외의 이미지와 중요한 함의가 눈에 들어오기 시작했다. 잠겨 있던 성경의 나머지 부분들이 열리기 시작했다. 나는 세상에 오실 그리스도에 관한 원래의 약속을 발굴하기 시작했고, 그 작업은 오늘날까지 현재 진행형인 성경 속으로 파고드는 경이로운 여정의 시작에 불과했다.

내가 1세기 독자의 눈으로 성경을 읽으며 반복적으로 발견한 사실이 있다. 신약에 등장한 파격적인 역발상이 실은 예수님이 읽으셨던 구약성경의 토양에 깊고 넓게 뿌리를 내리고 있다는 점이다.

기름 부은 자 = 하나님이 택하신 왕

먼저 그리스도란 단어의 어원은 '기름 부음을 받다'를 뜻하는 헬라어, 크리스토스*christos*이다. 이에 해당하는 히브리어는 마쉬아흐*mashiach* 또는 메시아다. 고로 누군가가 그리스도 또는 메시아라는 것은 '하나님이 기름 부으신 자'라는 것이다. 이게 대체 무슨 뜻일까?

기름 부음은 통상 성직자 임명 시 말 그대로 사람 머리에 거룩한 기름을 붓는 행위다. 고대 이집트인은 고위 관직에 오를 때 기름 부음을 받았다. 히타이트인은 대관식에 '왕의 거룩한 기름'을 부어 왕을 책봉했다. 이스라엘은 대제사장과 사울, 다윗, 솔로몬 같은 왕에게 기름을 부었다. 성경에는 하나님이 선지자에게 누구를 찾아가 기름을 붓고 왕으로 선포하라고 명하신 경우가 여러 번 나온다.[1]

이스라엘의 통일 왕정기에 처음 '기름 부은 자'(마쉬아흐)란 표현이 등장한 이래로 마쉬아흐는 '왕'을 일컫는 말로 빈번하게 사용되었다. 다윗은 자신을 죽이려고 혈안이 된 사울왕에게 쫓길 때도 누차 마쉬아흐란 표현으로 사울왕을 칭했다. 다윗은 우연히 동굴에서 마주친 사울을 암살하라는 부하들의 독촉에 이렇게 고백했다.

> 내가 손을 들어 여호와의 기름 부음을 받은[마쉬아흐] 내 주를 치는 것은 여호와께서 금하시는 것이니 그는 여호와의 기름 부음을 받은 자[마쉬아흐]가 됨이니라(삼상 24:6).

거룩한 기름을 붓는 행위는 하나님이 친히 어떤 사람에게 백성의 인도자이자 하나님의 대표자로 행할 권한을 부여하셨음을 강조한 것이다. 그래서 다윗은 사울을 털끝 하나 건드리지 않았다. 사울을 왕으로 세우신 분은 하나님이었다. 어떤 인간도 사울을 그 자리에서 끌어내릴 권한이 없었다. 제사장 역시 기름 부음을 받았다(드물지만 선지자 중에도 있다). 따라서 '그리스도' 호칭 안에는 '왕'이라는 개념이 가장 두드러진다. 단순하게 말하면 '예수 그리스도'는 '하나님이 택하신 왕, 예수'를 뜻한다고 할 수 있다.

당신은 이런 부분을 짐작했는가? 20년 전 이것을 발견한 뒤 얼떨떨했던 기억이 난다. 조사하기 전에 '그리스도'가 어떤 뜻인지 추측해보라고 했다면 난 아마 '성육신하신 하나님', '하나님의 구원자', '내 죄를 위해 죽으신 분' 같은 대답을 했을 것이다. 난 실제로 '기름 부은 왕'이란 발상에 적잖은 충격을 받았다. 내 머릿속엔 전혀 없던 답이었다.

'왕'이란 발상은 갈릴리 출신의 누추한 랍비와는 전혀 어울리지 않아 보였다. 하지만 고대의 왕에 관해 공부하면 할수록 복음서 도처에 왕 이미지가 깔려 있음이 눈에 들어왔다. 가장 두드러진 곳은 예수님의 생애 시작점과 끝점이었다. 예수님 출생 당시 헤롯왕을 찾아간 박사들은 "유대인의 왕으로 나신 이가 어디 계시냐"(마 2:2) 하고 물었다. 대제사장들은 베들레헴을 지목했다. 근거는 다윗왕이 태어난 베들레헴에서 한 통치자가 나올 것이라는 미가의 예언이었다.

> 베들레헴 에브라다야 너는 유다 족속 중에 작을지라도 이스라엘을 다스릴 자가 네게서 내게로 나올 것이라. 그의 근본은 상고에, 영원에 있느니라(미 5:2).

훗날 예수님은 생의 마지막에 수난당하시던 중 "네가 유대인의 왕이냐?"라는 중요한 질문을 받으셨다. 예수님은 긍정으로 답하셨다.

> 고발하여 이르되 우리가 이 사람을 보매 우리 백성을 미혹하고 가이사에게 세금 바치는 것을 금하며 자칭 왕 그리스도라 하더이다 하니 빌라도가 예수께 물어 이르되 네가 유대인의 왕이냐 대답하여 이르시되 네 말이 옳도다(눅 23:2-3).

복음서에서 예수님과 왕을 결부시킨 구절이 두 구절밖에 없다고 생각한다면 그건 고대사회에서 왕과 연관된 문화적 이미지가 얼마나 많은지 잘 모르기 때문이다. 나도 그랬다. 아울러 이스라엘 역사의 의미심장한 사건도 알아야 해서 그렇다.

오실 왕에 대한 암시

깊이 파 들어갈수록 하나님이 이스라엘에 위대한 왕을 보내신다는 암시가 성경 전반에 두루 흩어져 있음을 확인할 수 있었다. 가장 뚜렷한 예언은 다윗왕 시대에 있었다. 다윗은 하나님을 위한 '집', 곧 성전 건축을 열망했다. 하지만 하나님은 다윗의 아들 솔로몬이 성전을 지을 것이라고 응답하셨다. 그다음 하나님은 다윗을 위한 '집'을 지어주시겠다고 약속하셨다. 하나님이 그의 사후에 다윗 가문을 굳건히 세우시겠다는 뜻이었다. 더 나아가 하나님은 다윗 혈통에서 영원히 계속될 왕국의 왕이 나올 것을 약속하셨다.

> 네 생명의 연한이 차서 네가 조상들에게로 돌아가면 내가 네 뒤에 네 씨 곧 네 아들 중 하나를 세우고 그 나라를 견고하게 하리니 그는 나를 위하여 집을 건축할 것이요 나는 그의 왕위를 영원히 견고하게 하리라. 나는 그의 아버지가 되고 그는 나의 아들이 되리니 나의 인자를 그에게서 빼앗지 아니하기를 내가 네 전에 있던 자에게서 빼앗음과 같이 하지 아니할 것이며 내가 영원히 그를 내 집과 내 나라에 세우리니 그의 왕위가 영원히 견고하리라 하셨다 하라(대상 17:11-14).

이 예언은 이중으로 성취되었다고 이해할 수 있다. 먼저 솔로몬 시대에 성전 건축으로 성취되었다. 하지만 솔로몬은 하나님이 금하신 일을 했다(큰 부를 쌓은 후 이방 여인들을 아내로 맞았다). 솔로몬 왕국은 그가 죽고 몇 년이 못 가 분열되었다. 그러나 이 예언은 영원한 왕국을 차지할 '다윗의 아들'을 내다보고 있다. 그리스도인은 이 '다윗의 아들'에 관한 하나님의 예사롭지 않은 말씀을 그냥 지나칠 수 없다. "나는 그의 아버지가 되고 그는 나의 아들이 되리니"(13). 이 '다윗의 아들'은 하나님의 아들이 될 것이다!

사실 이 구절은 하나님이 약속하신 왕인 그리스도의 오심을 언급한 모든 메시아 예언의 모태다. 선지자들은 이스라엘의 침체기와 유배기, 또 그 후에도 이스라엘의 미래 구원자에 관한 이 기막힌 비전을 제시하며 백성에게 희망을 심었다. 때론 이 인물의 통치가 다윗의 유산을 계승한다는 의미로 그를 '다윗'이라고 일컫기도 했다. 에스겔의 영광스러운 미래에 관한 환상에서 하나님은 약속하셨다. "내 종 다윗이 그들의 왕이 되리니 그들 모두에게 한 목자가 있을 것이라. … 내 종 다윗이 영원히 그들의 왕이 되리라"(겔 37:24-25).

이스라엘의 성경을 더 거슬러 올라가면 미래의 왕이 이스라엘 왕보다 훨씬 큰 존재임을 암시하는 표현들이 있다. 창세기 49장에서 이스라엘 열두 지파의 시조가 될 아들들을 축복하던 야곱은 유다 지파에서 온 세상의 통치자가 나온다고 예언했다.

> 규가 유다를 떠나지 아니하며
> 통치자의 지팡이가 그 발 사이에서 떠나지 아니하기를
> 실로가 오시기까지 이르리니
> 그에게 열방이 복종하리로다(창 49:10).

솔로몬이 그리스도와 이렇게 연결된다

솔로몬이 위대한 왕 다윗의 문자적 아들이었기에 솔로몬 인생에 일어난 사건들은 메시아에 관한 기대치가 되었다. 가령 솔로몬이 어떻게 이스라엘 왕으로 즉위했는지를 보자. 다윗왕이 노쇠해지자 장남 아도니야가 자신을 이스라엘 왕으로 선포했다. 아도니야가 집권을 자축하는 연회를 베푼 시점에 다윗은 나단에게 지시했다.

> 너희는 너희 주의 신하들을 데리고 내 아들 솔로몬을 내 노새에 태우고 기혼으로 인도하여 내려가고 거기서 제사장 사독과 선지자 나단은 그에게 기름을 부어 이스라엘 왕으로 삼고 너희는 뿔나팔을 불며 솔로몬 왕은 만세수를 하옵소서 하고 그를 따라 올라오라. 그가 와서 내 왕위에 앉아 나를 대신하여 왕이 되리라. 내가 그를 세워 이스라엘과 유다의 통치자로 지명하였느니라(왕상 1:33-35).

다윗이 타던 노새를 탄다는 것은 솔로몬이야말로 아버지의 축복을 받은 자라는 신호였다. 왕의 개인 재산을 사사로이 사용하는 것은 엄격히 금지된 일이었기 때문이었다. 솔로몬이 다윗의 기마에 올라탄 것은 흡사 다윗의 왕좌에 오른 것과도 같았다. 훗날 스가랴 선지자는 메시아가 동일한 방식으로 오실 것을 예견했다.

> 시온의 딸아 크게 기뻐할지어다.
> 예루살렘의 딸아 즐거이 부를지어다.
> 보라 네 왕이 네게 임하시나니

그는 공의로우시며 구원을 베푸시며
겸손하여서 나귀를 타시나니
나귀의 작은 것 곧 나귀 새끼니라(슥 9:9).

이는 예수님 생전에 나귀를 타고 예루살렘에 입성하실 때 백성이 들었던 메시지이기도 했다. 다들 그 의미를 간파했다. 여기 다윗의 참 아들이 있다는 것이다. 백성은 "찬송하리로다. 주의 이름으로 오시는 이 곧 이스라엘의 왕이시여"(요 12:13)라고 외쳤다. 요한복음은 예수님이 그 승리의 입성 전날 밤 베다니에서 마리아에게 기름 부음을 받으셨다고 전한다. 부인하기 힘든 대응점들이다. 예수님을 통해 어떻게 말씀이 응했는지를 알려면 먼저 이스라엘 역사를 알아야 한다.

솔로몬 생애의 다른 사건들도 복음서의 여러 사건을 조명한다. 스바 여왕이 솔로몬을 방문한 이야기를 보자.

스바의 여왕이 여호와의 이름으로 말미암은 솔로몬의 명성을 듣고 와서 어려운 문제로 그를 시험하고자 하여 예루살렘에 이르니 수행하는 자가 심히 많고 향품과 심히 많은 금과 보석을 낙타에 실었더라. 그가 솔로몬에게 나아와 자기 마음에 있는 것을 다 말하매 솔로몬이 그가 묻는 말에 다 대답하였으니 왕이 알지 못하여 대답하지 못한 것이 하나도 없었더라. … 이에 그가 금 일백이십 달란트와 심히 많은 향품과 보석을 왕에게 드렸으니 스바의 여왕이 솔로몬 왕에게 드린 것처럼 많은 향품이 다시 오지 아니하였더라(왕상 10:1-3, 10).

당신은 이 이야기와 마태복음 2장에서 황금과 유향과 몰약을 가지고 방문한 박사들 사이에 유사점을 볼 수 있는가? 두 기술 모두 강력한 새 왕에게 경의를 표하고자 값진 선물을 가지고 원방에서 온 방문자들을 그린다.

몇 가지 역사적 세부 사항을 알면 더 긴밀한 연결점이 눈에 들어온다. 스바는 오늘날 예멘이 위치한 아라비아 반도의 최남단 나라로서, 이스라엘로부터 약 2,900킬로미터 떨어진 거리에 있다. 고대의 스바는 막대한 부로 명성이 자자했다. 유향과 몰약은 가장 값비싼 수출품목이었다. 여왕이 낙타를 타고 왔음을 주목하라. 수천 년간 낙타는 지중해의 향신료 무역로를 따라 사치품을 실어나르는 데 사용되었다. 위험하고 건조한 아라비아 사막 환경을 견뎌낼 동물이 낙타 외에는 없었다. 이 작은 디테일을 염두에 두고 메시아에 관한 예언을 살펴보자.

> 그가 바다에서부터 바다까지와 강에서부터 땅 끝까지 다스리리니 광야에 사는 자는 그 앞에 굽히며 그의 원수들은 티끌을 핥을 것이며 다시스와 섬의 왕들이 조공을 바치며 스바와 시바 왕들이 예물을 드리리로다. 모든 왕이 그의 앞에 부복하며 모든 민족이 다 그를 섬기리로다. … 그들이 생존하여 스바의 금을 그에게 드리며(시 72:8-11, 15).

> 나라들은 네 빛으로, 왕들은 비치는 네 광명으로 나아오리라. … 이는 바다의 부가 네게로 돌아오며 이방 나라들의 재물이 네게로 옴이라. 허다한 낙타, 미디안과 에바의 어린 낙타가 네 가운데에 가득할 것이며 스바 사람들은 다 금과 유향을 가지고 와서 여호와의 찬송을 전파할 것이며(사 60:3, 5-6).

왜 마태복음 2장에는 그런 내용이 없는데 "세 왕"에 관해 노래하는 크리스마스 캐롤이 있고 낙타를 탄 박사들 그림이 있는지 이상하게 여긴 적이 있는가? 일찍이 그리스도인 독자들은 마태의 기록이 다시스, 스바, 시바의 세 왕이 미래의 메시아에게 조공을 바치는 시편 72편 10절의 메아리임을 발견했다. 그들은 방문자들이 실은 이 세 나라에서 온 왕족이었다고 추정했다.

그렇다면 왜 신약은 왕이 아닌 '박사들'이 왔다고 했을까? 아마도 그들이 대사 신분으로 왔기 때문일 가능성이 크다(왕상 4:34). 고대 사회에서 왕은 복술과 점성술 같은 마법을 연구하는 자들을 왕실 자문관으로 두었다. 모세의 기적을 흉내 낸 바로의 술사들과 느부갓네살의 현자들과 꿈 해석자들을 떠올리면 된다. 원방의 왕실 자문관들은 이스라엘에 강력한 통치자가 출현했다고 판단하고 왕들을 대신하여 조공을 전달하는 왕실 사절단으로 파견한 것이다.

복음에 담긴 속뜻

고대 왕권에 관한 연구를 진행하면서 얻은 의외의 수확이라면 내가 신약의 '복음'이란 단어를 그릇 이해하고 있었음을 발견한 것이다. 난 복음이 '좋은 소식'이며 대부분 사람처럼 이 좋은 소식은 예수님이 우리를 위해 십자가에 죽으심으로 우리 죄가 사함받았다는 내용이라고 생각했다.

그러나 신약에서 복음에 해당하는 헬라어 유앙겔리온*euanggelion*(문자적으로 '좋은 소식')은 실은 왕과 피지배자들과 관련된 용어였다. 유앙겔리온은 새 왕이 책봉되었고 새 왕국이 집권했다는 발표였다.

왜 이것이 '좋은 소식'일까? 유앙겔리온 발표는 적국과 반체제인사에게는 끔찍한 소식이었지만, 제국과 환호하는 시민에게는 좋은 소식이었다. 관건은 당신이 소식을 듣고 얼마나 기뻐했는가가 아니다. 그 소식이 왕과 왕국에 좋은 것이냐가 관건이다.

엄밀히 말하면 복음, 즉 유앙겔리온은 하나님이 예수를 왕으로 택정해 세우셨다는 것이다. 그래서 바울은 '그리스도의 유앙겔리온'을 전하는 데 집중했고 자신을 이방 세계로 보내진 그리스도의 '대사'라고 소개한 것이다.

예수가 약속된 이스라엘의 왕이라는 사실과 우리가 죄로부터 구원받았다는 사실 사이에는 어떤 연관성이 있을까? 이것이야말로 수수께끼다. 그러나 엠마오 대화 직후 바로 그날 저녁 예수님은 나타나셔서 그 연관성을 밝히셨다.

> 또 이르시되 이같이 그리스도가 고난을 받고 제삼 일에 죽은 자 가운데서 살아날 것과 또 그의 이름으로 죄 사함을 받게 하는 회개가 예루살렘에서 시작하여 모든 족속에게 전파될 것이 기록되었으니(눅 24:46-47).

휴! 우리가 늘 전파했던 복음은 실은 예수님이 이해하셨던 유앙겔리온과 연결되어 있다. 원래 유앙겔리온이 '좋은' 소식인 이유는 하나님의 기름 부은 왕이 오셨고 죽은 자 가운데서 살아나셨다는 발표이기 때문이다. 이는 실제로 우리 죄가 사함받을 수 있다는 사실과 연결되어 있다. 그런데 어떻게 연결되어 있을까?

예수님에 의하면 그 답은 우리의 구약, 곧 예수님이 읽은 성경 속에서 우리를 똑바로 응시한다. 이 사실이 놀랍게 다가오는가? 분명 우리는 신약 전체에 그 답이 기록되어 있음을 안다. 하지만 구약에서는 또 어디에서 그 답을 찾을 수 있다는 말일까? 어디에서 어떤 단서를 찾아야 예수님이 구약을 읽으셨던 것처럼 우리도 구약을 읽게 될까? 이 책의 3부에서 이 질문을 구체적으로 살펴볼 것이다.

고대 왕의 이미지를 연구한 덕분에 예수님의 생애에 관한 여러 의문이 풀렸다. 그러나 한편에선 더 많은 의문이 새롭게 생기기도 했다. 한 친구에게 유앙겔리온의 본질이 예수님이 왕이 되셨다는 것이라고 하니 이런 반응이 돌아왔다. "글쎄, 그건 별로 좋은 소식이 아닌데! 난 왕을 원하지 않아!"

우리 중에는 왕과 왕국에 관해 전반적으로 거부감을 보이는 이들이 있다. 어릴 적 교회에서 새 찬송이 발표되면 왕국과 관련된 단어는 흔적조차 찾을 수 없었던 기억이 난다. "나라가 임하옵시며"라고 기도하는 대신 "당신의 지혜가 임하옵시며"나 "당신의 임재를 기뻐합니다"라는 식이었다.

WEIRD의 D(민주화)로 인해 우리의 이해에 문제가 생긴 것일까? 우리는 개인의 자립과 자유, 권리를 강조하는 평등주의 사회에 살고 있다. 우리는 영향을 미치는 모든 결정에 투표권을 갖는 것이 당연하다고 생각한다. 그래서 어떤 권위에 복종하라면 일단 발끈한다. 급기야 우리는 하나님이 그의 '왕국'을 지상에 세우시며 메시아가 하나님의 기름 부은 '왕'이라는 성경의 중심 메타포를 들어도 아무 감동도 못 느끼는 지경이 되었다. 오히려 이런 이미지는 '불쾌감'을 유발하기도 한다.

우리 중에는 '왕'과 같은 전제적 호칭을 짜증스럽게 여기는 나머지, 갈릴리의 겸손한 현인은 이런 호칭을 거부하리라 생각하는 이들이 있다. 그러나 우리는 그분이 나귀를 타고 백성의 환호를 받으며 예루살렘으로 입성하셨음을, 그리고 엠마오에서 그리스도로서 자신의 사명을 논하셨음을 본다.

혹시 우리의 문제는 문화적인 것이 아닐까? 왕이라는 발상을 거부하고 폐기하기보다는 좀 더 진득하게 이 이국적 세계에 눌러앉아 왕 이미지에 관한 우리의 전제가 올바른 것인지 점검해보면 어떨까?

우리는 이미 예수님의 생애를 조명하는 고대 왕에 관한 여러 발상을 살펴보았다. 어쩌면 그 길에서 뭔가 다른 것을 배우게 될지도 모른다.

복음: 주님이 왕과 재판장으로 다스리심

'왕'이라는 개념은 괜찮더라도 왕과 연관된 다른 개념에는 거부감을 느낄 수도 있다. 가령 고대 왕은 재판장 역할도 겸해야 했다는 사실에 대해서는 어떻게 생각하는가?

왕의 핵심 기능 중에는 나라의 최고 재판장 역할이 있었다. 이스라엘에 왕이 세워지기 전에는 지도자들을 '사사'judges, 곧 재판관으로 불렀으며, 왕정기의 왕 역시 재판관 역할을 맡았다. 성경은 솔로몬이 지은 알현실을 이렇게 묘사한다. "또 심판하기 위하여 보좌의 주랑 곧 재판하는 주랑을 짓고"(왕상 7:7).

왕은 사회의 부패와 착취를 척결함으로써 사회 정의를 구현할 책임이 있었다. 기실 히브리어에서 '심판'을 뜻하는 '미쉬팟'*mishpat*의 또 다른 뜻은 '공의'다. 왕은 행악자를 재판하여 나라에 공의를 확립했다. 시편 72편이 말하는 메시아 이미지에 귀 기울여보자.

하나님이여 주의 판단력을 왕에게 주시고
주의 공의를 왕의 아들에게 주소서
그가 주의 백성을 공의로 재판하며
주의 가난한 자를 정의로 재판하리니(시 72:1-2).

세계의 많은 이들에게는 그리스도가 왕이라는 사실이 매우 좋은 소식으로 다가올 것을 믿는가? 국제정의선교회IJM 창립자 게리 하우젠이 2015년 TED 대회에서 했던 강연을 들어보자. 비너스는 막내아들이 굶어 죽어가는 모습을 지켜봐야 했던 두 자녀를 둔 젊은 과부였다. "브루투스가 문제를 일으키기 전까지는 그럭저럭 살만했다"고 비너스는 말한다.

하우젠은 말을 이었다. "브루투스는 비너스의 이웃이었고 '문제를 일으켰다'는 건 비너스가 남편과 사별한 다음 날 벌어진 일을 말한다. 브루투스는 비너스의 집과 땅을 강탈하여 비너스와 아이들이 길바닥으로 나앉게 하고 시장 좌판까지 빼앗았다. 그렇게 비너스는 폭력을 당해 순식간에 궁핍의 나락으로 떨어졌다."[2] 농사지을 땅이 없거나 돈벌이할 수단이 없어서 비너스가 빈궁해진 것은 아니었다. 빈궁의 원인은 브루투스에게 공의를 실현해달라고 호소할 대상이 없었다는 데 있었다.

약자들이 불한당에게 억울하게 당하기만 하고 경찰도 없는 세상이라면 어떤 느낌일지 상상해보라. 하우젠은 이런 생활 속 폭력이 오늘날 개도국이 안고 있는 엄청난 문제라고 본다. 지금도 20억 명이 넘는 사람들이 개탄스러울 정도로 치안이 부재한 나라에 살고 있다. 빈곤 지역에서는 신뢰할 만한 범죄 억제책이 없어 약자들이 속수무책으로

불한당과 도둑에게 당하고 산다.[3]

시편 72편을 몇 줄 더 읽어보고 왜 비너스와 같은 과부가 이 말씀을 귀하게 여길지 잠시 생각해보자.

> 그가 가난한 백성의 억울함을 풀어주며
> 궁핍한 자의 자손을 구원하며
> 압박하는 자를 꺾으리로다 …
> 그는 궁핍한 자가 부르짖을 때에 건지며
> 도움이 없는 가난한 자도 건지며
> 그는 가난한 자와 궁핍한 자를 불쌍히 여기며
> 궁핍한 자의 생명을 구원하며
> 그들의 생명을 압박과 강포에서 구원하리니
> 그들의 피가 그의 눈앞에서
> 존귀히 여김을 받으리로다(시 72:4,12-14).

시편 72편은 왕의 역할을 불한당을 심판할 자로 규정하며 메시아 왕을 구하는 기도다. 그러나 많은 이들이 "압박하는 자를 꺾으리로다"(4)와 같은 과격한 탄원에 대해 짜증을 낸다. 그러나 입장이 바뀐다면 과부들이 이렇게 속량을 구하는 기도를 날마다 올리는 모습이 마음에 와닿을 것이다. 그들은 메시아의 공의가 실현되고 약자가 두려움 없이 살 수 있는 나라가 세워지길 열망한다.

기실 사람들은 '왕들 스스로' 심판자인 왕 중 왕 앞에 설 것이라고 이해했다. 그리스도보다 약 1세기 앞선 시편에서는 이 기대를 이렇게 표현했다.

> 그러면 왕들이여, 내가 하는 말을 듣고 깨달아라. 땅의 끝에서 끝까지를 다스리는 통치자들아, 배워라. 수많은 백성을 다스리며 헤아릴 수 없이 많은 신하들을 자랑하는 자들은 귀를 기울여라. … 만일 주님의 나라를 맡은 통치자로서 그대들이 정의로 다스리지 않았거나 율법을 지키지 않았거나 하나님의 뜻에 맞게 처신하지 않았으면 주님께서 지체없이 무서운 힘으로 그대들을 엄습하실 것이다. 권세 있는 자들에게는 준엄한 심판이 기다리고 있다. 미천한 사람들은 자비로운 용서를 받겠지만 권력자들은 엄한 벌을 받을 것이다.[4]

우리의 대통령과 전 세계 지도자들이 언젠가 그리스도 앞에 서서 자기 행위를 설명해야 할 날이 올 것을 안다면 세상이 어떻게 달라질지 궁금하다.

강력한 통치자를 갈망하는 세상과 우리 사이에는 어떤 문화적 골이 있다. 안전한 사회에 사는 우리는 보호와 정의를 갈망하는 사람들을 공감하지 못한다. 우리가 성경 속 이미지를 '원시적'이고 '폭력적'이라고 치부하는 것은 지금도 세계의 많은 이들이 감당해야 하는 혹독한 현실에 대한 개념이 부족하기 때문이다.

말씀 분석을 넘어 문화 통역으로

무법천지의 사회에서 살아야만 시편 72편을 이해하는 건 아니다. 그러나 우리 사회와 그 세계 사이의 정신적 간극을 메울 줄 알아야 그들이 삶을 바라본 방식에 공감할 수 있다. 나의 목표는 당신에게 성경 시대의 라이프 스타일을 따라 하라는 부담을 심는 게 아니라, 잠시나마 그 렌즈를 통해 인생을 바라보도록 돕는 것이다.

단지 분석하고 문화적 차이를 인지하는 데서 멈추지 말라. 최선을 다해 머릿속에서 자신을 그 현실 속에 대입하고 내적 논리가 보일 때까지 진득이 머무르며 주변을 둘러보라. 거기 있는 사람들과 공명하며 그들의 눈을 통해 성경을 읽어보라. 그다음 그 깨달음을 가지고 상당히 이질적인 자신의 세계로 돌아오면 된다.

우리는 엠마오나 오순절 시절과는 다른 상황에서 살아가며, 우리의 사명은 열방을 제자로 삼는 것이다. 하나님이 오순절에 성령을 부으신 후 맨 처음 하신 일은 제자들을 '통역사'로 만드신 것이었다. 언어 통역이 전부가 아니다. 문화 통역도 해야 한다.

통역사는 두 언어에 다 유창해야 한다. 통역사는 때로는 뇌가 서로 다른 사고방식 사이에서 둘로 '분열된' 느낌이 든다고 한다. 통역을 하자면 이 세계에서 저 세계로 정신적 뜀뛰기를 하며 타인을 위해 그 간극을 메워야 하기 때문이다. 바로 그것이 성경 사회의 문화와 우리 문화 사이에서 우리가 할 일이다.

히브리어로 색칠하기

: 대담한 색채와 굵직한 붓놀림

몇 개월마다 새로운 성경 역본이 기독교 서점으로 진군해 들어온다. ESV, ISV, NIV, RSV, MRV…. 그 외에도 계속 추가되고 있다. 왜 이리 번역 성경의 종류가 많은 걸까? 지상 최고의 최종본을 하나 내놓고 끝낼 순 없는 걸까?

뭔가 배후에 음모가 숨어 있다고 생각할 수도 있다. 하지만 단일 역본을 선정하지 못하는 건 언어의 독특한 특성 때문이다. 말은 어떤 의미에서 '그림 그리기'와 같다. 언어는 제한된 수의 색을 가진 팔레트라고 할 수 있다. 알맞은 빛깔과 색감을 가진 단어들을 고른 뒤에 뜻한 바를 표현할 적당한 문장으로 혼합한다. 한 장면을 다른 언어로 옮기면 일대일 대응어를 쓰더라도 단어마다 여러 다른 빛깔을 지니고 있기에 결과는 같지 않다.

히브리어/영어 번역에서 이 현상이 두드러지고, 헬라어/영어 번역은 상황이 좀 나은 편이다. 헬라어와 영어는 모두 동일한 인도-유럽 어족에서 자라나왔기에 상대적으로 비슷한 팔레트를 사용한다. 게다가 상당수의 영어 단어가 헬라어를 어원으로 한다. 그러나 히브리어는 영어와는 상당히 다른 아프리카-아시아 유산을 반영한다. 히브리어는 쩍쩍 갈라진 황무지를 이동하며 만나를 먹고 양 떼를 치며 적에게 돌팔매질을 해대는, 흙냄새 펄펄 나는 셈 부족의 사막 빛 갈색과 타다 남은 잿빛을 띠고 있다.

아울러 히브리어는 영어보다 적은 '색깔' 세트를 가지고 있다(영어에는 10만 개 이상의 단어가 있는데 비해 히브리어 단어 수는 약 8천 개다).[1] 이 점은 마르틴 루터가 성경 번역 작업을 하며 발견한 것이다. 그의 글이다.

> 히브리어는 다른 어떤 언어보다 평범하기 그지없으면서도 웅장하고 찬란하다. 히브리어는 훨씬 적은 수의 소박한 단어들을 가지고 다른 모든 언어를 능가하는 일을 한다.[2]

히브리인은 반 고흐처럼 굵직한 붓으로 대담한 색을 흩뿌려 진리를 표현한다고 할 수 있겠다. 디테일은 상당히 거칠지만 독자가 맥락에서 추론하여 빈 구멍을 메꾸게 한다. 우리는 맥락 안에서 의미를 파악하는 데 능숙하다. 영어에서도 적은 수의 '단어 붓놀림'으로 어떤 장면을 스케치해서 나머지는 듣는 사람이 파악하게 하는 경우가 있다. 가령 우리는 'run'의 뜻이 야구에서 도루하는 것인지 스타킹에 구멍이 난 건지 퇴근 후 달음질하는 건지 문맥에서 순식간에 간파한다.

당신이 어떤 장면을 영어로 '다시 그리기'를 하는 성경 번역자라고 해보자. 직역에서는 원어의 각 붓놀림에 대해 한 번의 붓놀림밖에 사용할 수 없다. 당신은 넓은 히브리어용 붓을 세미한 촉의 영어용 붓으로 교체해야 하며 색 팔레트 역시 차이가 있다. 영어에는 선택할 색이 더 많기는 하지만 한 번의 붓놀림으로 원래의 색깔 더미 내에서 단 하나의 색채만 선택해야 한다. 자, 어떻게 하겠는가?

당신이 아무리 노력하더라도 전반적인 장면은 전달할 수 있을지 몰라도 원래 분위기를 똑같이 재현하지는 못할 가능성이 크다. 다른 번역자는 같은 본문에서 다른 색채와 색감을 끌어내려 할 것이다. 분명 비교적 우수한 결과물은 있을지언정 다른 팔레트와 다른 붓을 가지고 하나의 그림을 완벽하게 재현하는 것은 엄밀히 말하면 불가능하다. 바로 이러한 이유로 '지상 최고'의 유일한 성경 번역이 다른 모든 번역을 대체하는 일은 일어나지 않을 것이다.[3]

그렇다면 어떻게 해야 원문을 가장 진실하게 재현할 수 있을까? 하나의 번역에 매달리지 말고 둘 이상의 역본을 비교하며 읽는다면 더 선명한 이해에 도달할 수 있을 것이다. 보다 직역에 가까운 주요 역본들을 읽어본 다음 의역을 지향하는 역본들을 살펴보라. 화가들이 같은 구절을 '그리는' 여러 다양한 방식을 보면 원문의 다채로운 색감이 더 잘 파악될 것이다. (이에 관해서는 이번 장 끝부분에서 더 다루겠다.)

하나님의 '마음' 언어

다수의 역본을 사용하는 것과 더불어 성경에 나오는 히브리 단어들을 익힌다면 예수님의 처음 제자들이 성경을 접했을 때의 느낌을 살리는 데 큰 도움이 된다.

왜 히브리어일까? 히브리어는 하나님의 마음 언어다(예수님이 읽으셨던 성경의 모국어인 셈이다). 히브리어는 지극히 풍성하고 시적인 언어로, 영어와는 사뭇 다른 방식으로 세상을 본다. 적은 수의 단어라도 심도 있게 파악하면 성경 읽기가 한결 선명하고 풍성해진다. 아울러 당신이 이미 이해했다고 '단정'한 구절에 새 빛을 조명할 것이다.[4]

구약뿐 아니라 신약을 읽을 때도 히브리어는 유익하다. 신약은 헬라어로 쓰였지만, 필진의 대다수가 '셈족식 사고'를 하는 유대 문화권에서 자란 유대인이었기 때문이다. 헬라어 신약에도 종종 히브리어의 깊고 풍성한 색감이 묻어나오며 저자의 '본토 억양'이 드러난다.

가령 '걷다'라는 뜻의 히브리어, 할라크*halakh*는 사람의 도덕적 삶의 방식을 묘사하는 메타포(은유)로 두루 쓰인다. 일례가 시편 1장 1절이다. "복 있는 사람은 악인의 꾀를 따라 걷지 아니하며"(NASB). 헬라어 페리파테오*peripateo*는 단순히 '걸어서 돌아다니다' 혹은 '도보로 이동하다'를 뜻한다. 그러나 신약은 히브리적 뉘앙스를 담아 페리파테오를 썼다. 예수님은 왜 제자들이 장로의 유전을 따라 '걷지' 않느냐는 질문을 받았고(막 7:5), 바울은 데살로니가인들에게 하나님을 기쁘시게 하도록 '걸으라'고 권면했다(살전 4:1). 헬라어권 독자는 왜 바울이 독자들에게 "하나님을 기쁘시게 하도록 거닐라"고 했는지 궁금해하며 머리를 긁적였을 것이다. 바울의 유대 히브리적 억양을 파악하면 그 진의가 더 선명해진다.[5]

다시금 마르틴 루터는 이런 혜안을 우리와 공유한다.

> 내가 더 젊었다면 찬란하고 유익하면서도 올바른 성경 이해에 필수적인 히브리어를 완벽하게 섭렵할 방도와 수단을 강구했을 것이다. 신약은 헬라어로 쓰였지만, 히브리적 화법으로 넘쳐난다. 그래서 이렇게 말할 수 있다. "히브리인은 옹달샘에서 마시고 헬라인은 그 아래 샘에서 마시고 라틴족은 그 아래 연못에서 마신다."[6]

널찍한 여행 가방

언어를 색다르게 보는 또 다른 방식은, 언어를 타인의 머릿속으로 생각을 실어나르는 '여행 가방'으로 보는 것이다. 영어에서 우리는 엄청난 수의 '여행 가방', 즉 여러 의미와 형식으로 다양한 색채를 갖춘 단어를 꺼내 쓴다. 대체 히브리인은 어떻게 그리 적은 수의 단어로 소통하는지 궁금하기도 하다. 그 비밀은 각 '가방'의 내부공간이 넓다는 데 있다. 더 깊고, 더 넓고, 공간도 더 넉넉하다. 히브리 단어는 영어 단어보다 대부분 폭넓은 의미를 담고 있다.

히브리어 '가방' 안에 들어 있는 생각 보따리를 푸는 일은 성경공부에서 엄청난 유익이 된다. 고대의 저자들은 어떻게 우리와 사뭇 다른 방식으로 아이디어를 분류하고 정리했는지를 살펴보는 일은 즐거운 작업이다. 가령 그들은 한 단어로 '일하다'와 '예배하다'를, '듣다'와 '순종하다'를 표현했다.

영어 구사자는 적확한 의미를 파악하는 데 익숙하며 모든 것을 꼼꼼하게 따져서 규정한다. 그러나 히브리 단어는 듣는 사람이 맥락에서 의미를 분별할 여백을 남겨둔다. 선지자를 비롯한 성경 저자들은 언어의 뉘앙스를 곱씹는 일을 즐긴 듯하다. 그들은 단어의 모호성에 기반하여 의도적으로 한 단어가 다층적 의미를 연상하게 하는 언어 유희를 곧잘 했다.

예를 들어, 루아흐*ruach*란 단어는 호흡, 바람, 영혼을 뜻한다. 에스겔 37장에서 하나님의 루아흐가 마른 뼈 골짜기에 새 생명을 불어넣었을 때 루아흐의 다양한 의미들이 총동원되었다. 예수님 역시 루아흐의 이런 다면성을 인지하시고 이렇게 말씀하셨다.

> 사람이 물과 성령으로 나지 아니하면 하나님의 나라에 들어갈 수 없느니라. 육으로 난 것은 육이요 영으로 난 것은 영이니 내가 네게 거듭나야 하겠다 하는 말을 놀랍게 여기지 말라. 바람이 임의로 불매 네가 그 소리는 들어도 어디서 와서 어디로 가는지 알지 못하나니 성령으로 난 사람도 다 그러하니라(요 3:5-8).

히브리어는 우리를 깊이 생각하게 한다. 하나님이 하고많은 언어 중에 히브리어를 택하여 말씀을 계시하신 이유가 여기에 있지 않을까 한다. 성경을 읽을 때 우리는 하나님이 우리에게 이야기하시는 바가 무엇인지 묻고 또 묻게 된다.

두려워하는가, 경외하는가?

가령 흔히 '두려움'fear으로 번역하는 '이르아'*yirah*를 보자. 이 단어는 구약에 흔히 등장하며 많은 사람은 하나님을 무서워하여 움츠린다는 의미로 이해한다. 물론 신약에도 '두려움'이란 단어가 나온다. 하나님을 믿은 이방인은 '하나님을 두려워하는 자'로 통했고, 초대교회는 '주님을 두려워함'으로 든든히 세워졌다고 말한다(행 9:31). 왜 성경에는 이리도 두려움이 많을까?

그 비밀은 두려움에 해당하는 히브리어, '이르아'에 있다. fear는 '두려워한다'는 협의에 초점을 둔 단어다. 우리에게 fear는 신뢰의 반대말이며 염려, 무서움, 겁과 동의어다. 그러나 이르아는 부정적 무서움과 공포에서 시작해 긍정적 경배와 숭상, 옅은 존경심부터 강한 경외심까지 훨씬 넓은 의미를 아우른다.

우리가 성경에서 '경외하다' 또는 '경외'를 접할 때 십중팔구 '이르아'라는 단어가 뒤에 있다. 레위기 19장 3절은 우리에게 부모를 '경외'하라고 명하며 30절은 "내 안식일을 지키고 내 성소를 '귀히 여기라'[이르아]"고 말씀한다. 두 곳에서 모두 '이르아'를 썼고, 이는 무서움이 아닌 존경하고 우러러보라는 뜻이다.

"하나님을 두려워함"이란 문구를 볼 때 그리스도인은 하나님이 우리 행실에 대해 내리시는 심판을 두려워하는 데 초점을 맞추는 경향이 있다. 분명 우리는 모두 죽어서 하나님의 심판대 앞에 설 것이다. 그러나 그리스도가 당신의 죗값을 치르셨음을 안다면 더 이상 그런 식의 두려움을 가져선 안 된다. 이것이야말로 요한이 서신에서 그렇게 하지 말라고 당부하는 바다. "사랑 안에 두려움이 없고 온전한 사랑이 두려움을 내쫓나니 두려움에는 형벌이 있음이라. 두려워하는 자는 사랑 안에서 온전히 이루지 못하였느니라"(요일 4:18).

그러나 성경이 매우 긍정적으로 "주님에 대한 두려움"을 이야기하는 사례도 있다. 잠언 말씀을 보자.

여호와를 경외하는(fear) 자에게는 견고한 의뢰가 있나니
그 자녀들에게 피난처가 있으리라.
여호와를 경외하는(fear) 것은 생명의 샘이니
사망의 그물에서 벗어나게 하느니라(잠 14:26-27).

왜 그러한가? 히브리 사고에서 "여호와를 두려워하는 것"(이르앗 아도나이) *yirat Adonai*[7]은 하나님을 향한 경외와 공경으로 말미암아 하나님의 뜻대로 행하려고 소원하는 것까지를 포함하기 때문이다. 이 구절에서 "여호와를 두려워하는 것"은 경외심으로 충만한 하나님 사랑과 하나님을 더 깊이 알아가는 데 자라가는 것을 말한다. 이 두려움으로 우리는 어떻게 살지를 배우고 하나님의 권능과 인도하심을 확신한다. 이 두려움은 우리에게 하나님 뜻을 공경하는 마음을 심어주며 우리의 관계와 삶을 망가뜨릴 죄로 빠져들지 않게 한다.

랍비 아브라함 헤셸은 하나님을 경외함이 두려움보다 훨씬 우월한 반응이라고 본다. 두려움은 자기 자신에게 초점을 맞추지만, 경외는 하나님의 영광에 초점을 맞춘다. 그의 글이다.

'이르아'의 본질은 무엇일까? 이 단어는 두려움과 경외, 두 가지 뜻을 다 가지고 있다. 자신의 육신, 가족, 소유가 벌 받을까 봐 여호와를 두려워하는 사람이 있다. 또 어떤 사람은 내세에서 당할 벌을 두려워하여 여호와를 두려워한다. 유대 전통에서는 두 가지 유형 모두 수준이 낮은 것으로 본다. … 두려움은 선을 예상하는 소망의 반대말로, 악이나 고통을 예상하고 기대하는 것이다. 한편 경외는 지극히 숭고한 것에 감동받거나 신비의 임재 안에 있을 때 느끼는 경이와 겸허다. … 경외는 두려

움과 달리 경외를 유발하는 대상에게 움츠러들지 않으며 오히려 가까이 나아가게 한다. 그래서 경외는 사랑이나 기쁨과 견줄 수도 있다.

어떤 의미에서 경외는 두려움의 반대 명제다. "여호와는 나의 빛이요 나의 구원이시니"라고 느끼는 것은 "내가 누구를 두려워하리요"라고 느끼는 것이기도 하다(시 27:1). "하나님은 우리의 피난처시요 힘이시니 환난 중에 만날 큰 도움이시라. 그러므로 땅이 변하든지 산이 흔들려 바다 가운데에 빠지든지 바닷물이 솟아나고 뛰놀든지 그것이 넘침으로 산이 흔들릴지라도 우리는 두려워하지 아니하리로다"(시 46:1-3).[8]

히브리식으로 "여호와를 두려워하는 것"은 하나님의 경이롭고 거룩한 실존을 인지하는 것이다. 유대 회당에는 이런 점을 일깨우는 장치들이 많다. 토라 두루마리가 담긴 장식장 위에는 "네가 누구 앞에서 있는지를 알라"는 표어가 있다. 우리는 무한한 권능의 하나님이 지근거리에 계심을 명심해야 한다. 와우!

경배 중 하나님의 웅장함으로 등골에 소름이 돋는 경외감을 맛보는 것은 실로 짜릿한 경험이다. 이런 의미에서 하나님을 '두려워하는 것'은 영적으로 우리 삶에서 가장 심오한 경험 중 하나다. 여호와의 임재에 대한 의식으로 "여호와를 두려워하는 것"이 진짜 신앙생활의 본질임을 우린 알고 있다.

양날의 검

'두려움'에 해당하는 히브리 단어는 맥락에 따라 긍정적이기도 하고 부정적이기도 하다. 하나님의 대적은 하나님을 두려워하지만, 하나님의 백성은 충만한 경외심으로 경배하며 예배한다. 몇몇 다른 단어들 역시 동일하게 기막힌 '양날의 검'의 특성을 보인다.

가령 파카드*pakad*란 단어는 어디에 쓰이냐에 따라 멋진 단어가 될 수도 있고 끔찍한 단어가 될 수도 있다. 킹제임스성경은 파카드를 '방문하다'(visitest, 찾아오다)로 번역하지만 파카드는 잠시 인사하러 들르는 것과 무관하다. 시편 8장 4절에도 파카드가 사용됐다. "사람이 무엇이기에 주께서 그를 생각하시며 인자가 무엇이기에 주께서 그를 돌보시나이까[파카드]." 여러 현대 역본에서는 '방문하다'를 '돌보다'로 번역했다. 또한 룻기 1장 6절에도 파카드가 나온다. 뒤에 가면 사무엘상 2장 21절에서 하나님이 아들을 구하는 한나의 눈물 어린 기도에 응답하심으로써 한나를 '방문[파카드]하셨다'는 이야기가 나온다. 각각의 경우 파카드의 뜻은 하나님이 누군가를 위기에서 도우시거나 건지셨다는 것이다.

하나님이 우리를 돌보고 우리 기도에 응답하신다는 의미에서 우리를 '방문'하시는 것은 기쁜 일이다. 이제 출애굽기 32장 34절의 용례를 보자. "그러나 내가 보응할[파카드, visit] 날에는 그들의 죄를 보응하리라[파카드, visit]." 여기서 파카드는 아주 부정적인 의미로 쓰인다. 누군가의 죄를 '방문'(visit)한다는 것은 그 죄를 벌한다는 것이다. 긍정적이거나 부정적인 구절에서 공히 파카드는 '주목하다'라는 개념으로 사용된다. 하나님이 누군가를 주목하실 때 그를 돌보신다. 하나님이 누군가의 기도를 주목하실 때 기도가 응답된다. 그러나 하나님이 누군가의 죄를 주목하실 때 징벌이 임한다.

집 짓는 자

우리가 살펴본 엠마오 도상의 만남과 '그리스도'와의 단어 퍼즐을 기억하는가? 히브리어의 다면적 의미를 알면 또 다른 미스터리가 풀린다. 다윗에게 주신 하나님의 메시아 약속에는 또 다른 예언이 포함되어 있었다. 즉, 다윗의 아들이 여호와를 위한 '집'을 지을 것이란 약속이다. 성전 건축은 솔로몬 통치의 절정이었다. 마찬가지로 메시아에 대해 사람들이 가진 대표적인 기대는 그가 하나님의 참 성전을 지을 자라는 것이다. 사실 하나님이 이렇게 선언하시지 않았는가. "그는 나를 위하여 집[바이트 *bayit*]을 건축할 것이요 나는 그의 왕위를 영원히 견고하게 하리라"(대상 17:12).

예수님은 공생애 중에 자주 성전에 관해 말씀하셨고 한번은 이런 의미심장한 발언도 하셨다. "손으로 지은 이 성전을 내가 헐고 손으로 짓지 아니한 다른 성전을 사흘 동안에 지으리라"(막 14:58). 요한복음은 이 구절에 대해 예수님이 자신의 부활할 몸을 가리켜 하신 말씀이라고 말한다. 그러나 여기에는 더 큰 그림도 있다. 예수님은 자신의 죽음과 부활을 통해 '다른 유형'의 집을 짓고 계셨다. 하나님의 성령이 거하시고 신자들이 가족이 될 그런 집이었다.

성전이라는 '집'과 사람으로 이루어진 '집'을 동일시하는 것이 가능할까? 히브리어를 아는 사람에게는 가능하다. 바이트에는 집, 성전, 가족, 계보라는 뜻이 있다. 사실 하나님이 다윗에게 주신 예언은 바이트의 두 가지 다른 의미를 사용한 언어유희였다. 다윗왕은 하나님께 성전인 '집'을 지어드리길 원했다. 그러나 하나님은 왕실 계보라는 '집'을 다윗에게 지어주시겠다고 하셨다. 이는 그리스도가 지으실 집이 선대 열왕이 지은 성전과는 상당히 다른 집이 될 것을 암시한다.

오순절에 성령이 신자들의 마음에 임하셨다. 초대교회 교인들은 솔로몬 시대에 하나님의 영이 성전으로 입장하시던 장면을 떠올렸을 것이다(대하 7:1-3). 그러나 이제 하나님의 성령은 인간의 손으로 지으신 집에 거하시는 대신 신자의 몸인 새 성전으로 이주하셨다. 이 이미지는 신약 전반에서 발견된다.

> 우리는 살아 계신 하나님의 성전이라. 이와 같이 하나님께서 이르시되 내가 그들 가운데 거하며 두루 행하여 나는 그들의 하나님이 되고 그들은 나의 백성이 되리라(고후 6:16).

> 그러므로 이제부터 너희는 외인도 아니요 나그네도 아니요 오직 성도들과 동일한 시민이요 하나님의 권속이라. 너희는 사도들과 선지자들의 터 위에 세우심을 입은 자라. 그리스도 예수께서 친히 모퉁잇돌이 되셨느니라. 그의 안에서 건물마다 서로 연결하여 주 안에서 성전이 되어 가고 너희도 성령 안에서 하나님이 거하실 처소가 되기 위하여 그리스도 예수 안에서 함께 지어져 가느니라(엡 2:19-22).

> 사람에게는 버린 바가 되었으나 하나님께는 택하심을 입은 보배로운 산돌이신 예수께 나아가 너희도 산돌같이 신령한 집으로 세워지고 예수 그리스도로 말미암아 하나님이 기쁘게 받으실 신령한 제사를 드릴 거룩한 제사장이 될지니라(벧전 2:4-5).

우리는 비록 죄에 빠져 하나님과의 관계를 저버렸지만, 인류와 친밀해지려는 하나님의 계획은 성큼성큼 진전을 이루고 있다. 하나님이 이스라엘에 성막을 지으라고 처음 명하셨을 때는 단지 성막 안이 아니라 '그들 가운데' 거하시기 위함이었다(출 29:45). 그다음 하나님은 솔로몬에게 성전을 지으라고 명하시고 성전을 자신의 임재로 가득 채우셨다. 마지막으로 하나님은 그리스도의 대속 사역을 통해 그의 바이트(집)인 우리 마음에 내주하셔서 자기 백성과의 친밀한 삶이라는 가장 큰 목표를 달성하셨다.

생생한 이미지

히브리 단어들은 종종 성경의 난해한 구절을 조명하며 우리 신학에 도전장을 내밀기도 한다. 히브리어에는 추상어가 별로 없다. 그래서 의미를 예시하기 위해 흥미진진한 이미지를 자주 사용한다. 히브리어가 오감의 현실 세계에 견고하게 뿌리내린 언어이기 때문이다.

가령 히브리어에는 '완고하다'라는 단어가 없기에 대신 '목이 뻣뻣하다'를 쓴다. 이는 멍에를 안 메려고 목을 곧추세우는 수소의 이미지를 연상케 한다. 또한 '인색하다'에 해당하는 단어가 없기에 '주먹을 움켜쥐다' 또는 '눈이 나쁘다'라고 표현한다. 그러니까 눈앞에 있는 사람의 필요를 돌아볼 눈이 없다는 것이다.[9] 추상적 어휘가 부족했어도 성경 저자들은 나름대로 심오한 사상을 표현했고, 오히려 다채로운 그림을 그려내는 영감의 원천이 되었다.

야곱의 아들들이 가나안 도시를 공격할 목적으로 협정을 악용했을 때 야곱은 아들들을 이렇게 꾸짖었다. "너희가 내게 화를 끼쳐 나로

하여금 이 땅의 주민 곧 가나안 족속과 브리스 족속에게 악취를 내게 하였도다”(창 34:30). 역겹거나 거부감을 준다는 것을 한 사람의 ‘악취’, 즉 바아쉬*ba'ash*로 표현한다. 애굽에서 모세가 바로에게 백성을 풀어달라고 처음으로 요구했을 때 바로는 되려 이스라엘의 노역을 늘렸다. 이때 이스라엘의 장로들이 이렇게 모세에게 항의했다. “너희가 우리를 바로의 눈과 그의 신하의 눈에 ‘미운’[악취 나는] 것이 되게 하고made us stink 그들의 손에 칼을 주어 우리를 죽이게 하는도다. 여호와는 너희를 살피시고 판단하시기를 원하노라”(출 5:21). 애굽인이 이스라엘인에게서 맡았을 냄새는 나일강이 피로 변한 후 물고기에서 난 악취와는 비교도 안 되었을 것이다!

바울 또한 고린도인들이 주변 사람에게 그리스도(메시아, 기름 부은 자)의 ‘향기’(냄새)라고 했을 때도 이 실물 이미지를 사용했다.

> 항상 우리를 그리스도 안에서 이기게 하시고 우리로 말미암아 각처에서 그리스도를 아는 냄새를 나타내시는 하나님께 감사하노라. 우리는 구원받는 자들에게나 망하는 자들에게나 하나님 앞에서 그리스도의 향기니 이 사람에게는 사망으로부터 사망에 이르는 냄새요 저 사람에게는 생명으로부터 생명에 이르는 냄새라. 누가 이 일을 감당하리요(고후 2:14-16).

이 구절에는 왕국 이미지도 나오는데, 이번엔 ‘승리의 행진’이다(“이기게 하시고”). 전쟁 후 승자는 패배한 포로들을 이끌고 영광스러운 가두 행진을 했고, 가는 길마다 향이 나는 향초를 태웠다. 바울은 우리가 패자에게는 사망의 악취지만 구원받은 자에게는 기름 부은 메시아의 생명의 향기라고 말한다.

바울은 삶의 현실을 말했던 것이다. 즉, 그리스도처럼 행동해도 여전히 사람들이 미워할 수 있다. 다른 사람들이 당신의 행실을 보고 정죄를 받기 때문이다. 이 비유에는 다른 측면이 있다. 당신의 '냄새'는 세상을 향한 그리스도의 냄새다. 만일 당신이 무례와 부정을 일삼는다면 이 역시 그리스도에 '불리한' 강력한 증거가 될 수 있다. 무엇을 하든 악취가 되지는 말아야 한다!

히브리어가 말하는 '기억하다'와 '잊다'

성경 속 난제를 푸는 데 때로는 히브리 단어들이 도움을 준다. 가령 하나님이 "네 죄를 기억하지 않겠노라"고 하셨는데, 어떻게 무한한 지력을 갖고 계신 하나님이 무언가를 망각하실 수 있을까? 그리고 우리가 "우리에게 죄 지은 자를 사하여 준 것같이 우리 죄를 사하여 주시옵고"(마 6:12)라고 기도할 때 하나님이 우리에게 기대하시는 바는 무엇일까? 정말 우리가 다른 사람의 죄를 용서하고 잊어버리길 기대하시는 걸까?

이것은 이론적인 질문이 아니다. 한 젊은 여성은 열 살 때 베이비시터에게 성폭행을 당한 끔찍한 기억을 회고했다. 그녀는 오랜 세월 잊어버리려고 안간힘을 쓰며 치유를 구했다. 자신에게 가해진 범죄를 용서하고 '잊어야만' 하나님이 자신의 죄 또한 용서하신다고 생각하며 괴로워했다. 대체 어떻게 해야 이런 기억을 잊을 수 있단 말인가?

'기억하다'와 '잊다'라는 히브리 단어를 이해하면 여기에 얽힌 여러 신학적 매듭이 풀린다. 영어에서 '기억하다'의 개념 정의는 기억을 일깨우고 정보를 사고 속으로 소환하는 것에 초점이 맞춰져 있다. 그리고 '잊다'는 특정 기억을 머릿속에 떠올리지 못하는 것이다. 두 단어 모두 전적으로 정신 활동에 연관된다. 즉, 정보가 존재하느냐 아니냐에 달린 것이다. 그러나 히브리어 동사 자카르*zakhar*는 영어의 '기억하다'보다 훨씬 넓은 개념이다. 자카르 속에는 기억하기와 기억하기로 말미암아 취한 행동들이 다 포함된다. 그 함의에는 "누군가에게 유익을 끼치는 행동을 하다, 도움을 주다, 약속이나 언약을 지키다" 등이 있다. 예를 들어보자.

> 하나님이 노아와 그와 함께 방주에 있는 모든 들짐승과 가축을 기억하사 하나님이 바람을 땅 위에 불게 하시매 물이 줄어들었고(창 8:1).

영어식으로 보면 마치 어느 날 아침 하나님이 갑자기 이마를 치시며 망망대해를 표류하는 노아를 방치한 사실을 떠올리신 것처럼 들린다. 그러나 이 구절의 의미는 하나님이 노아의 가족과 동물을 홍수로부터 구원하시겠다는 '약속을 실행에 옮기셨다'는 것이다.

창세기 후반부에 또 다른 예가 나온다. "하나님이 라헬을 생각하신지라remembered. 하나님이 그의 소원을 들으시고 그의 태를 여셨으므로"(30:22). 여기서도 '기억하다'는 동사는 정신 활동이 아닌 행동에 초점이 맞춰져 있다. 하나님이 라헬의 필요를 주목하셨고 그녀의 기도를 들으셨고 응답하셨다. 여기서 '기억하다'는 '간섭하다'를 뜻하며 그 초점은 하나님이 하신 생각이 아니라 '행동'에 있다.

'잊다'라는 히브리어, 샤카흐*shakach*와 나샤흐*nashah* 역시 광범위한 뜻을 포함한다. 종종 이 단어들은 어떤 사람이나 언약을 "외면하다, 방치하다, 버리다, 무시하다" 등을 의미한다. 예를 들어보자.

> 너희는 스스로 삼가 너희의 하나님 여호와께서 너희와 세우신 언약을 잊지 말고 네 하나님 여호와께서 금하신 어떤 형상의 우상도 조각하지 말라(신 4:23).

이는 이스라엘이 의도적으로 언약을 외면해서는 안 된다는 것이지 언약을 세웠다는 사실 자체를 망각한다는 게 아니다. 하나님은 이스라엘이 우상숭배에 빠졌을 때 그들을 '잊겠다'고 위협하셨다.

> 내가 너희를 온전히 잊어버리며 내가 너희와 너희 조상들에게 준 이 성읍을 내 앞에서 내버려(렘 23:39).

또다시 강조점은 정신적 활동이 아니라 행동에 있다. 하나님은 머릿속에서 그들에 관한 기억을 망각하시겠다는 게 아니라 그의 백성을 내버리시겠다고 말씀하시는 것이다. 하나님이 무언가를 잊어버리실 때 '정보'가 사라지는 게 아니다. 이를 알면 시편에서 어찌하여 하나님이 자신들을 '잊어버리셨냐'고 묻는 백성이 더 잘 이해된다.

> 여호와여 어느 때까지니이까 나를 영원히 잊으시나이까
> 주의 얼굴을 나에게서 어느 때까지 숨기시겠나이까(시 13:1).

여기서 시편 기자는 "왜 내 기도를 외면하시고 위기의 때에 간섭하

시지 않는 겁니까?"라고 말하는 것이다. 하나님은 잊지 않으셨으나 잊어버리신 것처럼 보일 때도 있다.

죄를 기억한다는 것, 잊는다는 것

흥미롭게도 '잊다'가 '죄'와 결합하여 쓰인 적은 거의 없다. 그런데 성경은 종종 하나님이 우리의 죄를 "기억하지 아니하시리라"고 한다. '죄를 기억하다'는 건 기억에 따라 행동한다는 의미로 부정적인 프레임으로 들린다. 이는 하나님이 누군가에게 죗값에 합당한 처우를 하심을 시사한다. 죄를 '기억'하시는 하나님은 단지 머릿속에 죄를 저장해두시는 게 아니라 죄를 벌하신다. 살펴보자.

> 그들은 기브아의 시대와 같이 심히 부패한지라.
> 여호와께서 그 '악을 기억'하시고 그 죄를 벌하시리라(호 9:9).

이 절 후반부에는 유사한 문구를 사용하여 하나의 개념을 강조하는 대구법이 사용되었다. '악을 기억하신다'는 것은 '죄를 벌한다'와 동격이다. 하나님이 공의를 실현하기 위해 간섭하신다는 것으로, 두말할 나위 없이 부정적인 함의다. 고로 죄를 기억하지 '않음'은 죄를 벌하지 않기로 작정하는 것이다.

> [악인이] 저당물을 도로 주며 강탈한 물건을 돌려보내고 … 그가 반드시 살고 죽지 아니할지라. 그가 본래 범한 모든 죄가 기억되지 아니하리니

그가 반드시 살리라…(겔 33:15-16).

히브리어는 종종 초점이 사상이 아닌 행동에 있기에 이 말씀은 하나님이 그 무한하신 지력으로 죄를 망각하셨다는 의미가 아니다. 이는 단순하게 하나님이 기소권을 포기하기로 작정하셨다는 뜻이다.

히브리어가 종종 정신 상태가 아닌 행동에 초점을 맞춘 언어임을 알면 어떻게 하나님이 잊지 않으면서도 잊으시는지를 헤아릴 수 있다. 혹은 어떻게 하나님이 기억에서 죄를 지우지 않으면서도 죄를 기억하지 않기로 택하시는지 헤아릴 수 있다. 하나님은 죄를 한편에 제쳐놓으시고 외면하시고 다시 거론하지 않기로 결심하신다.

가까운 관계 사이에서라면 이게 무슨 말인지 알 것이다. 남편 때문에 마음이 상한 아내가(또는 역으로 남편이) "잊기로 마음먹는다." 이는 기억은 사라지지 않을지언정 불쾌감을 마음에서 내보내기로 선택하는 것이다. 사랑으로 말미암아 죄에 복수하지 않기로 선택하는 것이다. 그리고 이 일을 하고 나면 종종 기억 자체가 사그라든다.

가해자를 잊을 수 없는 피해 여성처럼 아무리 해도 다른 사람의 죄가 잊히지 않는다면 어찌해야 할까? 그들을 정말 용서하긴 한 걸까? '죄를 기억하다'의 히브리적 개념은 단지 죄에 관한 앎을 넘어 '복수 도모'의 개념을 내포하고 있다.

이 점을 상고하는 것이 나에게는 도움이 되었다. 먼저, 하나님이 우리에게 기대하시는 바를 이해하게 되면서 큰 자유를 누릴 수 있었다. 종종 우리는 반복적으로 우리에게 상처 주는 사람과 씨름한다. 그들을 용서한다고 해서 달라질 것이라는 기대를 할 수 없을 때 더욱 그렇다. 그들이 변하리라는 소망을 품으면서도 우리 자신을 보호해선 안

되는가? 복수하려고 누군가의 죄를 '기억하는' 일을 그만두겠다는 생각은 장래에 상황을 개선하고 현명한 결정을 내릴 여지를 우리에게 준다.

이를테면 하나님이라면 스스로 기억을 지울 수 없는 인간보다 훨씬 쉽게 데이터 저장소에서 무언가를 삭제하실 수 있을 것이다. 우리는 누군가를 용서할 때 불만을 접기로 마음먹어야 하고 머릿속에서 기억이 재현될 때마다 불만을 접는 일을 되풀이해야 한다.

생각해보면 어떤 사건을 깨끗이 잊는 능력보다 상처를 받았지만 기억하지 않기로 거듭 선택하는 것이 더 큰 사랑이다. 그러나 흥미롭게도 우리가 서로 사랑할수록 머릿속에서 과거의 기억을 제거하기가 수월해진다. 이런 의미에서 어쩌면 하나님의 무한한 사랑은 정말로 그 무한한 생각으로부터 우리의 죄를 말끔히 도말하셨는지도 모른다.

히브리 단어 수집가

어떻게 해야 이렇게 풍성한 히브리어의 숨은 뜻을 의식하며 성경을 공부할 수 있을까? 새로운 외국어를 통으로 습득해야 한다는 소리가 아니다. 내가 배운 최초의 히브리 단어 덕분에 성경으로 들어가는 통찰의 문이 열렸고, 그 후 단어 하나씩을 배울 때마다 예전에는 두드릴 생각조차 못했던 문들이 연속적으로 열리기 시작했다. 얼마 후 성경이 원어로 이야기하는 소리에 주의하면 흥미로운 언어유희와 익살스러운 이미지가 귀에 들어옴을 발견했다.

만일 당신에게 이런 부분에 대한 열정과 어느 정도의 지적 욕구가 있다면 가장 좋은 방법은 히브리어(그리고 헬라어) 강좌를 들으며 성경을 원어로 읽는 것이다. 그러나 그럴 시간을 낼 수 없거나 따로 어휘 공부를 시작하고 싶다면, 개인 성경공부 시간을 활용할 수 있다. 흥미로운 단어들 목록을 머릿속에 저장하고 사전을 찾아보는 것을 넘어 하나님 말씀 속에서 여러 단어와 개별적 만남을 가지면서 친숙해지도록 하라. 처음에는 관심이 가는 몇몇 단어로 시작하여 그 단어가 등장하는 구절을 찾고 성경적 배경 속에서 그것을 묵상하라. 처음에는 한 장면에서 시작하여 또 다른 장면으로 이어가며 성경 맥락 속에서 단어들을 생생한 날것으로 만나라. 출발점으로 삼을 만한 30개의 흥미로운 히브리 단어 목록과 지속적인 공부를 위한 팁과 자료를 본 책 끝부분에 제시했다.

히브리적 방식으로 세상 보기를 배우면 성경을 처음부터 끝까지 읽는 데도 도움이 된다. 이전에는 못 보고 지나쳤던 유머와 아이러니와 시공을 초월한 혜안이 눈에 들어온다. 성경 개념을 원래의 더 풍성한 의미로 파악하면 당신 삶에도 도전과 변화가 일어날 것이다. 하나님의 영원한 말씀의 관점에서 자기 삶을 보다 균형 잡힌 시각으로 보게 될 것이다.

제2부

예수님의 진리 소통 방식

헬라적 뇌, 히브리적 뇌

: 구체적인 이미지로 소통하다

설교에 매력을 잃은 십대 모범생은 교회에 앉아 무슨 생각을 할까? 열네 살 때 나는 〈스타 트렉〉의 모든 에피소드 제목을 기억해내는 일에 도전했다(물론 오리지널 시리즈만). 그런데 나는 갈릴레오에 비하면 아무것도 아니다. 그는 교회에서 따분해지면 장의자에 앉은 채 과학 실험을 했다.

어느 날 열일곱 살의 갈릴레오는 피사 성당에 걸린 샹들리에가 흔들리는 모습을 관찰하기 시작했다. 샹들리에는 때로는 느릿느릿 고정점 주변을 돌다가 바람이 불면 더 넓게 더 빨리 원을 그리며 움직였다. 갈릴레오는 자신의 심박수를 세는 방법으로 샹들리에가 한 바퀴 돌아 원점으로 돌아오는 시간을 측정했다. 그가 센 심박수는 원이 크건 작건 일정했다. 이렇게 그는 추의 진동 주기(원점으로 다시 돌아오는 주기)가 일정하다는 등시等時성 법칙을 발견했다. 이 법칙 덕분에 후대의 발명가들은 추가 움직이는 속도와 무관하게 일정한 시간을 가리키는 시계를 만들었다. 갈릴레오는 다른 사람들이 모두 설교를 받아적을 때 물리학의 근본 법칙을 발견해냈다.[1]

비록 난 갈릴레오보다 4백 년 후대의 사람이지만, 우리 둘 다 삶에 대해 분석적 접근법을 선호하는 서구 문화권에 속한 사람들이다. 갈릴레오는 근대과학의 시작점에 살았고, 나는 이제 조금 더 오래 살면 순간이동으로 엔터프라이즈 우주선에 탑승할 날이 오지 않을까를 꿈꾼다. 나의 전공은 물리학이고 생물학 박사 학위도 받았다. 나는 대다수 사람보다 과학적 분석의 위력을 높이 사는 사람이다.

갈릴레오와 내가 받은 훈련은 지저분한 현실을 체질하여 깔끔하고 단순하고 추상적인 진리를 찾아내는 것이었다. 이 습관은 일찍이 주전 5세기의 고대 그리스에서 시작된 '새로운' 방식의 생각하기에서 비롯되었다. 유럽에 토대를 둔 서구 문화는 계몽시대 이래로 이 사고방식의 지대한 영향 아래 있다.

헬라인의 분석적 접근으로 성경 사회와 우리 사회 간에는 엄청난 골이 생겼다. 그 간극은 구약과 우리 사이에 가장 넓지만, 신약 역시 종종 구세계의 억양으로 말할 때가 있다. 이스라엘은 헬레니즘의 영향을 받았지만, 예수 시대의 유대교는 전통적, 히브리적, 중동적 사고패턴을 상당 부분 보존했다.

비유와 구체적 이미지로 소통하는 예수님의 스타일은 고대로부터 면면히 내려온 전통적 진리 소통 방식이었다. 바울은 보다 서구적인 스타일로 명제와 논리를 사용하여 헬라어를 쓰는 청중과 소통했다.

근대 독자는 바울의 글이 훨씬 읽기 쉽다고 생각한다. 물론 복음을 이방인의 사고방식에 와닿게 이방인에게 전하는 것이 바울의 사명인 건 맞다. 많은 이들이 간과하는 점은 바울의 글도 한 꺼풀만 벗기면 바로 아래에 히브리적 사고 패턴이 깔렸다는 것이다. 바울은 한 사회에서 다른 사회로 소통하기 위해 두 사회에 한발씩 딛고 서 있어야 했다. 성경의 고대 히브리 사고방식을 파악하는 것은 본문을 통으로 풀이하는 데 핵심 열쇠다.

그리스 문화의 추상적 사고방식의 위력

그리스 철학자들이 살았던 때로부터 2천 5백 년이 지난 오늘날까지도 우리 문화가 여전히 헬라 사상의 현저한 영향 아래 있음이 놀랍다. 그러나 그리스에서 일어난 일은 단순한 문화 도약이 아니었다. 그건 '생각 2.0'이라고 부를 만한 사고의 급진적 혁신이었다. 말하자면 '만약-그렇다면'if-then 추론을 빠르고도 간편하게 할 수 있는 새 프로그래밍 언어가 등장한 셈이었다.

그리스 철학자들은 머릿속 경험을 조작 가능한 단순하고도 추상적인 사상으로 전환하면 경이로운 일이 펼쳐짐을 깨달았다. 가령 갈릴레오는 여러 샹들리에를 관찰한 다음에 자신의 데이터에서 단순하고 보편적인 법칙을 추출해냈다. 이 법칙 덕분에 미래의 추 운동을 예견하는 일이 가능해졌다.

플라톤은 이런 식으로 표현했다. 당신의 방에는 십중팔구 특정 물질로 만들어진 특정 높이와 길이의 탁자가 있을 것이다. 다른 어떤 탁자와도 다르지만, 공통점도 있다. 플라톤은 그 특정한 탁자에 관해 생각하기보다는 "추상의 탁자를 생각해보면 어떨까?"라고 제안했다. '탁자' 개념은 단순하고 순수해 주위 모든 탁자에 적용할 수 있다. 아울러 이 개념은 결국엔 삐거덕거리다가 다리가 부러져 폐기 처분될 당신 방의 탁자보다는 수명이 길다.

더 구체적으로 말하면, 일단 플라톤의 추상 세계에 들어가면 당신의 상상 속 탁자를 '나무', '내구성', '심미성', '정사각형 모양' 등 구체적 특성에 따라 적확한 개념으로 세분화한다. '물질성'이나 심지어 '존재' 같은 골치 아픈 사상도 고민할 수 있다. 추상적 사유의 세계로 가보면 실물적이고 구체적인 현실 세계의 물적 차원에서만 생각할 때보다 무한하고 상세하게 탐구할 수 있다.

이 추상적인 분석 습관은 온갖 종류의 다른 것에도 유익하다고 밝혀졌다. 현실을 머릿속에서 조작 가능한 개념들로 연구하고 쪼개고 분류하고 단순화하면서 놀라운 진리를 발견할 수 있었다. 수학, 천문학, 기하학은 단지 시작에 불과했다. 그 안에는 얼마나 신기한 능력이 잠재되어 있던지! 점, 직선, 각을 가지고 탄복할 만한 모양과 형태의 우주를 건축할 수 있었다.

더욱이 그리스 철학자들은 여러 생각을 압축하여 단순한 추상으로 추출한 다음 그 추상을 논리의 법칙에 따라 치밀하게 연결하면 고도의 논리를 구축할 수 있음을 발견했다.

> 모든 사람은 죽는다.
>
> 소크라테스는 사람이다.
>
> 그러므로 소크라테스도 죽는다.

혹은

나는 생각한다, 고로 나는 존재한다.[2]

그리스인은 논쟁하길 즐겼고 '그러므로'를 연결하는 기법을 써서 빠르게 설득력 있는 증거를 구축하거나 논리적 모순을 분석함으로써 반대 논리를 무너뜨릴 수 있었다. 누군가 하는 말을 추상적 범주로 축소한 다음 그 내적 논리에 근거해 거부하거나 수용한다면 그 말이 현실에 부합한 것인가 분석하느라 많은 시간을 쓸 필요가 없다.[3]

그리스 문화는 이런 새로운 '초합리적' 사고방식의 위력에 취했다. 이 방식은 여타의 그리스 세계관과 함께 알렉산더 대제가 정복한 모든 나라로 전파되었다. 그리스 문화의 후예들이 생각하고 소통하는 방식에서 이 논증 방식은 중심 위치를 차지했다. 이 위력적 분석법은 시대를 달리하며 막대한 지적 돌파구를 열었고 폭발적인 과학 발전의 원동력이 되었다.[4]

신약의 대표 신학자는 바울이 아니다

당신이 교육받은 서구인이라면 앞에서 내가 설명한 '생각 2.0'의 논리에 매우 익숙할 것이다. 당신은 이것 없이는 지성적 사고가 불가능하다고 여긴다. 그러나 성경의 상당 부분은, 특히 구약은 '생각 2.0'이 등장하기 훨씬 전에 훌륭하게 기능했던 고대의 추론과 소통 방식이 반영되어 있다.

생각 2.0 연역법을 사용하지 않고도 합리적으로 사고할 수 있다는 건 고대 그리스인에게 상상하기 어려운 일이었다. 일례로 그리스인은 외국인의 입에서 나올 수 있는 소리는 바-바-바와 같은 양 울음소리밖에 없다고 생각했다. 그래서 그들은 비그리스인에게 '바바리언'(야만인)barbarians이라는 꼬리표를 붙였다.

당신이 서구 문화권에 살고 있다면 알게 모르게 이 무시하는 태도의 영향을 받았을 것이다. 우리에게는 '추상적 논증'을 통해 설득하는 능력이 학식 있고 교양 있어 보인다. 우리는 중요한 발상을 전달하기 위해 장황한 논리로 연결한다. 그렇게 못 하는 사람은 지적으로 존중받을 수 없다고 본다. 신약 교수 게리 버지의 고찰이다.

> 우리 문화는 만연체 변론의 대가다. 우리는 논점을 옹호하기 위해 긴 주장을 구슬 꿰듯 연결하며 논증의 힘으로 설득하는 종교 연사들을 유능하다고 본다(신학적으로 높은 수준으로 생각한다). 그러나 이런 관점은 스토리텔링 문화가 우리의 변론 문화보다 수준이 뒤떨어진다는 서구적 편견을 드러낼 뿐이다. 사실은 그렇지 않다![5]

학자 케네스 베일리는 이런 태도 때문에 자신이 오랜 세월 예수님을 지성인으로 존중하지 않았다고 고백했다. 신약학 교수로 처음 부임했을 때 그는 철학과 조직신학 분야에서 받은 학문적 훈련에 따라 바울의 논증을 우러러보았다. 예수님의 스토리텔링 접근 방식은 그에게 아무 감동도 주지 못했다. 비록 베일리는 그리스도를 하나님의 아들과 구세주로 경배했지만, 예수님의 말씀은 그저 시골 사람들과 어부들에게 풀어낸 도덕 이야기로 보였다.

중동에서 수십 년을 보낸 후에야 베일리는 비로소 예수님에 대한 낮은 평가를 재고하기 시작했다. 그는 예수님이 매우 세련된 방식으로 소통했으며, 다만 그 방식이 서구가 아니라 예수님이 속한 중동 사회의 스타일이었음을 깨달았다. 예수님은 당대 학자들과 높은 수준에서 대화하셨다. 베일리는 바울이 아니라 예수님이 신약의 대표 신학자임을 깨달았다.[6]

개념이 아닌 구체적인 이미지로 소통하다

베일리는 서구인은 '개념'으로 진지한 사고와 소통을 한다고 설명한다. 어떤 발상을 단순화하거나 기억에 각인하기 위해 스토리나 예시를 곁들이기도 하지만 우리에게는 언제나 예시가 아닌 개념이 일차적이다. 반면 중동인에게는 비유와 메타포와 격언이 세련된 소통 방식이다. "중동에서는 거지부터 왕까지 의미를 지어내는 일차적 방법으로 메타포와 스토리를 창의적으로 사용한다"라고 베일리는 말한다.[7]

이 차이가 현실에서는 어떤 모습으로 나타날까? 세례 요한이 종교 지도자들과 부딪혔을 때 요한은 지도자들의 신학적 맹점에 대해 이렇게 강론하지 않았다.

> 너희들의 외면화되고 공로 중심의 율법 준행은 인종지향적 민족주의에 근거한 구원론이며, 결국 아무 효과 없는 오류로 입증될 것이다.

아니, 그는 이렇게 외쳤다.

독사의 자식들아 누가 너희에게 일러 장차 올 진노를 피하라 하더냐 그러므로 회개에 합당한 열매를 맺고 속으로 아브라함이 우리 조상이라 말하지 말라. 내가 너희에게 이르노니 하나님이 능히 이 돌들로도 아브라함의 자손이 되게 하시리라. 이미 도끼가 나무뿌리에 놓였으니 좋은 열매 맺지 아니하는 나무마다 찍혀 불에 던져지리라(눅 3:7-9).

요한은 역동적이며 구체적인 현실 세계의 이미지로 종교 지도자들에게 분을 표출했다. 그들은 꿈틀거리는 뱀이자 찍어 불살라야 할 열매 없는 죽은 가지다. 요한은 자신의 책망을 정확한 펀치로 전달하기 위해 물리적 세계의 생생한 실물을 도용했다. 이 열정적이며 회화적인 스타일은 성경 시대부터 오늘날까지 이어지는 중동의 특성이다.

펜은 칼보다 강하다

추상적 개념이 없을 때 언어는 어떻게 일할까? 전문적이고 기술적인 어휘가 있어야만 복잡다단한 생각을 표현할 수 있다고 생각할지도 모르겠다. 그러나 전도서의 이 말씀을 보라.

내가 다시 해 아래에서 보니 빠른 경주자들이라고 선착하는 것이 아니며 용사들이라고 전쟁에 승리하는 것이 아니며 지혜자들이라고 음식물을 얻는 것도 아니며 명철자들이라고 재물을 얻는 것도 아니며 지식인들이라고 은총을 입는 것이 아니니 이는 시기와 기회는 그들 모두에게 임함이니라(전 9:11).

서구인은 같은 생각을 이렇게 표현할지도 모른다.

> 동시대적 현상을 객관적으로 상고하면 경쟁 활동의 성패가 반드시 내적 역량과 정비례하는 경향을 보이지는 않으며, 예측을 불허하는 여러 요소가 동시에 함께 작용함을 의식해야 한다고 결론 내릴 수밖에 없다.[8]

히브리어는 소박하고 구체적인 이미지로 발상을 축소하는 방법으로 심오한 사상을 표현한다. '해 아래에서'는 두말할 나위 없이 인간 삶의 총체적 경험을 말한다. '빵'은 양식 일반이며 '전쟁'은 군사 작전과 전쟁이다. 여기서 쓰인 언어는 넓은 범주를 구체적인 명사로 대표하는 환유법換喩法에 해당한다. 영어에서도 환유어가 쓰인다. 미국 정부를 '백악관'이라고 하거나 '펜은 칼보다 강하다'가 그런 경우다.

기실 '펜은 칼보다 강하다'는 표현은 정교한 발상을 구체적 이미지가 있는 격언으로 표현하는 히브리 문화와 잘 맞아 떨어진다. 이 표현을 다음과 같이 추상화하면 서구인에게는 더 지적이고 설득력 있게 들릴지 모른다. "언론 활동이 무력 분쟁보다 더 효과적인 사회 변화의 원동력이다." 그러나 각각의 환유어가 무엇을 상징하는가를 아는 한, 구체적으로 표현해도 의미는 여전하다.

격언은 그 내적 논리로 평가할 수 없음을 주목하라. 아무도 이 격언을 두고 "아니요, 그건 말도 안 돼요. 펜이 칼보다 강하다니요"라고 반박하진 않는다. 이 언명의 참됨은 '그러므로'를 얼마나 치밀하게 연결했나에 있지 않다. 그 참됨은 의외지만 엄연한 현실을 그렸다는 데 있다. 즉, 훌륭한 신문 기사 한 편이 군사전보다 세상을 변화시키는 데 더 기여할 수 있다는 것이다.

구체적인 메타포의 위력

예수님의 이야기는 제 마음대로 해석하는 로르샤흐 잉크 반점 검사처럼 단순히 두루뭉술한 메타포가 아니었다. 종종 예수님은 비유를 들려주시기 전이나 후에 대략의 개념을 설명하셨다. 예수님이 드신 예시는 그저 웃음을 선사하며 기분이 좋아지게 하는 어린이 동화가 아니었다. 그 깊고도 미묘한 이미지는 우리의 가장 심오한 사고에 박차를 가한다.

예수님의 회화 중심의 구체적 소통 스타일은 그분이 읽은 히브리어 성경의 전통을 계승한 것이었다. 가령 이사야 53장 7절을 보라.

> 그가 곤욕을 당하여 괴로울 때에도
> 그의 입을 열지 아니하였음이여
> 마치 도수장으로 끌려가는 어린 양과
> 털 깎는 자 앞에서 잠잠한 양같이
> 그의 입을 열지 아니하였도다.

여기서 이사야는 예시와 개념을 둘 다 공유한다. '개념'은 하나님의 종이 불의한 일을 당한다는 것이다. '예시'는 그 종이 도수장으로 끌려가는 어린 양과 같다는 것이다. 여기서 예시가 훨씬 더 중요하다. 이는 단지 색깔을 입히기 위해 시적으로 수욕을 묘사한 것이 아니다.

여기서 묵묵히 도살자에게 복종하는 어린 양의 이미지는 많은 생각을 불러일으키며 감정적 충격을 묵상하도록 우리를 도발한다. 왜 어린 양은 무기력할까? 왜 이 결정적인 순간에 저항하지 않았을까? 유구한 세월에 걸쳐 숱한 세대가 그 함의를 곱씹었다.

아울러 이사야서에서 이 장면을 읽는 독자는 귓전에 성경 전체를 관통하는 풍성한 이미지가 울리는 것을 경험한다(성전 제사, 유월절 어린 양, 아브라함이 이삭에게 한 말["어린 양은 하나님이 자기를 위하여 친히 준비하시리라"]). 마찬가지로 성경 이미지로 속이 꽉 찬 예수님의 비유 언어는 이스라엘의 과거 장면들과 미래에 대한 하나님 약속의 기억을 소환한다.

우리의 서구적 본능은 개념만 남을 때까지 이야기를 줄여나가는 것이다. 그러나 이사야 53장 7절을 가지고 그렇게 하면 깊고 복합적인 다층적 이미지도 함께 증발해버린다. 신약의 유대 저자들은 이 점을 알았다. 그들은 그리스도를 누차 "죽임당하신 어린양"이라고 일컬으며 이사야의 장면 전체를 하나의 신학적 꼬리표로 환원하는 일을 하지 않았다(행 8:32, 고전 5:7, 벧전 1:19, 계 5:6, 12).

구체적 메타포가 힘이 있는 다른 이유는 정서를 전달하기 때문이다. 서구의 지적 논쟁이 구체적 메타포를 기피하는 이유가 여기 있다. 논리적 입증은 듣는 사람의 감정에 호소하지 않고 사실과 이성으로만 설득하는 것을 목표로 한다. 그리스인은 지성이 최고 통치권자가 되도록 감정을 억누르는 '관조적 자세'를 가치 있게 여겼다. 그러나 중동인은 발상의 감정적 요소를 전하는 것도 똑같이 중요하다고 믿었다.

추상적으로 사랑하기?

그리스인들은 자신들을 매료시킨 신학적 관념을 묘사할 완전히 새로운 어휘 체계를 차근차근 구축해나갔다.[9] 영어와 다른 유럽 언어들은 그 언어의 연장통에 '인식론', '세계화', '전지전능성' 같은 고출력 추상 명사들을 구비했다. 이 용어들은 모호하지 않고 적확하다는 이점이 있었다. 복합적 발상을 한 단어로 압축시킬 수도 있었다. 그런데 많은 토착어에는 추상어가 드물다는 면에서 성경의 히브리어와 비슷하다.

믿기 어렵겠지만 통상 구약 번역이 신약 번역보다 훨씬 수월하다. 비서구인에게는 구약의 구체적 언어가 더 쉽게 와닿기 때문이다. 헬라어의 추상적 경향으로 신약 번역은 상당히 까다롭다.

성경 번역가 데이브 브룬은 '사랑' 같은 단순한 단어도 문제가 된다고 한다.[10] 영어와 헬라어에서는 누가 실제로 사랑하는지를 이야기하지 않은 채 추상적으로 사랑을 논하는 일이 많다. 그러나 그가 공부한 뉴기니어에서는 사랑은 두 사람 사이의 행동으로서 '항상' 동사로 표현된다. "하나님이 당신을 사랑하신다. 당신은 이웃을 사랑한다." 이렇게 사랑을 하는 주체와 사랑을 받는 대상을 명시하지 않고선 사랑을 문장에 사용할 수 없었다. 히브리어 성경에서 사랑은 명사일 때도 있지만 "하나님의 사랑"이나 "야곱의 라헬에 대한 사랑"[11]처럼 늘 인격에 붙어 다닌다. 사랑을 그 자체로 추상적 발상인 것처럼 말하는 경우는 단 한 번도 없었다.

브룬에게는 바울의 그 유명한 구절, "사랑은 오래 참고 사랑은 온유하며…"(고전 13:4)를 번역하는 게 녹록치 않은 일이었다. 바울이 누가 누구를 사랑하는지를 언급하지 않았기 때문이다. 바울은 사랑이란 '발상'을 그 자체로 따로 떼어놓고 말함으로써 지극히 헬라적인 일을 하고 있다. 브룬은 이 구절을 뉴기니인이 이해하도록 만들기 위해 '사랑'을 동사로 전환하고 '사랑하는 자'와 '사랑받는 자'를 집어넣어 번역해야 했다. "사람을 사랑하는 사람은 다른 이를 오래 참고…."

서구인은 전통적으로 추상적 개념으로 사랑에 집중하다가 균형을 잃었다. 우리는 플라톤의 기술을 사용하여 분해하고 분석하며 현실과 유리되는 사랑이란 '관념'을 빚어냈다. 이 관조적 태도를 보이면서 우리는 말한 대로 '실천하기'를 소홀히 하며 고상한 생각을 하는 자신의 모습에 우쭐해한다.

추상적으로 말하는 헬라적인 습성 그 자체에는 아무 잘못이 없다. 그건 그저 또 다른 소통 방식일 뿐이다. 중요한 것은 우리가 두 사고방식 사이에서 '번역자'가 되어야 한다는 것이다. 추상으로 표현된 바울의 사랑 명제가 우리를 오래 참고 온유한 사람으로 변화시켰다면, 그 추상적 말이 본질을 꿰뚫어 우리의 구체적 현실이 되었다고 볼 수 있다.

단순히 흙으로 빚어진

히브리어는 추상을 사용하기보다는 듣는 사람이 구체적인 이미지에서 의미를 유추할 것을 기대한다. 이 점을 미처 의식하지 못했다면 성경의 지극히 심오한 진술들을 무심코 지나쳤을 수 있다. 가령 창세기 2장 7절, "여호와 하나님이 땅의 흙으로 사람을 지으시고 생기를 그 코에 불어넣으시니"를 읽을 때 서구인은 흔히들 물리적 사실관계에 초점을 맞춘다. 반대로 유대인 학자 나훔 사르나는 같은 구절을 히브리적 방식으로, 고대사회의 구체적 이미지가 지닌 의미에 민감하게 반응하는 방식으로 해석한다.

> [이] 이미지는 사람의 영광과 하찮음을 둘 다 동시에 표현한다. 사람은 창조세계의 위계질서 속에서 특별한 위상을 차지한다. 하나님이 친히 손으로 빚으시고 하나님 자신의 숨결로 직접 생기를 불어넣으신 사람과 하나님은 독보적 관계를 누린다. 동시에 사람은 땅에서 취한 흙이다. 사람은 창조세계에 절대적 통제권을 행사하시는 신적인 토기장이의 손에 들린 진흙에 불과하다.[12]

사르나는 창세기 2장 7절 말씀을 우리의 생명이 하나님 자신에게서 왔다는 점에서 우리가 하나님의 창조세계 내에서 독보적 존재이면서도 오직 흙으로만 빚어진 존재라는 역설적 진술로 이해한다. 성경 전반에 걸쳐 '흙'은 보잘것없음 또는 유한성의 상징이다. 아브라함은 하나님과 대화할 때 자신이 "티끌이나 재"라고 겸손하게 말했다(창 18:27). 하나님은 "가난한 자를 먼지 더미에서 일으키시며 궁핍한 자를 거름 더미에서 들어 세"우시지만(시 113:7) "열국을 그 발아래 짓밟으시며 그가 왕들을 다스리게 하되 그들이 그의 칼에 티끌 같게, 그의 활에 불리는 초개 같게"도 하신다(사 41:2). 구약을 읽을 때 중요한 점은 구체적 이미지가 전달하는 의미의 분량을 과소평가해서는 안 된다는 것이다.

서구의 독자들은 만일 어떤 본문이 역사적이라면 오직 배경을 기록하는 차원에서 구체적 사실을 포함했다고 생각한다. 본문에 상징주의가 들어 있다면 우리는 그것을 전설로 치부한다. 그런데 동양의 역사 기술 방식은 종종 세부적 사실에서 구체적으로 의미를 전달하는 이미지를 선별한다. 성경 내러티브(특히 구약)는 대체로 상당히 명쾌하며 상세한 묘사로 들어갈 때는 나름의 이유가 있다.

가령 이스라엘의 초대 왕, 사울을 보자. 독자는 사울이 왕권을 잃은 원인인 인격적 결함에 관해 상세한 분석을 기대할 수도 있다. 그러나 이 정보는 사울이 등장하는 선별적 장면을 통해 구체적으로 소통된다. 사울 자신이 왕으로 기름 부음 받았음을 알게 된 날은 잃어버린 나귀를 찾아 며칠을 헤맨 후였다(삼상 9:5-10). 훗날 그가 왕이 되었다는 발표가 있자 사울은 자루 뒤에 몸을 숨겼다(10:22). 이 사건들을 둘러싼 구체적 사실은 사울이 왕이란 과업을 감당하기엔 소양과 자질이 부족한 자임을 부각한다. 성경은 사울의 많은 행적 중 상당 부분은 아예 기록도 하지 않은 채 적은 수의 장면을 엄선하여 사울에 관한 폭넓은 이야기를 하고 있다.[13]

비유가 작동하는 방식

예수님의 비유는 구체적이고 실물에 기반한 메타포로 표현하는 유대 문화와 완벽하게 맞아떨어진다. 예수님은 고도의 신학적 가르침을 전수하셨지만, 그분에게 연역적이고 추상적인 헬라식 논증을 기대해선 안 된다. 예수님은 종종 '만일-그렇다면' 논리가 아닌 '경험'을 자기 논증의 근거로 삼으셨다. 그 일을 하신 방식은 여러 가지였다.

자연세계 경험

예수님은 자연과 일상생활에 관한 관찰을 사용하여 영적 현실을 조명하셨다. "가시나무에서 포도를 … 따겠느냐"(마 7:16)와 같은 당연한 사실을 지목하시면서 어떤 교훈을 드러내기도 하셨다. "그들의 열매로 그들을 알지니….” 이건 상당히 논리적으로 들린다.

예수님은 하나님의 신비한 방식을 조명하시기 위해 의외의 ‘비논리’를 담고 있는 실물 사례를 사용하기도 하셨다. 작은 겨자씨 한 알도 큰 나무로 자랄 수 있다, 하루 만에 시드는 풀이 왕복보다 더 기품 있는 단장이다… 등등. 우리는 창조세계에서 가져온 작은 단서를 통해 하나님의 측량 불가한 방식을 본다.

대조적으로 서구적 논증은 하나님의 사상을 축소하여 논리적 좌표에 배치함으로써 신학을 체계화하려 든다. 예측 가능한 패턴에 하나님의 사상을 끼워 맞추는 과정에서 평평해지고 네모반듯해진다. 그런데 예수님의 비유는 우리의 물질세계가 다면적이며 복합적이라는 사실을 수용한 것이었다. 하나님의 창조세계가 우리를 당혹스럽고 의아하게 한다면 창조주의 말은 더더욱 그래야 하지 않을까?

인간 행동의 경험

예수님은 하나님의 방식이 복잡함을 설명하시고자 인간 경험을 종종 예로 드신다. 농부는 밀밭에서 자라는 가라지를 발견한다. 이를 뽑아내는 것이 합리적 반응 아닐까? 하지만 그 과정에서 소중한 알곡이 상할 것을 아는 농부는 가라지가 자라게 그냥 둔다. 이처럼 하나님은 악인이 의인과 더불어 살도록 놔두신다.

예수님은 오랜 세월 철학자들을 미궁에 빠뜨린 신학적 난제를 다루시며 스토리텔링을 통한 신학을 하고 계셨던 것이다. 어떻게 선하신 하나님이 악을 방관하실까? 예수님은 인간의 경험, 즉 농부가 내리는 결정에 빗대어 답하셨다. 더 큰 그림을 보시는 하나님은 궁극의 선을 위해 끝날까지 심판을 미루신다. 처음에는 비논리적으로 보이던 것이 하나님의 더 큰 혜안 속에서 논리적인 것으로 판명된다.

성경의 경험

비유에선 이스라엘이 역사 속에서 경험한 하나님을 표현하는 성경 이미지가 종종 사용된다. 인상적인 모티브가 반복적으로 등장한다. 가령 예수님과 랍비들은 비유에서 왕, 혼인잔치, 양을 찾는 목자, 수확하는 농부 이미지를 종종 사용했다. 줄거리와 반전 모두 성경 장면에서 끌어온 것도 있다. 과거에 그런 일이 있었다면 다시 또 그럴 수 있다는 것이다.

가령 세례 요한이 누가복음 3장에서 외쳤던 뿌리에 도끼가 놓인 나무 비유를 보자. 요한은 종종 나라나 지도자를 나무에 빗댄 선지자에게서 이 모티브를 가져왔다. 하나님은 그들이 번성하거나 거목으로 사라게 두시기도 하고, 한순간에 베어내 불살라버리기도 하신다(렘 11:16, 24:1-10, 겔 15:6, 17:22, 20:31, 47, 단 4:14). 하나님이 이스라엘 민족을 심판하신다는 이미지에서 이스라엘은 종종 나무로 등장한다.

우리는 예수님의 비유에서도 유사한 나무를 발견한다. 한 남자는 자기 소유의 나무가 결실하지 못하자 베어버리려고 한다. 그러자 동산지기는 한 해만 더 살려두면서 가꾸고 거름도 주자고 한다(눅 13:6-8). 두 이야기를 비교하면 예수님의 신학적 관점과 세례 요한의 관점의 차이가 보인다. 둘 다 하나님의 심판 타이밍을 말하고 있다. 임박했는가 혹은 지체할 수 있는가? 요한은 말세가 가깝다고 확신한다. 예수님은 다르게 생각하셨지만, 지금이 회개할 때라고 전하신다. 둘 다 구원론을 전하기 위해 성경에서 가져온 환유를 사용하고 있다. 즉, '나무'는 열국이고 '도끼'는 하나님의 심판이다.

이사야 10장 끝부분에서 이 '도끼'와 '나무' 이미지를 현저하게 드러났다는 점이 흥미롭다.

> 보라 주 만군의 여호와께서
> 혁혁한 위력으로 그 가지를 꺾으시리니
> 그 장대한 자가 찍힐 것이요
> 그 높은 자가 낮아질 것이며
> 쇠['도끼', axe]로 그 빽빽한 숲을 베시리니
> 레바논이 권능 있는 자에게 베임을 당하리라(사 10:33-34).

바로 뒤에 나오는 나무 베는 장면은 메시아에 관한 '가지' 예언이다.

> 이새의
> 줄기에서 한 싹이 나며
> 그 뿌리에서 한 가지가 나서 결실할 것이요(11:1).

이 본문을 한데 묶어 읽으면 마치 메시아가 도래할 때 하나님이 나무를 베실 것처럼 들린다. 요한과 예수님 둘 다 이 메타포를 사용한 것도 이 때문이었을 가능성이 크다. 요한의 소명은 메시아 왕의 도래를 선포하고 백성의 행실을 바로잡아 메시아를 맞을 준비를 하는 것이었다. 요한은 그 일을 사명으로 감당했지만, 종종 메시아와 하나님의 심판이 동시에 임할 것처럼 말했다.

예수님은 요한의 사역을 인정하시면서도 하나님이 치유와 용서로 오신다는 약속을 지목하심으로써 요한의 생각에 도전하셨다.[14] 예수님은 종종 죄인을 향한 하나님의 자비에 초점을 맞춘 비유를 드시며 심판은 끝날까지 미뤄질 것이라고 가르치셨다. 가령 예수님은 왕국을 좋은 물고기와 나쁜 물고기가 뒤섞인 그물에 비유하시며 후일에 가려질 것이라고 하셨다(마 13:47-50). 아울러 하나님 나라를 알곡을 보호하려고 가라지가 자라게 두는 농부의 밭에 비유하셨다(마 13:25-40). 예수님은 구체적이고 회화적인 메타포를 사용하셔서 자신의 논점을 입증하시는 아주 히브리적인 방식으로 정교한 신학을 하셨다.[15]

갈릴레오의 오류에서 배울 점

내가 대학교에서 실시한 최초의 실험은 갈릴레오의 추의 주기가 일정하다는 이론을 검증하는 것이었다. 그때 배운 교훈은 내가 성경을 읽는 방식에 오늘날까지 영향을 미치고 있다. 교수가 실험실로 안내할 때까지만 해도, 나는 고등학교 때 이미 갈릴레오의 그 유명한 샹들리에 실험에 관해 알고 있었기에 의기양양했다. 가벼운 마음으로 실험에 임했고, 다들 추의 주기가 변동하리라 예상하겠지만 나만은 비장의 지식으로 제대로 된 실험 보고서를 써낼 수 있다고 자신했다.

내 실험 짝이 점점 큰 각도로 공을 진동시키는 일을 맡았고 난 초시계로 시간을 쟀다. 몇 회의 초기측정에서는 아름답다 할 정도로 일정한 결과가 나왔다. 그러나 멀리 갈수록 진자가 좀처럼 제시간에 돌아오질 않았다. 내 엄지는 진자의 귀환을 예상하며 초시계를 '돕기' 시작했다. 진동 각도가 커질수록 주기가 일정하도록 초시계를 도우려는 마음에 난 더욱 안절부절했다. 한데 뭉친 그래프와 불량하게 행동한

데이터가 기록된 보고서를 제출했고 내가 받은 점수도 그만큼 불량했다. 얼마나 실망스러웠던지.

몇 주 후 우리는 동일한 실험을 했다. 이번엔 정확도를 높이기 위해 인간의 개입을 배제한 채 컴퓨터로 시간을 쟀다. 부인할 수 없는 결과가 나왔다. 진폭이 작을 땐 주기가 일정했지만, 진폭이 커질수록 주기도 길어졌다. 데이터를 그래프로 그리자 매끄러운 곡선이 나왔다. 실험 보고서를 쓰기 위해 관련 연구를 조회해 보았더니, 갈릴레오의 등시성 법칙은 진폭이 비교적 작을 때만 성립하는 것으로 판명되었다는 내용이 있었다.[16]

믿기 어렵겠지만 갈릴레오는 끝까지 자신의 이론을 포기하지 않았다고 한다. 그는 다른 도구로 실험을 반복하며, 잘못된 도구로 측정한 결과로는 자기 이론을 틀렸다고 입증할 순 없다고 강변했다. 수학적으론 너무도 아름답고 유려하리만치 단순했던 그의 이론은 실험결과가 뭐라고 하든 '진실이어야만' 했다. 눈앞에 있는 진자가 아니라 오직 머릿속에 있는 추상적, 이상적 진자가 진실을 말한다는 것이다.

당신이 마지막으로 과학수업을 들은 게 고등학교 때라면 갈릴레오의 접근이 그럴싸하게 들릴 것이다. 고등학교의 '실험'은 이름만 실험이지 진짜 '진실'은 교과서에 있었다. 실험 결과가 이론과 일치하지 않으면 데이터가 잘못되었다고 선포하고 오류로 치부하면 그만이었다.

그러나 '진짜 연구'를 하는 실험실에 들어서면 상황이 달라진다. 거기선 데이터야말로 이론의 '사활'이 결정되는 곳이다. 난 이 점을 박사과정에서 연구 작업을 시작하면서 깨달았다. 각 실험은 마지막 실험 결과에 달려 있었고, 내가 실험 결과를 믿지 않으면 실험은 망가질 수밖에 없었다. 늘 유려하고 똑똑해 보이는 이론에 매달리고 싶은 유혹이 있었다. 그러나 지도와 땅이 일치하지 않으면 지도가 틀린 것이다.

훗날 내 실험실에서 앳된 얼굴의 대학생들과 함께 연구 프로젝트를 수행할 때 실험 시작 전에 늘 받던 질문이 있다. "어떤 답을 얻어야 하죠?" 나는 답한다. "몰라요. 모르니까 연구겠죠."

'헬라 사상가'들은 종종 갈릴레오의 덫에 빠져든다. 그러니까 유려한 신학적 명제에 너무도 쉽게 휘둘린 나머지 성경 '데이터'를 확인하길 잊어버리는 것이다. 우리는 갈릴레오가 진자 데이터를 취급했듯이 성경을 취급한다. 숫자와 이론이 일치하지 않으면 이론을 따라간다. 마찬가지로 신학의 추상적 합리주의에 관해 수준 높은 토론을 하면서도 성경이 실제로 우리 생각을 뒷받침하는지는 점검하지 않는다.

여기 한 예가 있다. 얼마 전 지역신문사에 게재된 독자 편지에서 한 남자는 자기 집 앞에 전도 책자를 놔두고 가는 그리스도인 때문에 넌더리가 난다면서, 만일 예수님이 살아계신다면 그리스도인들에게 전도는 그만하고 타종교 신자를 가만히 좀 내버려두라고 말씀하실 것이라고 했다.

집중 타깃이 된 듯한 느낌을 받은 남자가 짜증 내는 건 이해한다. 하지만 전도에 관한 예수님의 생각은 무엇인지 주장을 개진하는 일은 다른 차원의 문제다. 신약을 찾아보면 어떨까? 예수님은 사복음서 내내 제자들을 둘씩 짝지어 전도하러 보내셨다. 오순절에 베드로가 성령 충만을 받은 후 처음 한 일은 성전 안에 있던 큰 무리의 예배자들에게 전도한 것이었고, 그 전도로 3천 명이 믿었다. 바울은 두말할 나위 없이 이방인에게 복음을 전하기 위해 세계 곳곳을 찾아다녔다. 예수님이 전도를 역겨운 일로 생각하신다는 증거를 성경에서는 도저히 찾을 수 없을 것이다. 신약 자체가 "모든 민족을 제자로 삼[으라]"(마

28:19)는 예수님의 명령에 따른 폭발적 교회 성장 역사의 기록이다.

그리스도인이 전도에 힘쓰는 과정에서 편법을 쓰거나 거부감이 드는 행동을 할 수도 있다. 우리는 보다 성숙하게 그리스도를 닮은 모습으로 전도할 방법을 고민해야 한다. 하지만 "이게 더 매력적으로 들리니까 예수님이 이렇게 말씀하셨을 거야"라는 식으로 자신의 추측에 근거하여 신학 다시 쓰기를 해서는 안 된다. 예수님 말씀 중에 뭔가 불쾌한 말씀처럼 들리는 부분이 있다면, 자신의 세계관부터 돌아봐야 하지 않을까?

요즘 들어 이 거꾸로 가는 논리를 점점 더 빈번하게 접한다. 대개 이런 형태를 취한다.

1. _________라고 말하는 그리스도인들은 역겹다.
2. 그러나 예수님은 사랑이시다.
3. 그러므로 예수님은 그런 말씀을 하셨을 리 없다.

이는 '삼단논법'이라는 고전적 변론법인데, 헬라적 사고를 하는 두뇌엔 기막힐 정도로 설득력 있게 들린다. 그러나 우리 신학의 근거는 신약이어야 하지 않을까? 기실 예수님은 추상이 아닌 역사적 인물이셨으니까.

베뢰아 사람처럼 성경 읽기

베뢰아인에게서 더 나은 접근법을 찾을 수 있다. 베뢰아인들은 예수가 바로 하나님이 약속하신 메시아라는 바울과 실라의 기막힌 주장을 듣자 성경을 꺼내 들고 연구에 착수했다.

> 베뢰아에 있는 사람들은 데살로니가에 있는 사람들보다 더 너그러워서 간절한 마음으로 말씀을 받고 이것이 그러한가 하여 날마다 성경을 상고하므로 그 중에 믿는 사람이 많고 또 헬라의 귀부인과 남자가 적지 아니하나(행 17:11-12).

하나님이 역사를 통해 말씀하심을 안다면, 신학적 질문에 답하는 우리의 방식에 대한 대안도 말씀에서 찾을 수 있다. 종종 사람들은 예수님의 말씀 중 여기서 한 줄, 저기서 한 줄을 뽑아 논리적 논증을 통해 한참 동떨어져 있는 구절을 서로 연결한다. 우리는 이런 식으로 완전히 새로운 신학을 만들어낼 수 있다. 그것이 논리적이라면 서구인에게는 설득력 있게 다가갈 것이다. 그러나 성경이 역사를 통해 말한다면 우리의 신학은 성경 본문의 더 넓은 기록 속에서 검증되어야 한다.

사도행전이야말로 제자들이 예수님의 말씀을 어떻게 해석하였는가에 관한 추측을 검증하기에 아주 좋은 곳이다. 사도행전의 인물들은 예수님 말씀을 직접 귀로 들은 신자들이었다. 그분 말씀을 재해석할 만한 시간 경과가 없었고 제자들은 말씀을 삶으로 살아내는 데 열정적이었다. 초기 신자가 행했던 바가(또는 적어도 행하려고 노력한 바가) 예수님이 가르치신 바라고 결론짓는 것은 비합리적이지 않다.

한번 해보자. 예수님은 죄를 범하게 한 눈을 뽑고 손을 잘라 버리라고 가르치셨다(마 18:8-9). 이 말씀을 문자적으로 하신 걸까, 아니면 약간의 과장법과 비유를 사용해서 그 뜻을 강조하신 걸까? 신약 어디를 봐도 사람들이 실제로 눈을 뽑았다는 보고는 없다. 예수님의 청중은 이 말씀을 비유적으로 받아들였음이 분명하다.

또 예수님은 한 부자 관원에게 "네 소유를 팔아 가난한 자들에게 주라. 그리하면 하늘에서 보화가 네게 있으리라. 그리고 와서 나를 따르라"(마 19:21)고 하셨다. 극한의 베풂에 관한 예수님의 가르침은 단순한 과장에 불과했던 걸까? 다시금 사도행전을 찾아보자. 거기서 우리는 초대교회가 소유를 팔아 가난한 자에게 주는 모습을 볼 수 있다(행 4:32-35). 이 과도한 행동은 보편적이진 않았지만, 베풂에 관한 예수님의 강도 높은 말씀을 제자들이 진지하게 받아들였음을 보여준다.

여기 또 다른 예가 있다. 《랍비 예수》에서 소개한 라디오에서 들은 어느 목사의 발언이다.

> 예수님이 오셨을 때 모든 것이 달라졌고, 모든 게 변했습니다. … 예수님이 원하신 건 희생제를 드리는 사람들의 태도를 새롭게 하는 것 이상이었습니다. 예수님은 희생제사 제도 자체를 철폐하셨습니다. 모든 의식과 모든 의례, 모든 희생제와 성전과 지성소를 포함한 모든 외적 부산물과 함께 유대교에 종지부를 찍으시기 위함이었습니다.[17]

음… 다시 말하지만, 역사를 들여다보면 어떨까? 사도행전이란 책에서 제자들이 제사와 성전을 부인하는 모습이 나오는가? 사실 예수님은 당대의 다른 선생들처럼 성전의 부패를 비판하며 성전 파괴를 예언하셨다. 실제로 성전 예배를 폐지한 집단들도 있었다. 하지만 초기 제자들은 오히려 정반대로 행동했다. 베드로와 다른 초대교회 신자들은 날마다 성전 예배에 참석했고 심지어 성전을 주된 모임 장소로 사용하기도 했다.

사도행전에 예수님의 초대 제자들이 마침내 율법을 '졸업'했다고 기뻐하는 증거가 조금이라도 있는가? 다시금 우리는 정반대 증거들과 마주친다. 예수를 믿는 유대 신자들은 신중하게 토라를 준행했고 열렬한 율법 준수로 정평이 나 있었다(행 21:20,25). 심지어 그들은 바울에게 율법대로 사는 모습을 보이기 위해 제사 후원금을 내라는 제안을 하기도 했다(행 21:24).

예수님이 유대 관행과 성전을 종식하려는 의도였다면 제자들은 분명 예수님의 말귀를 못 알아들은 게 틀림없다. 실제로 사도행전 15장을 보면, 이방인은 유대인이 시내산에서 받은 율법을 준수할 의무가 없다고 교회가 판결한 내용이 나온다. 그리스도인의 율법 준수를 의무화하지 않은 이유는 예수님이 율법을 폐지하셨기 때문이 아니라 그리스도인이 이방인이기 때문이라고 보는 학자들이 점점 늘어나고 있다. 이는 마태복음 5장 17절에 하신 예수님의 선언과도 부합한다.[18]

그리스도가 무슨 뜻으로 말씀하셨는지를 논리적으로 추론하려고 삼단논법적 구슬 꿰기를 하기보다는 원래의 청중이 예수님 말씀을 어떻게 삶으로 살아냈는지를 묻는 편이 낫다. 성경이 보여주는 폭넓은 지경이 추측에 근거해 신학을 정립하려는 우리의 습성보다는 더 견실한 토대를 제공할 것이다. 예수님의 말씀을 신약 역사에 비추어 읽을 때 나의 그릇된 고정관념이 흔들리고 제자로서의 부르심에 대한 이해가 깊어진다.

나는 내가 하는 일로 알려질 것이다

여기서 우리는 헬라와 히브리 사고에서 보다 근본적인 차이와 마주한다. 헬라인은 여느 고대인처럼 신적 영역의 본질에 대해 추측하기를 즐겼다. 그들은 헬라 역사 초기에 판테온 신들의 전쟁과 사랑을 묘사하는 정교한 그리스 신화를 지어냈다. 그렇게 합리주의를 발견하자 논리로 물리적 세계를 분석했듯 영적 세계도 분석할 수 있다고 생각했다. 사실 그들은 사실상 신의 영역이라고 여겨온 하늘의 별과 행성의 움직임도 예측해내지 않았던가! 그렇게 궁극의 진리를 여는 열쇠를 발견한 그들은 신들의 자리까지도 찬탈할 수 있다고 생각했을지 모른다.

하지만 히브리인은 전혀 다르게 접근했다. 성경을 주변국의 경전과 비교해보면 잘 알 수 있다. 헬라인 같은 다신주의자들은 그들이 섬기는 신들의 기원에 관해 하나같이 정교한 신화와 설화를 만들어냈다. 그러나 이스라엘의 성경에는 그런 이야기가 없다. 창세기는 단순하게 하나님이 존재하신다는 전제에서 시작한다. 어떤 방식으로든 하나님의 실존을 입증하는 일에 관심을 두지 않는다. 창조 기술에는 땅과 하늘을 형성하는 과정에서 신들의 유혈 전투를 벌인 이야기가 없다. 그저 담백하게 한 신비한 지존자가 몇 마디의 위대한 말씀으로 창조세계를 만드셨다고 한다.

모세는 불타는 떨기나무에서 이 신적 존재의 이름을 물었다. 그때 하나님의 기이한 응답은 "나는 나다" 혹은 "내가 곧 나일 것이다"를 뜻하는 "예흐 아쉐르 예흐"*eyeh asher eyeh*였다(출 3:14 참조). 모세는 이 놀라운 대꾸에 기가 막혔을 것이다. 이교도들은 신의 이름을 태양(샤마쉬), 달(야리크)과 같은 천체나 왕(몰렉) 또는 높으신 주(바알세불)와 같은 인간 통치자와 동일시하는 식으로 붙였다. 그러나 하나님은 전적으로 형용 불가한 존재였기에 다른 어떤 신과도 이름을 공유하지 않았다. 하나님의 성소에 형상이나 우상이 없는 것처럼 그의 이름 역시 어떤 것과 비교하고 빗대는 자체를 허락하지 않았다.

이스라엘이 만난 이 이상하고도 초인간적인 실체는 인간의 상상을 완전히 뛰어넘는 존재였다. 하나님은 이름을 통해 자신을 어떻게 계시하실지를 선포하셨다. "내가 행하는 것으로 나를 알게 되리라." 하나님은 먹구름 속에서 천둥 번개를 내리치시거나 철학적으로 자신을 증명하지 않으셨다. 하나님은 자신의 백성을 종살이에서 속량하셨고 매일 만나를 먹이셨고 대적에게서 보호하셨고 약속의 땅으로 인도하셨다. 하나님은 율법으로 그들을 훈계하셨고 선지자를 통해 그들을 책망하셨다.

그래서 히브리어 성경에는 신학적 변론이 별로 없다. 오히려 히브리어 성경은 역사 속에서 하나님의 위력적인 행적을 대형 스크린에 상영되는 기록영화처럼 상영한다. 히브리어 성경은 환희의 정점에서 절망의 나락으로 오르내리기를 반복하는 이스라엘과 하나님 사이에 벌어진 격동의 관계에 대한 순간순간의 뱃속 감정의 기록이다. 신학자 칼 바르트는 이런 식으로 표현했다.

> 성경에는 하나님을 정의하려는, 즉 우리의 개념으로 하나님을 파악하려는 시도가 없다. … 성경은 하나님의 스토리를 들려준다. 성경은 그분의 행적과 지상의 인간계에서 펼쳐지는 하나님의 역사를 서술한다. 성경은 하나님의 일하심과 행하심의 스토리를 통해 그 의미심장함과 중

요성을 천명한다. 이 방식으로 성경은 하나님의 존재를 입증하고 하나님의 실체와 본성을 설명한다. 성경은 철학책이 아니라 역사서다. 성경은 우리가 알 수 있는 수준으로 하나님 자신을 드러내려는 그 권능의 행위에 관한 책이다.[19]

그래서 구약은 얼핏 역설과 모순처럼 보이는 것을 서구 독자들보다 더 편하게 다룬다. 성경은 이스라엘이 인간 경험에서 완전히 벗어난 존재와 전무후무한 만남을 가졌다는 사실을 전제로 삼고 들어간다. 성경은 이 신비한 실체의 기이함을 해명하거나 변호하려는 어떤 노력도 하지 않는다. 그저 역사를 통해 이스라엘과 하나님의 위력적 만남을 묘사할 뿐이다.

먹고사는 이야기가 가득한 신조?

과학적 분석 훈련을 받은 나는, 자라면서 기독교 신앙을 하나의 신념 체계로 보는 데 굉장히 익숙했다. 헬라인에게 사상에 대한 사랑을 물려받았고, 종교는 받아들여야 할 일련의 교리 항목이라고 보았다. 이런 나의 헬라적 색안경을 벗어 던지면 어떻게 될까? 히브리적 관점으로 본 신앙은 어떤 모습일까?

나는 그 중요한 단서를 예수님의 유대적 맥락에 관한 첫 수업에서 발견했다. 수업이 시작되자 내 생각도 유대교에 관한 온갖 초보적 질문들을 넣은 수프처럼 보글거리기 시작했다. 유대인들은 정확히 뭘 믿었던 걸까, 그리고 그 믿음을 기독교와 비교해보면 어떨까? 난 누군가가 이런 질문에 관한 정답들을 한 문장으로 떨어지는 기본 교리로 일목요연하게 정리해주길 바랐다.

그러던 어느 날 강사가 쉐마([슈마]로 발음한다)가 적힌 프린트물을 나누어 주었다. 쉐마는 경건한 유대인들이 1세기 이전부터 매일 암송하는 신앙 선언문이다. 난 이것이 유대인의 사도신경이라고 생각하고 열심히 훑어보았다. 쉐마가 오직 하나님만 사랑하고 섬기라는 신학적 계명으로 출발하는 것은 그다지 놀랍지 않았다(신 6:4-9).[20] 그런데 신명기 11장 13-21절부터 나의 발목을 잡기 시작했다. 난 내 눈을 의심하지 않을 수 없었다.

> 여호와께서 너희의 땅에 이른 비, 늦은 비를 적당한 때에 내리시리니 너희가 곡식과 포도주와 기름을 얻을 것이요 또 가축을 위하여 들에 풀이 나게 하시리니 네가 먹고 배부를 것이라(신 11:14-15).

곡식? 새 포도주? 기름? 믿기지 않았다. 가축을 위한 풀? 어떻게 '가축'처럼 영적이지 않은 이야기를 할까? 핵심 신앙 선언문에서 대체 '가축' 같은 단어가 웬 말인가? 내가 기대한 건 '성도의 교통'과 '죄 사함' 같은 묵직한 교리와 영적 진리였다. 난 성경의 이 특이하기 그지없는 선택에 잠시 넋 나간 사람처럼 멍하니 앉아 있었다. 왜 이 단락이 신조의 중심부에 떡하니 버티고 서 있는 걸까?

얼마 후 그 이유를 알게 되었다. 쉐마는 신자가 수긍해야 할 핵심 명제 '목록'이 아니었다. 쉐마는 이스라엘과 하나님의 언약에 대한 매일의 충성 서약이었다. 그 시작은 오직 하나님만을 섬기라는 명령이며 그다음은 그들의 물적 필요를 공급하시겠다는 하나님의 약속을 상기시키는 내용이었다.

내가 생각한 신앙은 진리에 관한 추상적 진술에 대한 정신적 동의였다. 실제로 이런 내 생각은 고대의 영지주의라는 이단과 상당히 가까웠다. 영지주의자들은 복음을 오해한 나머지 특정한 영적 진리를 알아 천국의 내밀한 지식의 비밀을 해석하는 사람만 구원받는다고 보았다.

그러나 쉐마는 이스라엘과 하나님의 관계를 확립한 서약이 있음을 일깨우는 역사 회고다. 쉐마는 무엇을 믿어야 하는가를 열거하지 않는다. 사랑하고 섬기기로 서약한 하나님을 믿는 것은 기본 전제다. 쉐마 안에는 신념이 담겨 있지만, 쉐마는 신념보다 훨씬 풍성한 내용이다. 쉐마는 이스라엘 민족이 시내산에서 수 세기 전에 했던 약속의 회고다. 쉐마의 문구는 유대 민족이 연기로 휩싸인 사막의 산꼭대기에서 수 세기 전에 맺었던 언약에 대한 구속력 있는 일깨움이다. 이스라엘 역사의 근간이 된 이 사건이야말로 매일 암송해야 할 만큼 결정적인 내용이었다.

여기서 잠깐. 나는 왜 신앙의 정수가 일련의 신념 목록이라고 생각했던 걸까? 물론 신념에도 나름의 중요성이 있다. 신약의 핵심 계명은 '그리스도를 믿는 것'이고(요 20:31), 사도신경은 교회가 정의한 믿음의 내용이다. 분열과 이단이 난무했던 초대교회는 교회가 무엇을 믿는가에 대한 경계를 명확히 정립하고 정확한 정의를 제공하는 데 큰 공을 들일 수밖에 없었다.

신학은 성경 속에서 자신을 계시하신 하나님을 이해하는 데 도움이 되는 멋진 연장이다. 그러나 교리라는 오리들을 한 줄로 가지런히 정렬시켜 놓았다고 해서 구원받는 건 아니다. 그렇다면 사탄이야말로 가장 자격 있는 자 아닐까?

기실 구원은 우리 죄를 위한 그리스도의 대속적 죽음을 통해 주어진 것이다. 그리스도가 십자가에서 희생하셨기 때문에 우리가 하나님과 화평을 누린다. 그렇다면 우리 자신에게 이 사실을 일깨우는 가장 히브리적인 방식은 무엇일까? 어떻게 하면 이 사건에 초점을 맞추고 역사적 현실에 굳게 발 디딜 수 있을까?

믿기 어렵겠지만 예수님이 친히 그 방법을 알려주셨다. 제자들과 보낸 마지막 저녁에 예수님은 유월절을 기념하셨다. 유월절은 중요한 종교 절기로 하나님과 백성의 관계를 공적으로 기리는 언약적 식사다. 유월절은 하나님이 이스라엘을 애굽에서 해방하신 그 밤을 회고하며 현재의 관계를 상기시키며 하나님의 최종 대속자인 메시아 약속을 일깨운다. 예수님은 제자들과 더불어 빵을 떼고 포도주를 마시며 이 일을 하여 자신의 임박한 죽음을 기념하라고 하셨다. 그리스도는 자신의 희생을 통해 하나님이 예레미야 31장에서 백성에게 약속하셨던, 오랜 세월 기다려온 죄 사함의 '새 언약'을 발효하신 것이다.

신조는 중요하지만, 하나님과 우리의 관계 맺기는 '신조'가 아닌 그리스도가 그날 밤 발효하신 '언약'으로 이뤄진 것이다. 이 점을 생각해보면 성만찬을 기리는 것은 매우 히브리적이기도 하고 매우 비서구적이기도 하다. 성만찬은 하나님과 우리의 관계를 기념하는 구체적인 방법이다. 함께 둘러앉아 밥을 먹는다는 것은 하나님과 밥상에 둘러앉은 모든 이와 사귐을 가진다는 뜻이다.[21] 그리고 이는 그리스도를 통해 하나님과 관계 맺는 것을 가능하게 한 역사적 사건을 실제적으로, 물리적으로 재현한다는 의미가 있다.

오직 나에게만 주시는 말씀?

: 공동체적 관점이 주는 통찰

칠천 개가 넘는 성경 구절에 당신의 이름을 넣어주는 《개인 맞춤 성경》*Your Personalized Bible*이 나온 것을 알고 있는가?[1] 내 이름으로 된 성경책에는 다음과 같은 구절이 있다.

> 로이스는 양 같아서 그릇 행하여 각기 제 길로 갔거늘 여호와께서는 로이스의 죄악을 그에게 담당시키셨도다(사 53:6).

> 로이스는 세상의 빛이라(마 5:14).

> 로이스를 하나님보다 조금 못하게 하시고

영화와 존귀로 관을 씌우셨나이다
주의 손으로 만드신 것을 다스리게 하시고
만물을 로이스의 발 아래 두셨으니(시 8:5-6).

내가 이런 식의 연구에 과연 열광할까? 난 한 번도 결혼한 적 없는 싱글인데다, 직장 없이 홈오피스에서 혼자 일한다. 상사도 없고 남편도 없고 자식도 없다. 난 나만의 유쾌한 작은 세상의 여왕이다. 게다가 나도 여느 사람들처럼 개인주의의 사이렌(siren, 그리스 신화에서 선원을 유혹하는 바다요정—옮긴이) 소리에 미혹된 경험도 많다. 어찌 보면 내가 이런 식으로 성경을 읽고 싶어 한다고 생각하는 것도 당연하다.

그러나 성경을 공부하며 여러 경로로 발견하는 바는, 이런 개인주의적인 접근으로는 본문을 제대로 해석할 수 없다는 것이 나의 결론이다. 가령 "로이스가 하나님의 성전"이라고 번역한 고린도전서 3장 16절을 보자. 종종 사람들은 "당신의 몸이 성스러운 '신당'이므로 몸을 애지중지해야 한다" 정도의 의미로 읽는다. 그러나 바울은 자외선 차단제가 들어간 보습제를 듬뿍 바르고 야채 섭취를 늘리라고 이 본문을 쓴 게 아니다.

바울은 고린도 교인들에게 그들은 '다 같이' 하나님의 성전이며 성령이 거하실 처소로 함께 지어져 간다고 말한 것이다. 이교도에게는 많은 신전이 있지만, 참 하나님에게는 오직 하나의 성전이 있었다. 하나님이 다윗에게 약속하신 바이트, 즉 '집'은 다름 아닌 신자들이었다. 어떤 구조물이 아니라 하나의 계보이자 가족인 것이다. 바울의 초점은 개인이 아니라 신자 전체가 이루는 몸에 있었다.[2]

우리가 저지르는 실수는 이뿐만 아니다. "로이스는 세상의 빛이라”(마 5:14)는 한 줄을 살펴보자. 이 말씀은 구체적으로 나, 고독한 나에 관한 것일까, 아니면 전체 신자 공동체를 향해 예수님이 하신 말씀일까? 예수님의 바로 다음 말씀, “산 위에 있는 동네가 숨겨지지 못할 것이요”는 한 사람이 아닌 사람들로 가득한 동네를 그린다. 예수님과 바울은 대부분 개인이 아닌 전체 무리를 향해 말씀하셨다.

우리가 성경 본문을 마치 ‘나에게 개인적으로 하신’ 말씀인 것처럼 읽는 데엔 영어의 특성도 일조한다. 영어의 ‘너희’는 단수도 되고 복수도 되는 ‘유’you밖에 없다. 헬라어, 히브리어, 그 외 여러 다른 언어와 달리 영어에서는 화자가 말하는 대상이 한 사람인지 무리인지 구분할 수 없다. 그 결과 영어권 독자들은 습관적으로 성경의 모든 ‘유’you를 ‘하나님의 더 큰 공동체 속의 나’가 아닌, ‘오직 나 하나’를 향해 하신 말씀인 양 읽곤 한다.

미국 남부는 형편이 좀 낫다. 남부에서는 무리를 향해 말할 땐 ‘욜’ y’all이란 표현을 쓴다. 《개인 맞춤 성경》에 대한 해독제는 예수님이 “너희 모두y’all는 세상의 빛이라”고 하시고, 바울은 “너희 모두y’all는 하나님의 성전”이라고 했음을, 즉 개인이 아닌 무리에게 말씀하심을 알 수 있는 ‘남부식’ 성경을 출간하는 것이리라.

셀카봉 치우기

많은 현대 독자가 성경을 읽을 때 확신과 격려를 주는 성경 구절에서 더 감동을 느끼려고 하나님이 마치 자신에게만 말씀하시는 것처럼 상상하길 즐긴다. 몇 년 전만 해도 나도 그런 식으로 성경을 읽었다. 머릿속에서 성경 속 약속들을 오려내 자신에게만 적용되는 것으로 보았다. 그럴 필요가 있을 때마다 개인적으로 힘이 되는 말씀을 찾았고, 실제로 말씀이 주어진 대상은 외면했다(음… 재미난 점은 저주의 말씀에 대해서는 그렇게 할 생각을 못했다는 것이다). 오늘날 많은 사람이 여행지마다 '셀카'를 찍으며 여행하는 모습과 별반 다르지 않았다. 난 성경 세계를 나의 배경으로만 사용했다.

수년 전 비가 추적추적 내리고 바람이 거센 2월의 어느 날, 예루살렘의 야드 바셈이라는 홀로코스트 박물관을 방문했다. 그날 난 훨씬 더 의미심장한 방식으로 하나님의 약속을 읽는 법을 발견했다. 박물관은 산 정상에 뚫은 거대한 구덩이였고, 대부분 공간이 지하에 있었다. 두 개의 거대한 콘크리트 벽이 길고도 깊은 삼각형 터널을 형성했다. 낮의 빛은 정상을 따라 있는 좁은 하늘을 통해서만 들어온다. 통로를 따라가다 보면 벽이 아래로 갈수록 좁아진다. 점점 옥죄어드는 악의 손아귀 안에 갇힌 느낌이다. 유대인이 나치 치하 독일에서 경험한 공포의 기록이 눈앞에 펼쳐질 때는 금방이라도 멸망이 임할 것 같은 느낌이었다. 마지막 관람을 끝마칠 즈음 터널이 다시 확장되며 지상으로 올라간다. 기다란 유리문으로 된 벽들은 도시가 내려다보이는 관망대로 열리고 관람객은 스토리의 끝에서 희망을 발견한다.

이 기념관 관람은 언제 가도 강렬한 경험이지만 그날의 우중충한 날씨로 강렬함이 한층 더했다. 우리를 태운 버스가 박물관을 향해 올라갈 때 내리던 비는 흡사 애도자의 눈물 같았다. 낮게 드리운 우울한 하늘은 기념관의 무덤 분위기를 더욱 부각했다. 하지만 관람이 끝나고 유리문을 통과하여 지상으로 올라왔을 땐 갈라진 구름 사이로 햇빛 한 줄기가 비추는 찬란한 광경이 우리를 맞았다. 숲으로 에워싸여 녹음이 우거진 서예루살렘은 햇살 속에 빗물을 머금고 신선한 생기로 약동했다. 홀로코스트를 견딘 유대인에게는 이 광경이 불가능한 꿈의 성취처럼 가슴 벅찬 순간이었으리라 생각하니 가슴이 먹먹했다. 여기 내 눈앞에는 유대 민족이 역사 내내 갈망했던 약속의 땅이 펼쳐져 있었다.

이 장면으로 나는 "너희를 향한 나의 생각을 내가 아나니 평안이요 재앙이 아니니라. 너희에게 미래와 희망을 주는 것이니라"(렘 29:11) 말씀을 새로운 관점에서 보게 되었다. 예전에는 이 말씀을 보면 레이스 쿠션에 기도하는 소녀 캐릭터와 함께 수 놓인 성구가 떠올랐다. 그런데 이 말씀을 원래의 맥락 속에서, 이스라엘이 바벨론 유배기에 예레미야의 입술을 통해 들었던 것처럼 듣는다고 상상해보자. 백성은 사망과 공포의 소용돌이에 쓸려 이 아름다운 땅에서 강제로 뽑혔다. 하나님의 모든 약속이 산산이 부서진 것만 같았다. 자신들의 세계가 무너진 것을 목도한 후 하나님이 "미래와 희망"을 주신다는 말씀을 예레미야의 입으로 듣는다. 정말 숨이 멎을 듯한 느낌이었을 것 같다.

하나님이 하신 이 약속을 나에게가 아닌 고대 이스라엘 백성에게 주시는 말씀으로 듣자 하나님의 어마어마한 구속적 사랑이 느껴졌다. 자기 백성을 위해서라면 산이라도 움직이실 하나님을 나는 보았다. 말씀 몇 줄을 맥락과 무관하게 원래의 청중에게서 떼어내 자기 것으로 읽었을 때는 안 보였던 하나님의 사랑이 훨씬 웅장한 스케일로 모습을 드러냈다.

그러나 그렇게 하려면 내가 한 번도 만나보지 못한 민족에 관심을 기울여야 했다. 하나님이 성경 구절을 통해 나에게 사적인 방식으로 말씀하시지 않는다는 뜻이 아니다. 얼마나 자주 그렇게 말씀하시는지 우린 다 알지 않는가. 그러나 나는 그와 동시에 한눈으로는 원래의 청중에 시선을 고정하고 그들에 대해서도 생각하려고 노력한다. 백성에 대한 하나님의 신실하심을 찬양하다 보면 나에게도 그렇게 신실하실 것이라는 확신이 배가된다.

예수님은 제자들에게 잔치에 가서 상석으로 옮기라고 청함받을 때까지 말석에 머무르라고 조언하셨다(눅 14:8-11). 여기서도 이것을 적용할 수 있다. 머릿속에서 무대 중심에 있는 나를 밀어내고 이스라엘이 스토리의 초점이 되게 해보라. 그러면 자신보다 남의 관심사를 돌아보는 그리스도를 닮은 모습을 실천할 수 있을 것이다.

'우리'로 생각하기

만일 당신도 나와 같다면 성경의 공동체 중심 사고에 공감하기가 매우 어려울 것이다. '별난'WEIRD 연구에서 미국인은 개인주의에 관한 한 독보적이었다. 미국은 미지의 땅에서 새 삶을 시작하려고 가족을 등지고 대양을 건널 용기를 냈던 사람들이 모인 나라다. 이런 삶을 홀로 마주하려면 상당한 독립성과 낙관적 자립성이 요구된다.

자라며 많이 들은 말은 '스스로 생각하라'라거나 '홀로서기 해라'였다. 각각이 실패나 성공에 직접 책임을 지라고 요구한다. 기실 우리 사회는 한 사람이 둥지를 떠나 엄마 앞치마 끈을 놓기 전까지는 성숙했다고 보질 않는다.

우리와 달리 강한 결속력을 지닌 팀플레이의 이점을 아는 세상의 허다한 지역에서는 정반대를 강조한다. 다음은 리자드 카푸시친스키가 아프리카 여행 후 쓴 글이다.

유럽에서는 개인주의를 귀한 가치로 여기며, 아마 이런 경향이 가장 강한 나라는 미국일 것이다. 하지만 아프리카에서 개인주의는 불행 및 저주와 동의어다. 아프리카에서는 오직 조화로운 집단만이 자연이란 장애에 맞설 수 있으므로 집단주의 전통을 신봉한다.[3]

집단주의 문화 속에 산다니, 생각만 해도 몸서리가 쳐지는가. 머릿속에서 전체주의 정권, 세뇌당한 사이비교 신도들, 맹목적 군중 심리 등 최악의 남용 사례를 떠올리며 뒷걸음질할 요량인가. 그러나 집단은 아주 긍정적일 수 있다. 엘리트 군악대, 승리하는 축구팀, 멋지게 운영되는 사업체, 사랑 가득한 가족! 좋은 팀은 모든 사람이 자기 몫을 이바지하고 존중받으며 투명하게 보고한다. 물론 약자를 착취하고 악한 목적을 위해 권력을 남용하는 나쁜 팀도 있다.

집단주의 문화에서 아이들은 이런 말을 듣는다. "우리 가족이 된 걸 환영해! 여기가 네가 있을 곳이야! 넌 이 가족, 이 부족, 이 민족의 일원이야. 우리는 함께 번창할 거야! 우리는 네 팀이고 너의 정체성이야." 삶의 목표는 이 팀의 성공을 보는 것이다. 당신의 가족과 사람들은 당신에게 전부이고 당신과 그들의 운명은 불가분의 관계다. 그들의 적이 당신의 적이고 그들의 문제가 당신의 문제다. 우선순위는 자신이 아닌 당신과 함께하는 사람들의 성공이다.

만일 당신이 범죄를 저지른다면 그건 단지 개인의 실족이 아니라 당신과 가족의 수치가 된다. 당신은 전체 공동체를 실망시킨 것이다. 공동체는 당신의 부모가 옳고 그름을 제대로 가르치지 않았다고 판단한다. 집단 지향 사회는 사적 죄책감과 개인적 죄의 차원에서 생각하는 서구 개인주의자보다 공적 명예와 수치에 훨씬 더 큰 관심을 가진다.

당신의 이름이 의미하는 바는?

사라 라니어는 전 세계를 여행하며 문화 차이에 관해 가르치는 국제 소통훈련가다. 그녀는 저서 《낯섦에서 익숙함으로》*Foreign to Familiar*에서 자신을 야유하며 놀린 아랍 소년들 이야기를 나눈다. 그녀는 가던 길을 멈추고 아랍어로 소년들에게 항의했고 가족 이름을 대라고 요구했다. 움찔한 소년들은 왜 그걸 알려고 하냐고 물었다. 사라는 아버지들에게 그 행동거지를 알리고 그들이 얼마나 가족을 수치스럽게 했는지 이를 것이라고 했다. 하얗게 질린 소년들은 연신 사과하며 제발 그러지 말아 달라고 애원했다.[4]

사라가 소년들의 가족명을 물은 것은 그 사회에서는 가족의 평판, 곧 그 '이름'이 결정적임을 알기 때문이었다. 이 점을 알면 성경에서 많은 사람이 오해하는 한 단어를 해석하는 데 도움이 된다. 바로 '이름'이라는 영어 단어와 겹치지만 실은 훨씬 넓은 의미를 지닌 히브리어, '쉠'*shem*이다. 우리는 기이한 방식으로 쉠이 쓰인 것을 본다. 가령, "너희에게 천하 만민 가운데서 '명성'(name, KJV)과 칭찬을 얻게 하리라"(습 3:20)가 있다.

성경의 집단적 맥락을 살펴보면 이 수수께끼가 풀린다. 거기서 지극히 중요한 부분은 한 사람이 더 큰 공동체 내에서 어떤 정체성을 갖고 있느냐다. '쉠'은 조지, 빌, 메리 같은 이름표가 아니라 '공동체 내 정체성'에 훨씬 가깝다. 물론 단순히 이름이란 뜻도 포함한다.

낯선 사람이 다가와 "당신의 정체성은?" 하고 묻는다고 해보자. 당신은 "메리 스미스"라고 답할 것이다. 하지만 당신의 정체성, 즉 쉠은 그보다 훨씬 크다. 당신의 정체성은 가족과 학식과 직업, 그리고 다른 이들이 당신의 지위와 평판과 권위를 어떻게 인식하는가에서 비롯한다. 누군가의 '이름으로' 말한다는 것은 그의 권한을 가지고 말한다는 것이다. 아랍 소년들이 보호하려고 절절맸던 이름은 그들의 개별적 이름이 아니라 '가족의 이름'이었음을 주목하라.

여기서 작은 사고 실험을 하나 해보자. 당신의 성, 가족 이름은 당신에 관해 무엇을 말하는가? 어원이나 국적이 아니라 가족의 평판 차원에서 생각해보라. 만일 당신이 시골 촌마을에서 자라서 서로 모르는 사람이 없고 대대로 가족들이 함께 산다면, 사람들은 당신에 관해 많은 것을 알 것이다. 좋든 싫든 당신의 '이름'은 당신을 규정하는 사람들과 연결되어 있다. 사람들은 당신의 가족이 과거에 한 모든 일을 떠올릴 것이고 당신이 커서 어떤 사람이 될 것인지 가늠할 것이다.

좋든 싫든 이 작은 꼬리표에는 큰 힘이 있다. 만일 당신이 록펠러나 케네디 가문 출신이라면 너무 좋을 것이고 히틀러나 매도프(2008년 폰지 사기 수법으로 66조라는 천문학적 금액을 횡령하고 150년형을 선고받은 버니 매도프—편집자) 가문이라면 끔찍할 것이다. 당신의 사적 행적과 무관하게 이름이란 한 단어로 당신은 엄청난 영향력을 가질 수도 있고 만인이 증오하는 낙오자가 될 수도 있다.[5]

우리 사회에서 이 정도라면, 마을을 떠나 새 출발을 할 수도 없는, 공동체가 전부인 문화권에서는 얼마나 더 그럴지 상상해보라. 더 큰 사회에서 당신을 바라보는 사람들의 시각은 개인의 정체성에 절대적으로 중요하다. 이름은 당신이 어딜 가든 앞서간다.

'명예'와 '수치'를 강조하는 집단주의 문화에서는 성경적 의미에서 쉠의 차원에서 사고한다. '위대한 이름'은 유명하고 영향력 있다는 것이고 '악명'은 사람들이 당신을 창피하게 여긴다는 것이다. 그래서 쉠이란 단어가 때로는 '이름'이 아닌 명성, 명망, 평판, 권위, 명예로 번역되는 것이다.[6] 이로써 다음 구절이 정리된다.

스바냐 3:20
너희에게 천하 만민 가운데서 '이름'(name)과 칭찬을 얻게 하리라(KJV).
너희에게 천하 만민 가운데서 '명성'(renowned)과 칭찬을 얻게 하리라(ESV).

여호수아 9:9
종들은 당신의 하나님 여호와의 '이름'(name)으로 말미암아 심히 먼 나라에서 왔사오니(ESV).
종들은 당신의 하나님 여호와의 '명성'(fame)으로 말미암아 심히 먼 나라에서 왔사오니(NIV).

느헤미야 6:13
악한 말을 지어 나를 비방하려 함이었느니라(개정).
나에게 오명(a bad name)을 씌워 나를 조롱하려 함이었느니라(ESV).
나에게 추문(a scandal)을 입혀 나를 책망하려 함이었느니라(NJPS).

이사야 55:13
잣나무는 가시나무를 대신하여 나며 … 이것이 여호와의 '이름'이 되며 영영한 표징이 되어 끊어지지 아니하리라(KJV).
향나무는 가시나무를 대신하여 자라며 … 이것이 여호와의 '명성'이 되며 영영한 표징이 되어 영원히 이어지리라(NIV).

집단적, 위계적 문화에서 누군가의 '이름'은 그의 명예와 권위와 밀접하게 연관되어 있다. 성경에서 하나님이 누군가에게 '새 이름'을 주신다는 말이 나오면 사회에서 '새 지위'를 부여받았다는 것이다. 초라한 방랑자 아브람이 열국의 아비인 아브라함이 되었다! 연로하고 불임이었던 안주인 사래가 왕들의 어미인 사라가 되었다! 하나님은 그들의 정체성을 바꾸시고 사회 속에서 새로운 역할을 부여하셨다. 그리고 이는 개명과 동시에 이루어졌다.

공동체적 사회에서 가족의 유업을 거부하면 큰 값을 치러야 하고 공동체에서 쫓겨날 수도 있다. 수년 전 나는 예루살렘에 거주하는 그리스도인 친구들과 근사한 저녁 식사를 했다. 그들이 초대한 다른 손님은 그들과 같은 교회 교인이었고 누가 봐도 유대인이었다. 난 대화를 시작하며 그에게 물었다. "그러니까… 당신이 그리스도인이 되었다고 말했을 때 가족은 뭐라 하던가요?"

이런 바보 같은 질문을…. 마치 방에 폭탄이 떨어진 것 같았다.

어색한 침묵이 흐른 후 초대한 사람이 살짝 화제를 전환했다. 나중에 들은 바로는 그 친구가 부모님께 그리스도를 믿는다고 알리자 아버지가 장례 때나 하는 칠 일간의 애도 의식인 쉬바*shiva*를 드렸다고 한다. 수 세기 동안 유대인이 이런 식으로 반응한 이유는 그리스도인 치하에서 겪은 대대적인 박해 탓도 있었다. 청년은 신앙 때문에 가족에게도 버림받은 것이다.

많은 문화에서 그리스도를 영접하는 것은 가족과 가문의 유산, 품위, 성공 기회를 포기한다는 의미였다. 바로 이런 이유로 그리스도는 박해 앞에서도 그리스도를 부인하지 않는 제자들에게 '새 이름'을 주겠다고 약속하셨다(계 2:17). 그들은 그리스도를 위하여 세상에서 누릴

'이름'과 명망을 포기했다. 그리스도가 영광 중에 통치자로 재림하실 때 이런 사람들을 특별히 무리 중에서 끌어내 칭찬하실 것이다. 그들은 더 이상 버림받은 외톨이가 아니라 생전에 짊어진 수치 대신 명성을 얻고 지도자와 군주로 알려지게 될 것이다.

하나님의 공동체적 계명들

현대 독자 편에서 많은 구약 율법이 이해가 안 된다고 하는 이유는 율법의 도덕적 근거를 개인 수준의 도덕률 정도로 생각하면서 그 공동체적 함의를 간과하기 때문이다. 가령 양털과 베 실로 섞어 짠 것을 입지 말라는 수수께끼 같은 율법이 있다(신 22:11). 왜 이런 율법을 주셨을까?

유대 학자 제이콥 밀그롬에 의하면 이 율법은 공동체 중 제사장 집단을 구별하기 위함이었다.[7] 제사장 관복과 성막 이음새 모두 양털과 베 실의 조합이었다. 그래서 일반인이 이런 의복을 입는 것을 금한 것이다. 또 다른 금지된 혼합 역시 근거가 동일하다. 제사장 이외엔 누구도 기름 부음에 쓰는 관유와 동일한 조합의 향기름을 만들어선 안 되었다(출 30:33). 다신주의 사회에서 벗어난 지 얼마 안 된 이스라엘 사람들은 자가제조한 사설 신당을 세워 번제를 드리려는 유혹이 강했다. 그래서 그들이 제사장처럼 차려입거나 예배에 사용된 물품을 복제하는 것을 금했던 것이다.

오늘날 우리에게도 유사한 법이 있다. 경찰관 흉내를 내기 위해 배지를 달고 제복을 입는 것이 불법이란 사실을 알 것이다. 경찰에게는 차를 세우고 문을 부수고 수갑을 채울 권한이 있다. 다른 누구도 이런 일을 할 수 없다. 마찬가지로 하나님은 제사장들에게 예배를 인도할 권한을 부여하셨고 그들은 누구와도 다르게 구별되어야 했다.

이스라엘의 절기는 본질상 공동체 행사다. 하나님은 절기를 통해 이스라엘 백성이 한데 모여 자신의 임재 가운데 즐거워하며 하나님과의 집단적 관계를 축하하라고 지시하셨다. 안식일법에도 공동체적 함의가 있음을 알면 놀랄지 모르겠다. 그리스도인은 안식일에 관한 율법이 개인적으로 각 사람에게 주어졌다고 전제한다. 그러나 출애굽기 23장 12절을 보라.

> 너는 엿새 동안에 네 일을 하고 일곱째 날에는 쉬라. 네 소와 나귀가 쉴 것이며 네 여종의 자식과 나그네가 숨을 돌리리라.

여기서 강조점에 유의하라. 이스라엘 백성이 안식일을 지키면 누가 숨을 돌리는가? 짐승과 종과 나그네다. 이것이 비논리적으로 보이는가? 이 계명이 각 사람에게 개인적으로 주어졌다면 앞뒤가 맞지 않는다. 이 법을 이해하려면 '공동체적으로' 생각해야 한다. 이 계명은 지주들에게 주어진 것이다. 계명의 초점은 가정 전체다. 공동체로 안식하라. 그래야 종과 가축도 숨을 돌릴 수 있다.

그 사회에서 짐승과 종은 주인의 허락 없이는 안식일을 지킬 수 없었다. 농부가 밭 갈기 좋은 날이라고 생각하면 종과 짐승은 별수 없이 따라가야 했다. 이주 노동자나 품꾼으로 일하는 나그네나 거류민 역시 발언권이 없긴 마찬가지였다.

이 구절에 의하면 재충전을 위한 안식일은 주로 타인의 허락 없이는 쉴 수 없는 자들을 위해 만들어진 것이다. 다음 구절은 결코 쉴 수 없었던 애굽의 노예 시절과 안식일을 연결하고 있다.

> 일곱째 날은 네 하나님 여호와의 안식일인즉 너나 네 아들이나 네 딸이나 네 남종이나 네 여종이나 네 소나 네 나귀나 네 모든 가축이나 네 문 안에 유하는 객이라도 아무 일도 하지 못하게 하고 네 남종[에베드]이나 네 여종에게 너 같이 안식하게 할지니라. 너는 기억하라. 네가 애굽 땅에서 종[에베드]이 되었더니 네 하나님 여호와가 강한 손과 편 팔로 거기서 너를 인도하여 내었나니 그러므로 네 하나님 여호와가 네게 명령하여 안식일을 지키라 하느니라(신 5:14-15).

영어 성경은 에베드*eved*를 14절에서는 '남종'으로, 15절에서는 '종'으로 번역하여 이 연결점이 잘 드러나지 않았다. 히브리어로는 '네가 한때 에베드였기에 너의 에베드를 풀어줘야 한다'는 뜻으로 읽힌다. 이스라엘이 다른 사람을 일에서 풀어줘야 하는 이유는 하나님이 자신들에게 똑같은 은총을 베푸셨음을 기억하기 위함이다!

이런 식으로 이해하면 안식일은 다른 일곱 개의 멈춤과 풀어줌의 계명들과 대칭된다. 7년마다 이스라엘은 빚을 탕감하고 노예를 풀어줘야 했다. 빈곤의 나락으로 떨어진 자들이 49년마다 궁핍의 때에 팔았던 땅으로 돌아갈 수 있는 구조였다.

안식일이 이스라엘의 급진적 사회 윤리에 얼마나 근본적이었는지를 알면 충격을 받을 수도 있다. 삶의 모든 리듬은 채찍 소리가 멈추고 족쇄가 풀리고 자유를 향해 옥문이 열렸던 날의 그 형언할 수 없는 기쁨을 축하하는 것을 중심으로 맴돌도록 짜여 있었다. 매주, 매 계절, 매해, 하나님은 그들이 받은 속량을 다른 사람에게 베풀어 하나님의 파격적인 구원의 사랑을 상기하라고 이스라엘에게 명하셨다.

예수님 역시 하나님의 용서에 대한 적절한 반응은 남에게 용서를 베푸는 것이라고 강조하셨다. 우리가 일만 달란트 빚을 탕감받은 자라면 고작 몇 데나리온을 꿔간 자의 멱살을 움켜쥘 수 없다. 우리가 용서받은 것처럼 용서해야 한다. 이는 이스라엘이 속박에서 풀려난 자신의 경험을 상기하고자 남의 속박을 풀어줘야 함과 같은 이치였다. 우리가 자기 죄를 깨닫고, 얼마나 많은 사면을 얻었는지를 깨닫는다면, 그리고 이 파격적인 용서를 다른 이와 나눈다면 하나님이 우리 인생에 그분의 사랑을 차고 넘치게 하실 것이다.

아브라함 주식회사

공동체 문화 안에서 살아가는 독자는 성경의 근본 틀이 아브라함 가족과 그리스도 왕국이라는 집단임을 알 것이다. 서구인에게는 이런 집단주의 문화가 잘 와닿지 않는다. 그러나 비즈니스 세계만 보더라도 공동체적으로 사고하는 문화다. 기업에 취직하면 당신의 이름과 나란히 회사 로고가 박힌 명함 한 통과 때로는 회사 단체 티셔츠를 받기도 한다. 갑자기 당신은 세상을 향한 기업의 얼굴이 되기를 요구받는다. 일을 그르치면 회사의 평판이 실추되고 당신의 평판 역시 실추될 것이다. 궁극적으로 당신은 회사와 공동운명체로 묶였다. 회사가 번창하면 당신도 번창하고 회사가 망하면 당신도 망한다.

어쩌면 우리가 이런 비즈니스 관점으로 하나님과 아브라함의 합작사업인 '아브라함 주식회사' 이야기를 본다면 성경에 더 공감할 수 있을 것이다. 아브라함 주식회사는 신성한 창업주와 '모두를 위한 거룩함과 공의'라는 창업주의 거대한 비전을 홍보할 목적으로 설립되었다.

하나님은 아브라함에게 언젠가는 이 가족 기업이 세상을 바꿀 것이라고 약속하셨다! 어떻게 이런 구멍가게 합작사업이 애굽이란 초대형 기업, 바벨론이란 다국적 기업, 로마라는 무한책임회사 등의 대기업이 맹활약하는 무한경쟁에서 살아남을 수 있을지 상상하기 어렵다. 때로는 첨단 철기 기술을 가진 블레셋 경쟁업체들이 적대적 합병으로 위협해오기도 한다.

이 이야기를 따라가 보면 어떻게 기업 내에서 더 많은 문제가 야기되는지 보인다. 때로는 경영진이 부패했다. 직원들은 '모두를 위한 거룩함과 공의'라는 창업주의 비전을 시장 경쟁사인 바알 주식회사의 인기 상품 '비옥한 농지와 남근男根적 쾌락'으로 대체하고 싶어 한다. 어느 시점에서는 하나님이 기업의 물갈이를 고집하시기도 한다.

마침내 창업주인 하나님이 아들을 보내 대표를 맡게 하시고 회사를 원래 계획대로 정상화하겠다고 약속하신다. 그러나 이사회는 하나님의 계획에 반대하고 도리어 아들을 쫓아낼 계책을 꾸민다. 어떻게 이 작고 지리멸렬한 신생기업이 하나님의 창대한 비전을 달성할까? 소름 돋는 기업 스릴러물 속에서 스스로 찾아보길 바란다.

구원 투수를 기대하다

우리의 개인주의는 복음서의 중대한 이슈인 하나님의 언약 가족, 즉 이스라엘을 간과하게 한다. 내가 여기서 사용하는 '이스라엘'은 현대

국가나 정치 단위, 혹은 한 민족에 대한 관조적, 역사적 호칭이 아니다. 여기서 나는 성경 이야기의 주인공인 '아브라함 가족' 차원에서 말하고 있다.

우리는 아기 예수의 출생과 성전 봉헌을 둘러싸고 이 주제가 거듭 제기되는 것을 본다. 요한의 아버지 사가랴가 "찬송하리로다. 주 이스라엘의 하나님이여 그 백성을 돌보사 속량하시며"(눅 1:68)라고 첫 찬양을 올린다. 시므온 역시 신생아 예수를 보고 기쁨에 겨워 "이방을 비추는 빛이요 주의 백성 이스라엘의 영광"(2:32)을 보내주신 하나님을 찬양한다. 모든 사람의 초점은 하나님이 그의 언약 가족인 이스라엘 백성을 위해 하신 일에 맞춰진다.

시간을 건너뛰어 엠마오 도상의 예수님께로 가보자. 글로바와 일행이 몰두했던 문제는 "이 사람이 이스라엘을 속량할 자"(24:21)라고 바랐던 희망이 좌절된 것이었다. 하나님이 이스라엘 팀을 승리로 이끌 구원투수를 보내신다는 희망이 그들에겐 있었다. 예수님이 글로바에게 주신 결론은 "하나님이 보내신 거 맞아!"였다. 하지만 이 일은 글로바가 쉽사리 알아듣지 못할 방식으로 일어났다. 이에 관해서는 추후 더 다루기로 한다.

예수님의 유대 제자들과 함께 '거기 있으라'를 하려면 어떤 의미에서는 이스라엘을 당신의 가족처럼 애지중지하며 눈여겨보아야 한다. 놀라운 은혜를 입어 당신 가족은 하나님이 세상에 자신을 계시하기 위해 택하신 언약 당사자가 되었다. 당신의 가족이 번창하면 하나님의 권능이 드러난다. 억압을 당하면 하나님도 실패자처럼 보인다. 하나님의 운명은 당신의 운명과 하나로 묶여 있다. 세상이 진정한 창조주이신 이스라엘의 하나님을 초라하고 한심한 신으로 본다는 것에 당신은 경악과 충격을 금하지 못한다. 언제쯤 하나님이 세상의 참 왕으로 인정받게 되실까? 가족이 돌을 숭배하는 우상숭배자의 압제를 받는 것을 볼 때마다 당신은 매일 고통스럽다. 자신만을 위해서가 아니라 하나님의 명성이 진창에 굴러다니고 있기 때문이다.

우리는 메시아가 막강한 군사 지도자 혹은 진정한 다윗의 아들로 오실 것이라고 기대했던 당시 사람들을 쉽게 비난한다. 하지만 그들 편에서 생각해보라. 그들은 세상에 하나님의 통치가 확립되기를 고대하고 기도했다. 대적과 전쟁을 치르지 않고 어떻게 이 일을 이룰까? 하나님은 애굽에서 민족을 속량하실 때도 바로의 추격군을 전멸하시는 군사적 방법을 쓰지 않으셨던가. 고대사회 전체가 이 출애굽 소식을 듣고 두려움에 떨었다. 하나님이 다시 똑같이 행하실 것이라는 선지자들의 약속이 속출했다. 언제, 대관절 언제, 하나님이 스스로 하신 말씀을 성취하실까?

물론 예수님은 아주 다른 방식으로 백성을 속량하시려고 오셨다. 그래서 이스라엘의 많은 사람과 특히 지도자들이 예수님을 거부했다. 그럼에도 어떤 이들은 예수님을 하나님의 메시아로 받아들였다. 바울과 다른 유대 신자들에게는 하나님이 언약 가족의 일부만 구원하시고 전부를 구원하시지는 않는다는 사실은 생각만으로도 고통스러웠다. 바울은 마음속의 큰 애통과 그치지 않는 번뇌로 슬퍼했고 차라리 형제들 대신 자신이 저주를 받았으면 좋겠다고 생각했다(롬 9:2-3).

이것이 바울이 로마 교인들에게 로마서를 쓸 때의 절박한 화두였다. 모든 유대인이 하나님의 메시아를 영접하지 않는다는 것은 충격이었다. 게다가 하나님이 이방인을 자신의 백성으로 입양하시고 시내산에서 이스라엘 백성에게 주신 가족 언약을 받아들이지 않더라도 성령 충만까지 허락하셨다는 것은 놀랍기 그지없는 일이었다. 파격적이며 실로 충격적인 상황 전개였다.

한 사람이 모두를

앞서 영어의 '유'you는 복수형이 드러나지 않아 성경 본문이 집단에게 하는 말을 놓치는 일이 많다고 했다. 사실 성경에서 단수형 '너희'를 쓸 때도 전체에 집단적으로 말하는 경우가 많다. 무리 중 각 사람에게 개인적으로 말하는 것이 아니라 그들을 한데 묶어 모두에게 말하는 것이다. 고로 영어 '유'에 복수형이 있더라도 여전히 놓치는 게 있다. "너는 마음을 다하고 뜻을 다하고 힘을 다하여 네 하나님 여호와를 사랑하라"(신 6:5)는 유명한 계명 역시, 사실은 이스라엘이란 '인격'에게 주신 계명이다. 그러니까 이스라엘이 한 민족으로서 마음을 다하여 하나님을 사랑해야 한다는 것이다.

조상의 이름이 집단과 호환적으로 사용되기도 했다. 가령, "대접으로 포도주를 마시며 귀한 기름을 몸에 바르면서 요셉의 환난에 대하여는 근심하지 아니하는 자로다"(암 6:6)가 그 예다. 여기서 '요셉'은 요셉의 두 아들 에브라임과 므낫세에게서 나온 (앗수르에게 멸망한) 북왕국 지파를 가리킨다.

한 민족의 조상이나 지도자는 종종 전체 집단과 하나로 그려진다. 창세기 28장 14절에서 여호와 하나님은 야곱에게 약속하셨다. "네 자손이 땅의 티끌같이 되어 네가[단수형] 서쪽과 동쪽과 북쪽과 남쪽으로 퍼져나갈지며 땅의 모든 족속이 너와 네 자손으로 말미암아 복을 받으리라." 흡사 야곱 자신이 퍼져나갈 것처럼 들린다.

유대인 학자 마이클 피쉬베인은 이것은 "그들은 다 함께한 사람이다"라는 이미지라고 말한다.[8] 한 집단을 향해 마치 그 집단이 한 사람인 것처럼 말하는 방식은 특히 신명기와 이사야서에 흔하다. 이와 유사하게 신약도 우리에 관하여 "한 몸" 또는 "그리스도 안에 있다"라는 말을 사용한다. 바울이 "사망이 한 사람으로 말미암았으니 죽은 자의 부활도 한 사람으로 말미암는도다"(고전 15:21)라고 가르쳤을 때도 같은 논리였다. 혹자는 이 공동체적 정체성이 신약시대에 새롭게 도입된 것으로 보는데, 이는 이스라엘의 성경 전반에 녹아 있는 공동체적 정체성을 몰라서 하는 말이다.

자비라는 비논리적 논리

C. S. 루이스의 《사자와 마녀와 옷장》(시공주니어 역간)을 기억하는가? 이야기의 절정에서 하얀 마녀는 에드먼드가 가족의 배반자라는 이유로 그의 생명을 요구한다. 그녀는 '깊은 마법'이라는 논리로 모든 배반자는 죗값으로 생명을 박탈당해야 한다면서 에드먼드를 죽이려 했다. 이때 그리스도의 표상인 사자 아슬란이 소년 대신 자신의 목숨을 내어놓았다가 부활한다. 왜 그랬냐는 질문에 아슬란은 말한다.

> 하얀 마녀가 모르는 더 깊은 마법이 있지… 어떤 반역도 저지르지 않은 자발적인 희생자가 배반자 대신 죽임을 당하면 '[심판의] 테이블'에 금이 가고 '사망' 자체가 거꾸로 작동하기 시작하지.[9]

나니아의 '더 깊은 마법', 즉 한 사람의 죄가 다른 사람의 희생으로 사함받을 수 있다는 발상은 대속적 죄 사함에 대한 기독교적 이해와 일치한다. 우리는 결백한 한 사람이 죄인에게 자비를 베푸는 것을 당연시한다. 그러나 잘 생각해보면 이는 상당히 비논리적이다. 누군가가 호의를 베푼 것으로 당사자가 아닌 다른 사람에게 감사하지는 않는다. 그러나 우리는 하나님이 단 한 사람의 의로움으로 많은 죄인을 용서하신다는 발상에 익숙해졌다.

자칫 이 발상이 신약의 발명품이라고 생각할 수도 있다. 다른 이로 인해 자비를 베푼다는 발상은 히브리어 성경에 그 선례가 있을까? 흥미롭게도 유대 학자들이 발견한 선례들이 히브리어 성경에도 있다. 많은 사람은 이 자비로운 '신적 비논리'를 구약에서 두루 발견했고 이것을 유대교의 중요한 원리로 본다. 학자들은 토라와 히브리어 성경을 면밀히 탐구하는 과정에서 종종 그리스도인이 놓친 미묘한 주제들을 발견했다.

나훔 사르나는 일찍이 소돔의 멸망에서 롯이 구원받은 창세기 19장에서 이 패턴을 발견했다. 롯은 소돔의 죄가 관영한 것을 알면서도 일부러 소돔으로 이주했다. 그는 도시의 지도층 인사가 되었고 딸들이 그 도시 사람과 통혼하는 것까지 허용했다. 롯은 소돔 사람처럼 부패하진 않았지만, 하나님이 롯을 구하신 것은 롯 자신의 의로움 때문이 아니었다. 성경은 "하나님이 아브라함을 생각하사 롯을 그 엎으시는 중에서 내보내셨더라"(창 19:29)고 한다. 하나님이 롯을 재앙에서 건져 내신 것은 아브라함 덕분이었다. 즉, 롯이 아니라 아브라함의 신실함에 대한 응답이었다. 사르나에 의하면,

이 '공로 교리'는 성경에 심심치 않게 등장하는 주제다. 이를 뒷받침하는 여러 사건을 보면, 택함받은 개인의 의로움이 다른 개인이나 심지어 한 집단 전체를 살려내는 보호력을 발휘한다.[10]

조상의 공로 덕분에

이와 연관된 발상은 '조상의 공로'를 뜻하는 제쿠트 아보트*zechut avot*다. 이는 하나님이 선조인 아브라함, 이삭, 야곱의 공로로 말미암아 이스라엘 백성에게 특별한 자비를 보이신다는 것이다.[11] 그들은 이것이 선대 가부장들에 대한 하나님의 약속과 하나님이 자기를 사랑하는 자에게는 천대에 이르도록 죄 사함을 베푸신다고 모세에게 하신 약속에서 비롯된다고 본다(출 34:6-7 참조). 광야에서 패역한 이스라엘 백성을 용서해달라고 하나님께 간청할 때 모세는 조상들에게 하신 약속을 상기시켰다(출 32:13, 신 9:27). 미가 7장에서도 하나님의 자비는 가부장에 대한 언약과 연결되어 있다.

> 주와 같은 신이 어디 있으리이까
> 주께서는 죄악과 그 기업에 남은 자의 허물을 사유하시며
> 인애를 기뻐하시므로
> 진노를 오래 품지 아니하시나이다.
> 다시 우리를 불쌍히 여기셔서
> 우리의 죄악을 발로 밟으시고
> 우리의 모든 죄를 깊은 바다에 던지시리이다.

주께서 옛적에 우리 조상들에게 맹세하신 대로

야곱에게 성실을 베푸시며

아브라함에게 인애를 더하시리이다(미 7:18-20).

심지어 바울도 로마서 11장 28-29절에서 같은 발상을 언급한다. "…택하심으로 하면 조상들로 말미암아 사랑을 입은 자라. 하나님의 은사와 부르심에는 후회하심이 없느니라." 그러나 세례 요한은 청중에게 조상의 공로로 죗값을 대신할 수 있다고 착각하지 말라며 회개를 촉구했다. "속으로 아브라함이 우리 조상이라고 생각하지 말라. 내가 너희에게 이르노니 하나님이 능히 이 돌들로도 아브라함의 자손이 되게 하시리라"(마 3:9).

유대인이 죄 사함을 위해 기도하는 로쉬 하샤나(새해)와 욤 키푸르(대속죄일)의 초점은 아케다*aqeda*, 즉 '이삭의 결박' 이야기다. 유대인들은 창세기 22장에서 하나님의 요구에 자발적으로 이삭을 희생제로 바친 아브라함 이야기를 아케다라고 한다. 놀랍게도 일부 전통 기도문에는 하나님을 그토록 지극히 사랑하여 아들까지 바치길 마다하지 않았던 조상, 아브라함을 위해 용서를 구하는 기도가 있다. 또 기꺼이 희생제로 자신을 바쳤던 이삭을 위해 자비를 구하는 간구도 있다! (그들은 이삭이 번제에 필요한 장작을 스스로 옮길 정도였다면 얼마든지 연로한 아버지를 힘으로 제압할 수 있었다고 본다. 기꺼이 희생제가 되려는 이삭의 자발성이 이 이야기의 뚜렷한 주제라고 본다.)[12]

이 기도들은 대놓고 그리스도라는 이름을 밝히진 않는다. 하지만 유대인의 히브리어 성경 해석은 타인의 의로운 공로로 죄인이 하나님에게 죄 사함을 구할 수 있다는 발상이 가능함을 뒷받침한다.

예수님의 초대 제자들은 히브리어 성경과 그 해석에 정통했다. 그들은 분명 "많은 사람의 죄를 담당하며 범죄자를 위하여 기도"(사 53:12)한 자에 관해 말한 이사야서를 알았을 것이다. 예수님의 희생으로 그를 믿는 자의 죄가 대속된다는 발상은 제자들에게서 시작한 것이 아니었다. 제자들은 이것이 처음부터 끝까지 성경을 관통하는 발상임을 알았다. 이에 관해서는 뒤에서 더 심도 있게 살펴볼 것이다.

왕국 복음

또한 개인주의자들은 '왕국'이라는 단어를 어렵게 여긴다. 예수님은 쉬지 않고 왕국에 관해 전하셨다. 나도 예전에는 '왕국'이란 단어가 '공동체'를 가리킨다는 사실을 모르고, 이것이 매우 이국적이고 추상적인 발상이라고만 여겼다. 왕국은 하나님과 그분이 구속하시는 사람 전체와의 관계를 묘사하는 단어다. 우리는 복음서에서 '복음'이란 단어를 찾을 때 구원에 관한 개인적 메시지를 찾는다. 그러나 예수님은 백성을 '통으로' 속량하신다는 차원에서 말씀하셨다.

생각해보라. 앞에서 살펴본 대로 '그리스도'가 '하나님이 세우신 왕'이라는 뜻이라면, 그리스도가 사람들의 집단인 왕국을 통치하신다는 의미를 내포한다. '그리스도를 영접한다'는 것은 '그 왕국에 들어간다'는 것이며 이는 본질상 복수형 행위다. 그리스도의 지상 사역의 주된 초점은 하나님이 한 백성 전체를 속량하시기 위해 이 땅에서 하시는 일을 선포하는 것이었다.

일찍이 2000년대 초 뱀파이어 장르 소설로 베스트셀러 작가가 된

앤 라이스가 자신이 그리스도인이 되었다는 발표를 하면서 파문을 일으킨 일이 있었다. 하지만 그녀는 몇 년 못 가 다양한 사회 현안에 대한 의견 불일치로 교회를 떠난다고 발표했다. 그러나 그녀는 하나님은 여전히 믿는다고 다짐했다.

만일 구원의 공동체적 속성을 이해한다면 이것이 불가능함을 알 것이다. 왕국을 등지며 왕을 등지지 않을 순 없다. 당신이 모든 사안에서 많은 이와 의견이 엇갈리며 결코 교회의 문지방을 밟지 않는, 아무 일도 안 하는 고독한 구성원일지라도 당신은 여전히 당신 행위와 무관하게 그리스도의 몸의 일부다.

바울은 영적 은사를 가지고 다투는 고린도 교인들에게 인체에 관한 기발한 생체학 수업을 한다. 그는 익살스럽게 하나의 거대 안구로 이뤄져 듣지도 못하고 냄새도 못 맡는 몸, 엄청나게 큰 귀로만 이루어진 몸을 예시로 든다. 몸에 온갖 종류의 다양한 기관이 필요한 것처럼 모든 이가 동일한 은사를 가질 순 없다.

나의 자매 모린은 I형 당뇨 환자라서 더 이상 콩팥이 인슐린을 생성하지 못한다. 그녀는 수시로 당 수치를 확인하기 위해 손끝을 찔러 채혈하고 스스로 인슐린 주삿바늘을 주입해야 한다. 한 입 분량의 음식이라도 조심해야 하며 이 피곤한 일상을 하루라도 거를 수 없다. 탈진한 모린이 나에게 하는 말이다. "로이스, 내 콩팥을 대신해서 일하는 게 너무 힘들어." 그녀의 무단이탈 장기는 나머지 몸에 그만한 부담을 던져 놓았다.

미국인은 개인주의로 인해 사유화된 신앙으로 갈수록 취약해지고 있다. 점점 많은 사람이 교회 출석이 무익하다면서 이탈하기로 마음먹는다. 몸 안의 많은 조직과 장기가 떠나버린 결과 교회의 나머지 몸은 그 빈자리를 메우느라 버거워한다. 이만하면 교회가 제 기능을 못하는 것도 당연하지 않은가?

'우리식 사고'가 가르쳐주는 바는?

우리가 개인주의로만 살아갈 것 같지만 실은 우리도 상당히 빈번하게 집단주의 사고를 한다. 나는 이것을 '저들식 사고'they-thinking로 부른다. 이는 한 집단이 마치 한 덩어리로 생각하고 움직이는 것처럼 집단의 모든 구성원을 한통속으로 보는 것이다. 황당하게 들리지만 우리는 분이 날 때 이런 식의 사고를 심심치 않게 않다. 고정관념과 인종차별은 '우리'와 '저들'을 가르는 악한 유형의 집단적 사고의 산물이다.

비극적 일례가 그리스도인이 오랜 세월 유대인에게 부여한 '그리스도의 살인자'라는 명예훼손적 비방이다. 왜 수천 년 전 일어난 살인으로 오늘을 사는 유대인을 고발하는가? 이 비방은 전 집단이 이음새 없는 단일체로 움직이고 있음을 전제로 한다.

우리의 역사 속에서 반유대주의가 얼마나 만연했는지 실상을 안다면 그리스도인은 크게 놀랄 것이다. 이런 태도로 우리는 예수님에 관한 소중한 통찰을 볼 수 없게 되었다. 어찌해야 할까?

반응은 여러 가지로 나온다. 개인주의자는 "내가 한 일이 아니니까 내 문제가 아니야"라고 본다. '저들식 사고'를 하는 사람들은 교회가 스스로 유대 뿌리를 잘라낸 것이 죄라고 격분한다. 혹자는 유대 민족을 고발하는 데 사용했던 것과 똑같은 죄책으로 교회를 고발한다. 그러고는 분개하며 교회를 떠난다. 그리스도의 제자로서 자신도 그 '집단'의 일부라는 사실을 잊은 채 말이다.

내가 발견한 최고의 대응은 '우리식 사고'we-thinker였다. 그들은 "과거의 사람들과 나는 연결되어 있고 우리가 유대인을 박해한 것을 애통해한다"고 말한다. '우리식 사고'를 하는 자들은 물을 것이다. "어떻게 우리가 변하도록 도울 수 있을까? 내 그리스도인 지체들과 이 풍성한 유산을 공유하려면 어떻게 해야 할까?"

말씀이 말씀을 부른다

: 서로를 끌어당기는 구절들

누가복음 4장에서 누가가 젖힌 예수님의 공생애 커튼 뒤로는 안식일에 나사렛 회당에서 이사야서를 낭독하시는 예수님을 볼 수 있다. 누가의 설명에 따르면 예수님은 매주 회당의 기도와 성경 봉독 모임에 평생 참석하셨고, 이제 그 모임은 공생애 사역의 일상적 배경이 될 것이다. 바울 역시 회당에서 전도 대상자를 찾았다. 회당은 철저하게 성경 중심으로 운영되었다. 일반인은 성경을 낭독하고 설교하는 것을 듣고자 회당에 모였다.

예수님과 바울의 사역 환경인 회당에 관해 살펴보자. 그 현장에서 우리가 수집할 단서들이 얼마나 많은지 알면 아마 놀랄 것이다.

사도행전 13장 15절에서 율법(토라)과 선지서(네비임)를 봉독한 바울은 회중에게 강론해달라는 청을 받는다. 현대에 유대 회당을 방문한 적이 있다면 이 전통이 오늘날까지 이어지고 있음을 알 것이다. 이천 년이 넘게, 그리고 오늘날까지도 회당의 봉독 전례는 '율법과 선지서'를 주축으로 한다.

수 세기 동안 전통 유대 관습은 매주 토라를 낭독하여 1년 만에 완독하는 것이었다. 네비임(선지서와 역사서)에서 발췌한 내용도 봉독한 토라의 주제와 맞으면 봉독했다. 토라 구절은 파라샤*parashah*(복수는 파라쇼트*parashot*)라고 하며, 네비임 낭독은 '완성'을 뜻하는 하프타라*haftarah*(복수는 하프타로트*haftarot*)라고 한다. 회당 예배 중에는 토라 전체를 봉독하지만 네비임은 토라 낭독을 보완할 목적으로 선별했기에 부분적으로만 봉독한다. 선지서를 읽은 후 이 구절을 가지고 설교나 강론을 나눈다. 만일 당신도 나처럼 전례적 전통 속에서 자랐다면 매주 단락별로 성경을 소리 내어 봉독하는 습관에 익숙할 것이다. 그리스도인의 이 관행은 고대 회당의 유산이다.

세계 전역에 있는 회당은 매주 같은 본문을 낭독한다. 고로 세계 어디를 가든 동일한 성경 구절이 유대인의 머릿속에 있다. 이 리듬을 타는 패턴은 유대인의 삶에 깊이 뿌리내리고 있다. 이스라엘의 세속 달력에도 해당 주에 읽을 파라샤(토라) 본문이 기재되어 있다. 성경공부는 너무도 일상화되어 은행에서 받은 공짜 달력에도 주마다 공부할 성경 본문이 적힌 나라를 과연 상상할 수 있는가?

정통파 회당에서는 지난 15세기 동안 매년 같은 일독표에 따라 매주 성경을 봉독했다.[1] 신명기 낭독을 마치는 날엔 큰 잔치를 베푸는데 '토라의 기쁨'이란 뜻의 '심하트 토라'*Simchat Torah*라고 부른다. 거창한 몸짓과 분위기로 두루마리를 들고 회당을 행진한 후 신명기의 마지막 단어를 읽는다. 그리고 곧바로 창세기의 첫 단어를 읽는다. 이는 단 한 순간도 성경 밖에서 보내선 안 된다는 메시지다. 그들의 정서를 압축적으로 보여주는 유명한 격언이 있다.

> 들춰라, 들춰라, 모든 것이 이 안에 있으니. 묵상하며 함께 늙어가며 백발이 되라. 말씀을 등지지 마라, 이보다 나은 것은 없으니.[2]

더 오래된 회당 전통의 증거

표준화된 일독표를 따라 매년 토라를 일독하는 것은 주후 400-500년경으로 거슬러 올라가는 유구한 전통이다. 주후 500년경 쓰여진《바벨론 탈무드》*Babylonian Talmud*에 이 관행이 언급된다. 그러나 초기 유대 저술엔 이 관행에 대한 언급이 없다. 고로 주후 500년 이전의 관습은 약 1세기 전만 해도 미지의 영역이었다.

1946년 사해 두루마리가 발견되었다는 소식을 들었을 것이다. 그러나 이보다 50년 앞서 이집트 카이로에서 발견된 또 다른 기념비적 히브리어 본문에 관해서는 금시초문일지 모른다. 1896년, 천 년 전 연대의 유대 문서 30만 건이 한 회당의 게니자*genizah*(회당의 고문서 보관실)에서 발견되었다.

발견된 문서 중에는 여러 점의 회당 일독표가 있었다. 발견자들이 가장 놀랐던 대목은 이 표들이 그들에게 잘 알려진 기존의 연간 일독표가 아니라 그 이전 연대의 이스라엘, 북아프리카, 이집트 고대 회당의 전통이었다는 것이다. 이 일독 전통은 적어도 주후 1100년까지 이

어졌다.[3]

연구자들은 봉독문 목록을 검토한 결과, 현대의 토라 봉독 전례가 이 옛적 전통에서 비롯되었음을 알 수 있었다. 이 일독표는 토라 본문을 기존 일독표처럼 약 50개가 아니라, 150-170개의 본문으로 쪼갰다. 이는 완독하는 데 3년 반 정도 걸리는 분량이다. 바벨론에서 이스라엘로 여행하던 한 고대인은 이스라엘의 회당에서 1년이 아닌 3년마다 '심하트 토라'를 열어 축하하고 마을마다 축하하는 때가 다르다는 말을 했다. 이 발언은 일독표의 길이가 제각각이었다는 사실과 함께 바벨론에서 1년 주기가 도입되기 전까지는 봉독 전례가 동기화되지 않았음을 시사한다. 예수님과 바울이 여행하며 가르칠 때 마을마다 다른 본문을 마주했을 수도 있다.

연구자들이 발견한 가장 놀라운 사실은 토라 봉독문은 거의 변함이 없었지만, 선지서의 하프타라 봉독문은 완전히 달랐다는 것이다. 현대 전례에서 토라 봉독문은 역사적 내러티브에서 선택하고 이를 이스라엘의 어떤 역사적 사건과 연결한다. 예를 들면, 다음과 같다.

토라: 창세기 1장	세상의 창조
하프타라: 이사야 42:5-43:10	하나님은 세상의 독보적 창조주시다
토라: 창세기 47:28-50:26	야곱이 아들들에게 남긴 유언
하프타라: 열왕기상 2:1-12	다윗왕이 솔로몬에게 남긴 유언
토라: 출애굽기 13:17-17:16	미리암이 홍해에서 부른 노래
하프타라: 사사기 4:4-5:31	드보라의 승리의 노래
토라: 레위기 12:1-13:59	산후 정결례와 피부병
하프타라: 열왕기하 4:42-5:19	나아만의 나병 치료

초기의 3년 주기 전통의 주안점은 이스라엘의 과거가 아닌 미래였다. 거기서 하프타라 봉독의 초점은 영광스러운 미래의 왕국과 다가올 메시아 시대에 관한 하나님의 약속이었다. 매주 회당에서 봉독문은 사람들에게 이런 질문을 던졌다. 하나님이 세우실 지상 왕국은 어떤 모습일까? 하나님의 궁극적 계획 안에서 이스라엘의 이야기는 어떻게 전개될까?

그들은 주중에 창세기 1장의 창조 이야기를 묵상하고 더불어 이사야 65장의 새 창조에 관해 읽었다.

> 보라 내가 새 하늘과 새 땅을 창조하나니
> 이전 것은 기억되거나
> 마음에 생각나지 아니할 것이라. …
> 이리와 어린 양이 함께 먹을 것이며
> 사자가 소처럼 짚을 먹을 것이며
> 뱀은 흙을 양식으로 삼을 것이니
> 나의 성산에서는 해함도 없겠고
> 상함도 없으리라.
> 여호와께서 말씀하시니라(사 65:17, 25).

창세기 11장의 바벨탑 사건에서 언어가 혼잡해진 내용을 읽은 주에는 스바냐 3장 9절의 약속을 읽었다.

> 그때에 내가 여러 백성의 입술을 깨끗하게 하여
> 그들이 다 여호와의 이름을 부르며

한 가지로 나를 섬기게 하리니.

출애굽기 34장 27-35절에서 모세가 언약판을 들고 시내산에서 내려오는 내용을 읽은 주에는 예레미야 31장 32-39절, 즉 하나님이 백성과 새 언약을 맺으신다는 내용을 읽었다.

그러나 그날 후에 내가 이스라엘 집과 맺을 언약은 이러하니 곧 내가 나의 법을 그들의 속에 두며 그들의 마음에 기록하여 나는 그들의 하나님이 되고 그들은 내 백성이 될 것이라. 여호와의 말씀이니라(렘 31:33).

산후 정결례에 관한 레위기 12-13장을 읽을 땐 이사야 9장 6절을 함께 읽었다.

이는 한 아기가 우리에게 났고
한 아들을 우리에게 주신 바 되었는데
그의 어깨에는 정사를 메었고
그의 이름은 기묘자라, 모사라, 전능하신 하나님이라,
영존하시는 아버지라, 평강의 왕이라 할 것임이라.

왜 그랬을까? 선지서 본문은 하나님의 미래 속량에 관해 약속하는 구절에서 골랐기 때문이다. 이사야 9장은 다윗의 왕좌에 좌정하여 영원한 왕국을 다스릴 자에 관한 출생의 비전을 그리고 있다. 그들은 여러 회당에서 아이를 출산한 산모에 관한 규례를 읽을 때 동시에 메시아의 출생을 고대했다.

서로가 자석처럼 끌어당긴 구절들

그리스도인은 초기의 회당 일독표에 나오는 큰 주제가 하나님의 미래 속량이라는 사실을 놀랍게 여긴다. 이것은 예수님이 방방곡곡 다니시며 하나님의 왕국이 자신의 공생애 중에 임했다고 전하신 것과도 맞아떨어진다.

특히 주목할 대목은 거의 절반 남짓한 선지서 봉독문이 구속과 갱신의 약속에 초점을 맞춘 이사야서, 그중에서도 40-66장이었다는 점이다.[4] 예수님 역시 이사야서 40-66장에서 즐겨 인용하셨다. 누가복음 4장에서 예수님이 회당에서 낭독하신 본문은 이사야 61장이었고, 마태복음 5장의 팔복 설교는 이사야 55-57장과 이사야 66장 인용으로 넘쳐난다. 바울이 가장 즐겨 인용했던 책 역시 이사야였다.

신약시대에는 어떤 일독표가 사용되었는지 우리가 알 수 있을까? 학자들은 토라 본문은 미리 정해져 있었지만 하프타라 본문은 봉독자의 선택에 맡겼다고 본다. 일독표는 예수님 후대에 도입되었지만, 그 모태는 예수님 시대의 봉독 관행이었다. 당시 토라 본문의 봉독자는 예언서에서 일정 부분을 선택하여 강론했다. 다양한 학식 수준의 회당원(또는 방문 교사)이 돌아가며 토라를 봉독했다. 토라 본문에 맞고 좋은 설교거리가 될 하프타라를 선택하는 것은 연사(봉독자)의 몫이었다.

선지서 본문을 선정하려면 상당한 성경 지식을 갖추어야 했다. 봉독자는 토라에 대해 지혜롭거나 심오한 논평을 해야 했고, 보통 하프타라 본문은 도입부에 토라 본문 도입부와 같은 키워드를 공유하는 것으로 골랐다. 하프타라 본문은 보통 미래의 구속 약속으로 끝났고 희망찬 분위기로 마치기 위해 중간에 몇 절씩 건너뛰기도 했다.

창세기 1장 1절을 살펴보자. "태초에 하나님이 천지를 창조하시니라." 이를 공명하는 구절이 이사야 65장 17절이다. "보라 내가 새 하늘과 새 땅을 창조하나니." 나머지 구절, 이사야 65장 17-25절은 새롭게 된 창조세계에서 이리와 어린 양이 함께 풀을 뜯고 창세기의 저주받은 창조세계가 역전되는 환상을 묘사한다.

어떤 토라 본문에는 자주 연결되는 선지서 본문이 있었다. 토라 본문과 선지서 본문은 서로를 '자석처럼 끌어당겼다.' 세월이 흐르며 연사들은 특정 연결 구절을 거듭 낭독했고 가장 인기 있는 구절은 후대에 정식 일독표로 편성되었다. 비록 봉독문은 수 세기 후에야 고정되었지만 많은 선지서 본문이 전부터 특정 토라 구절과 연결되었다.

놀랍게도 이 '자석화'된 연결점은 신약에서도 예수님과 바울의 말씀에 더러 등장한다.[5] 가령 3년 주기 일독표는 창세기 16장과 이사야 54장 1-10절을 짝지어 놓았다. 창세기 16장은 불임 때문에 하갈을 통해 자식을 낳으려는 사라 이야기다. 이사야 54장은 그런 사라의 슬픔에 종지부를 찍을 종말론적 희망을 제시한다.

> 잉태하지 못하며 출산하지 못한 너는 노래할지어다.
> 산고를 겪지 못한 너는 외쳐 노래할지어다.
> 이는 홀로 된 여인의 자식이
> 남편 있는 자의 자식보다 많음이라.
> 여호와께서 말씀하셨느니라(사 54:1).

우리는 갈라디아서 4장에서 바울이 이 두 구절을 동일하게 연결하는 것을 본다. 바울은 사라/하갈 이야기로 시작한 다음 이 이야기를 이사야 54장의 예언과 결부시켜 이방인이 '아브라함의 아들'이라는 자신의 논증을 뒷받침한다. 사람들은 종종 바울의 논리를 어려워하며 왜 그가 유대인을 사라의 애굽 여종 하갈에 빗댔을까, 혹시 바울이 반유대주의 정서를 품은 건 아닐지 이상하게 생각했다. 그러나 이제 많은 학자가 창세기 16장/이사야 54장의 연결점을 논의에 도입한 것은 매우 유대적인 방식이었다고 본다. 바울 이전 시대부터 회당에서는 두 구절을 연결했기 때문이다.[6]

예수님에 관한 하프타라

흥미롭게도 3년 주기 일독표는 그리스도 시대보다 두어 세기 후에 도입되었지만, 그 모태는 갈릴리였다고 보는 학자들이 있다. 갈릴리는 수준 높은 종교학 연구의 중심지였고 유대 문학의 최고 랍비 중에는 갈릴리 출신이 꽤 있었다.[7] 그들의 대가다운 설교 구성은 뛰어난 학문성과 해박한 성경 지식의 방증이다.

그런데 갈릴리의 선생들은 번역이 아니라 히브리어 성경 원어로 작업했다. 그들은 성경의 구절을 공통의 독특한 히브리어 문구로 연결하는 게제라 샤바* 기법으로 하프타라 본문을 종종 선택했다. 그들이 히브리어 성경이 아닌 아람어 역본(타르굼*targum*)으로 공부했다고 알고 있는 독자에게는 이 점이 의외일 것이다. 이스라엘 바깥에서는 구약

* *gezerah shavah*, 랍비 힐렐의 '일곱 가지 해석 원칙' 중 하나로 동일한 단어나 구절이 들어 있는 두 성경 본문이 서로를 해석할 수 있다는 원칙. 서로 다른 구절에서 발견되는 언어적 유사성에 근거하여 어떤 구절에 있는 불확실한 단어의 의미를 다른 구절에서 분명하게 확인 가능한 의미에 따라 검토하고, 그 불확실성을 제거하는 해석 방법—편집자

성경을 칠십인역으로 불린 헬라어 역본으로 읽었지만, 갈릴리 회당에서는 늘 히브리어로 읽었다.[8]

학자들은 예수님이 어떤 본문으로 설교하셨는지 추측하는 건 불가능하다고 본다. 그러나 그 시절 전례에서 메시아 왕국이 그토록 두드러진 주제였다는 사실 하나만으로도 기독교 독자들은 관심이 갈 것이다. 이스라엘의 선지자들이 마치 토라의 주석가라도 되는 것처럼, 학자들은 토라 각 구절이 미래에 어떻게 실현될지를 살피며 토라와 선지서를 읽었다는 증거가 있다. 예수님 역시 이런 식으로 성경을 가르치셨을 게다. 예수님이 하나님 나라의 도래를 전하셨음을 생각하면 이는 그럴싸한 추측이다.

예수님에 관한 메시아 예언도 일독표에 포함되었을까. 가령 메시아가 동정녀에게서 난다는 이사야 7장 14절은? 예수님이 낭독하셨던 이사야 61장 1-2절, "여호와께서 내게 기름을 부으사…"는? 베들레헴에서 통치자가 태어날 것이라고 한 미가 5장 2절은? 장차 나귀 탄 왕이 예루살렘에 입성하리라는 스가랴 9장 9절은? 회당 일독표에는 이런 구절들이 있을까?

마음의 준비를 하는 게 좋겠다. 오늘날 사용되는 일독표에는 이 예언들이 포함되어 있지 않다. 2004년 유대인 학자 하나넬 맥은 이스라엘 신문에 일독표 본문을 검토한 내용을 토대로 "예수의 하프타라는 어떻게 되었는가?"란 글을 게재했다.[9] 그는 일독표엔 다분히 의도성이 엿보이는 패턴이 있다는 결론을 내린다. 예수가 그리스도라는 메시지로 신약에서 인용된 구약 구절은 하나같이 회당 봉독문에서 의도적으로 빠졌다는 것이다.

자신들의 유대 뿌리를 연구하는 그리스도인은 이 사실을 그 자체로 하나의 교훈으로 받아들여야 한다. 유대교에 대한 적개심으로 교회는 풍성한 지식 기반을 잃어버렸음에 충격을 받는다. 그러나 유대교 역시 가만히 앉아 당하고 있지만은 않았다. 그리스도인이 예수님의 유대 뿌리를 잘라내는 동안 유대인은 예수님을 잘라냈다. 그리스도인은 예수님에 관한 유대 문헌을 읽을 때 결코 중립적인 견해를 기대해서는 안 된다.

유대인의 전례에서 예언적 약속을 축소하는 일독표가 도입되기 시작한 것은 주후 4세기부터였다. 이 시기에 콘스탄틴 치하에서 기독교의 유대인 박해가 극에 달했다는 것은 단지 우연의 일치일까? 그리스도인이 유대 뿌리를 베어낸 것과 동시에 회당은 다가올 메시아에 관한 예언을 입막음하기 시작했다.

요셉의 아들, 메시아

카이로의 게니자에서 발견된 3년 주기 일독표조차 다소 세탁된 느낌이 든다.[10] 그러나 봉독문을 검토해보면 예수를 믿지 않는 유대인조차 예언자들이 그린 하나님의 옛 약속의 성취를 찾아 성경을 읽었다는 흔적이 엿보인다.

3년 일독표의 몇몇 봉독문은 시사하는 바가 크다. 특히 요셉의 이야기에서 발췌한 본문이 그렇다. 일례로 창세기 39장 1-6절을 보자. 여기서는 처음과 끝부분만 인용하겠다.

> 요셉이 이끌려 애굽에 내려가매 바로의 신하 친위대장 애굽 사람 보디

> 발이 그를 그리로 데려간 이스마엘 사람의 손에서 요셉을 사니라. 여호와께서 요셉과 함께하시므로 그가 형통한 자가 되어 그의 주인 애굽 사람의 집에 있으니… 요셉은 용모가 빼어나고 아름다웠더라(39:1-2, 6).

여기에 할당된 선지서 구절은 애굽에서 이스라엘 백성이 압제당한 것과 구해주시겠다는 하나님의 약속을 상기하는 이사야 말씀(52:3-53:5)이다. 이렇게 시작한다.

> 여호와께서 이와 같이 말씀하시되 너희가 값없이 팔렸으니 돈 없이 속량되리라. 주 여호와께서 이와 같이 말씀하시되 내 백성이 전에 애굽에 내려가서 거기에 거류하였고(52:3-4).

이사야 봉독문의 첫 절은 요셉의 운명을 이스라엘과 결부시킨다. 둘 다 애굽으로 내려가 종으로 팔렸다. 그런데 이사야 52장 10절은 그 다음 출애굽 장면을 묘사하며 어떻게 하나님이 일어나 응답하실지를 말한다. 그리고 이에 덧붙여 이제 하나님이 장차 무대에 등장할 신비한 '종' 캐릭터를 통해 뭔가 더 큰일을 행하실 것이라고 한다.

> 보라 내 종이 형통하리니
> 받들어 높이 들려서 지극히 존귀하게 되리라.
> 전에는 그의 모양이 타인보다 상하였고
> 그의 모습이 사람들보다 상하였으므로
> 많은 사람이 그에 대하여 놀랐거니와
> 그가 나라들을 놀라게 할 것이며

왕들은 그로 말미암아 그들의 입을 봉하리니
이는 그들이 아직 그들에게 전파되지 아니한 것을 볼 것이요
아직 듣지 못한 것을 깨달을 것임이라(사 52:13-15).

이것을 통해 우리는 수 세기 동안 유대 회중이 이사야의 '고난받는 종'에 비추어 요셉 이야기를 읽었다는 것을 알 수 있다. 짤막한 창세기 봉독문은 요셉이 "용모가 빼어났다"는 말로 끝난다. 이는 "그의 모양이 타인보다 상하였고 그의 모습이 사람들보다 상했다"는 이사야 52장 14절과 의도적인 대조를 이룬다.

뒤이은 이사야 봉독문이다.

그는 실로 우리의 질고를 지고
우리의 슬픔을 당하였거늘
우리는 생각하기를 그는 징벌을 받아
하나님께 맞으며 고난을 당한다 하였노라.
그가 찔림은 우리의 허물 때문이요
그가 상함은 우리의 죄악 때문이라
그가 징계를 받으므로 우리는 평화를 누리고
그가 채찍에 맞으므로 우리는 나음을 받았도다(사 53:4-5).

1세기 후 회당에서 '고난받는 종'에 관해 낭독할 때 사람들은 요셉을 떠올렸다. 요셉의 사연을 돌아보자. 형제들의 미움을 받았던 요셉은 자신을 죽이려는 형들에 의해 구덩이에 갇혔다가 돈 때문에 애굽에 노예로 팔려갔다. 그는 애굽에서 강간 누명을 쓰고 12년간 지하 감

옥에 투옥되었다. 요셉은 형제들의 원한 어린 행동으로 구덩이에 빠졌고 애굽에 끌려갔고 지하 감옥에 갇혔다. 그러나 바로의 꿈을 해석한 후 장기간의 흉년 동안 전 애굽을 호령하는 자가 되었다. 요셉의 도움이 없었다면 그의 가족은 기근 중에 아사했을 것이다. 사실 요셉은 형제들만 구한 게 아니라 여러 나라를 구했다.

유대 전통은 선지자들이 다윗 왕좌에서 다스릴 왕족 출신의 승리하는 왕과 이스라엘의 죄를 대속할 '고난받는 종', 두 가지 비전을 모두 그렸다는 사실로 늘 갈등했다. 두 메시아가 있어 한 메시아는 죽고 다른 메시아가 통치한다는 설화도 있었다. 고난받는 자는 종종 '메시아 벤 요셉'(요셉의 아들 메시아)으로 불렸고 통치자는 '메시아 벤 다윗'(다윗의 아들 메시아)으로 불렸다. '요셉의 아들 메시아'는 이사야 52-53장을 요셉 스토리에 비추어 읽은 데서 비롯된 것으로 보인다.

두 인물을 한 인물로 병합할 수 있을까? 다시금 일독표를 보면, 회당에서 요셉이 애굽에서 투옥된 이야기를 읽고 몇 주 후 창세기 41장의 바로가 애굽의 통치자로 요셉을 임명한 내용을 읽었다. 이 단락은 바로의 질문으로 시작한다. "이와 같이 하나님의 영에 감동된 사람을 우리가 어찌 찾을 수 있으리요"(41:38). 이 본문에 해당하는 선지서 봉독문은 다음과 같이 시작하는 이사야 말씀(11:2-16)이다.

> 그의 위에 여호와의 영
> 곧 지혜와 총명의 영이요
> 모략과 재능의 영이요
> 지식과 여호와를 경외하는 영이 강림하시리니
> 그가 여호와를 경외함으로 즐거움을 삼을 것이며(사 11:2-3).

이는 이사야의 메시아 왕에 대한 찬란한 비전의 시작이다. 이 구절은 이사야의 그 유명한 "이새의 줄기에서 한 싹이 나며" 예언에서 가져온 것이다. 장차 영광스러운 새 세상을 다스릴 다윗의 왕이 오신다는 예언이다.

회중은 이사야 52-53장에 비추어 요셉의 고난을 읽었고, 수주 후 이사야 11장에 비추어 요셉의 애굽 통치를 읽었다. '요셉의 아들 메시아'도 언젠가는 통치자가 되지 않을까?

3차원으로 읽기

: 본문의 메아리에 귀 기울이기

해를 거듭하여 성경을 반복적으로 읽으면 많은 이야기에 익숙해지고 소소한 디테일도 훤히 꿰게 된다. 문장의 사소한 방향 전환까지도 낱낱이 기억에 저장될 것이고, 읽다가 특이한 단어가 다시 나오면 눈여겨볼 것이다.

본문에 면면히 흐르는 주제를 알아볼 안목을 갖출 것이며 어떻게 앞선 사건이 훗날의 사건을 예견하는지 들을 귀를 갖게 된다. 그들은 룻의 이야기를 룻의 가족사에 비추어 보고, 조상들이 오래전에 행했던 장면을 후손이 재현하는 것을 본다. 그들은 낱낱의 이야기에만 초점을 맞추지 않고 여러 구절을 통해 울려 퍼지는 소소한 메아리를 듣는다.

여기 한 가지 사례가 있다. 노아는 홍수에서 가족을 구하기 위해 테바*tevah*(방주)를 지었고 모세의 어머니는 아들을 사망에서 건져내기 위해 아들을 물 위의 테바(요람)에 넣었다. 테바란 단어는 오직 이 두 내러티브에만 사용되었다. 아울러 모세와 노아 둘 다 자기 민족을 물 심판에서 구원한 속량자들이었다. 이 많은 연결점은 히브리어에서는 여실히 드러나지만, 번역본에서는 찾기 어렵다.[1]

이런 식으로 성경을 공부하는 게 합당할까? 구약이 저술된 시대는 구술 중심의 사회였고 의미를 강조하기 위해 반복법을 쓰며 후대의 사건을 선대의 사건에 비추어 묘사함으로써 상호 연결점을 강조했다. 이것은 구술 문화에서 의미를 암호화하는 방식이었다. 반복적으로 이야기를 듣고 각 문구를 속속들이 알면 이 암호적인 방식이 훨씬 귀에 잘 들어온다. '종적縱的' 방식으로 창조 기술의 디테일을 묵상한 사례를 살펴보자. 창세기 1장 2절을 보자.

> 하나님의 영[루아흐]은 수면 위에 운행하시니라.

이 한 줄에 담긴 의미는? 여기서 성경은 우리에게 무슨 이야기를 하는 걸까? 현대의 독자는 이 구절을 과학적 관점에서 살피는 게 보통이다. 그들은 당장 우주의 창조 시점에 왜 '물'이 있었는지를 고민한다. 그러나 수천 년간 성경 독자들은 그런 논의에는 일말의 관심도 보이지 않았다.[2]

1세기 독자의 관점에서 살펴보자. 하나님의 영이 태곳적 물 위를 운행했다는 이 구절을 그들은 어떻게 이해했을까? 그들은 이 이미지를 이해하기 위해 후대의 성경 본문을 관통하는 메아리에 귀 기울였을 것이다. 그들은 성경을 종적으로 연구했을 것이다. 히브리어 루아흐는 '영'도 되고 '바람'도 되기에 금세 머릿속에서는 창세기 8장 1절을 떠올렸을 것이다.

> 하나님이 노아와 그와 함께 방주에 있는 모든 들짐승과 가축을 기억하사 하나님이 바람[루아흐]을 땅 위에 불게 하시매 물이 줄어들었고.

다시금 하나님의 바람/영이 물 위로 부는 것을 주목하라. 많은 랍비는 최초 창조 장면의 재현은 하나님이 홍수 후 실질적으로 세상을 재창조하셨음을 의미한다고 주장한다. 창조 장면에 등장한 깊은 곳의 물은 노아의 홍수 중에 터져 인류의 피 흘림으로 저주 아래 놓인 땅을 깨끗하게 했다. 하나님의 '바람'이 물 위로 불었고 세상을 재창조했다.

하나님이 물 위로 바람을 보내시는 모습은 홍해가 갈라진 이야기에도 나온다.

> 모세가 바다 위로 손을 내밀매 여호와께서 큰 동풍이 밤새도록 바닷물을 물러가게 하시니 물이 갈라져 바다가 마른 땅이 된지라(출 14:21).

다시금 창조 중이신 하나님을 본다. 하지만 이번엔 이스라엘 민족을 창조하신다. 이것은 이스라엘 백성이 기적적으로 애굽에서 해방되었던 절정의 순간이었다. 시편엔 건국 시점의 이 기념비적 장면을 노래하는 시가 많다(일례로 시 78:13을 보라). 이 장면엔 또한 홍수와 유사한 물 심판 발상이 포함되어 있다. 하나님의 대적은 물로 망했지만, 하나님의 백성은 털끝 하나 안 다치고 빠져나왔다.

루아흐가 사람 위에 임할 때

유대 독자들은 하나님의 루아흐를 물이 아닌 사람 위에서도 발견했다. 하나님은 이스라엘에 지도자를 세우실 때마다 자신의 영인 루아흐로 그를 충만케 하셨다. 다윗에 관한 말씀이다. "사무엘이 기름 뿔병을 가져다가 그의 형제 중에서 그에게 부었더니 이날 이후로 다윗이 여호와의 영[루아흐]에 크게 감동되니라"(삼상 16:13). 사울에게도 이런 일이 일어났고 그는 잠시나마 예언을 함으로써 모든 이를 놀라게 했다(10:10). 기드온, 입다, 삼손 같은 사사들에게도 동일한 장면이 반복적으로 재현된다. 모세가 이스라엘을 지도하는 일에 조력할 칠십인 장로를 세웠을 때를 보자.

> 여호와께서 구름 가운데 강림하사 모세에게 말씀하시고 그에게 임한 영을 칠십 장로에게도 임하게 하시니 영이 임하신 때에 그들이 예언을 하다가 다시는 하지 아니하였더라(민 11:25).

지도자가 되려면 필히 하나님의 영을 받아야 하는 것처럼 보인다. 이 점에 비추어 이사야의 예언 가운데 다윗의 나무에서 나온 '가지' 예언을 보자.

> 이새의 줄기에서 한 싹이 나며
> 그 뿌리에서 한 가지가 나서 결실할 것이요
> 그의 위에 여호와의 영
> 곧 지혜와 총명의 영이요

모략과 재능의 영이요

지식과 여호와를 경외하는 영이 강림하시리니(사 11:1-2).

이사야 선지자는 하나님의 영이 지극한 방식으로 그 위에 머무를 왕이 메시아라고 선포했다. 메시아는 잠시 예언하고 말 것이 아니라 초자연적 지식과 총명과 모략으로 충만할 것이다. 가장 중요한 사실은 그가 여호와를 향한 경외로 충만할 것이란 점이다. 그야말로 그리스도의 이야기로 들리지 않는가?

흥미롭게도 이 구절을 창조 장면과 연결한 랍비가 있다. 창세기에 관한 초기의 한 랍비 주석은 "'하나님의 영이 운행하셨다'는 것은 '여호와의 영이 그 위에 강림하신다'는 뜻임을 암시한다"[3]라고 했다. 창조세계 위를 운행하시던 동일한 하나님의 영이 메시아 위에 머무르실 것이다. 이런 사고는 부분적으로는 하나님이 구속에 관해 자주 말씀하셨던 "새 하늘과 새 땅을 창조하리라"는 약속을 기억해낸 것이다. 메시아는 새 창조세계를 영광 중에 다스리실 것이다. 그렇다면 창세에 물 위로 불어온 루아흐가 메시아 위에 머무르리라고 예견된 그 루아흐라고 보는 것은 충분히 일리 있는 이야기다.

운행하는 영

하나님의 루아흐가 물 위로 '운행했다'는 것에 주목한 랍비 현인들이 꽤 있다. 바람은 여기서 저기로 불지 운행하지는 않는다고 생각할 수 있다. '운행했다'hovered로 번역된 동사 메라헤페트*merahefet*는 그리 일상적인 단어는 아니다. 그 뜻은 날갯짓하는 새처럼 '너풀거리다' 또는 '유영하다'이다. 창조 때 하나님의 영은 불어온 것이 아니라 공중을 유영하며 새끼를 유심히 살피는 독수리처럼 물 위를 너풀거리셨다.

> 마치 독수리가 자기의 보금자리를 어지럽게 하며
> 자기의 새끼 위에 '너풀거리며'
> 그의 날개를 펴서 새끼를 받으며
> 그의 날개 위에 그것을 업는 것 같이
> 여호와께서 홀로 그[이스라엘]를 인도하셨고
> 그와 함께한 다른 신이 없었도다(신 32:11-12).

이 새로운 이미지를 보면서 하나님의 루아흐가 물 위를 너풀거렸던 또 다른 장면이 사연스럽게 떠오른다. 바로 예수님의 요단강 세례 사건이다. 이번엔 하나님의 루아흐가 비둘기처럼 예수님 위에 강림하신다. 창조세계 위를 운행하시던 성령이 이제 하나님의 기름 부은 왕, 그리스도 위에 강림하신다.

> 예수께서 세례를 받으시고 곧 물에서 올라오실새 하늘이 열리고 하나님의 성령이 비둘기같이 내려 자기 위에 임하심을 보시더니 하늘로부터 소리가 있어 말씀하시되 이는 내 사랑하는 아들이요 내 기뻐하는 자라 하시니라(마 3:16-17).

과거에 하나님은 아담을 창조하시고 생기로 가득 채우신 다음 이 마지막 창조 작품이 '심히 좋았다'라고 하셨다. 이제 영이 예수 위에 내리자 하나님의 음성이 다시 기쁨의 표현을 발한다. "이는 내 사랑하는 아들이요 내 기뻐하는 자라."

셋째 날에 임한 구속

성경의 반복되는 메아리에 귀 기울이며 성경을 해석하는 습관은 예수님이 엠마오 도상에서 말씀하신 내용에도 빛을 조명한다. 그 유명한 호세아의 구속 약속에 관한 한 랍비의 평을 살펴보자.

> 오라 우리가 여호와께로 돌아가자.
> 여호와께서 우리를 찢으셨으나 도로 낫게 하실 것이요
> 우리를 치셨으나 싸매어 주실 것임이라.
> 여호와께서 이틀 후에 우리를 살리시며
> '셋째 날에 우리를 일으키시리니'
> 우리가 그의 앞에서 살리라(호 6:1-2).

호세아는 이스라엘 백성의 죄를 책망했고 백성은 자신이 하나님의 징계로 고통당하고 있음을 알았다. 그러자 호세아는 여호와께로 돌아가자고 호소하며 하나님의 용서와 치유가 곧 임할 것이라는 은혜로운 약속을 발한다. 이 메시지는 백성에게 하나님이 분노하시는 중에도 용서하길 원하신다는 희망을 심었다. 오늘은 하나님의 분노로 끔찍했지만, 내일은 나아질 것이고 머지않아 새로운 삶이 시작될 것이다.

호세아의 말에 비추어 성경을 묵상한 랍비들은 '셋째 날'에 구속이

임했다는 내용을 여러 곳에서 발견했다.

- 아브라함이 이삭을 제물로 바치라는 하나님의 명령에 순종했을 때 본문은 "제삼 일에 아브라함이 눈을 들어 그곳을 멀리 바라본지라"고 한다(창 22:4).
- 하나님이 시내산에서 이스라엘을 부르셨을 때 하나님은 "셋째 날 아침에" 나타나셨다(출 19:16).
- 요셉은 형들을 감옥에 가둔 후 "사흘 만에… 너희는 이같이 하여 생명을 보전하라"고 했다(창 42:18).
- 요나는 "밤낮 삼 일을" 물고기 뱃속에 있다가 구원받았다(욘 1:17).

랍비들은 이렇게 논평했다. "거룩한 자여, 그의 이름을 송축할지어나. 의인이 삼 일보다 더 길게 고통받지 않게 하소서."[4] 랍비들은 고지식하게 문자적으로 날짜를 계수하지 않았다. 그들은 암호와 예언의 메커니즘을 발견하려 하지 않았다. 그들은 성경적으로 구속은 종종 '제삼 일에' 임한다는 말을 한 것이다. 유대 학자 핀차스 라피드가 유대적 사고에 관해 쓴 글이다.

> "제삼 일에"는 날짜나 시간 계수와는 아무 상관이 없고 성경적으로 훈련된 귀를 위해 이틀간의 고통과 사망 후 구속을 통해 계시되는 하나님의 자비와 은혜를 가리키는 선명한 지시어다.[5]

라피드는 이 지시어가 누가복음 24장 46-47절, "이같이 그리스도가 고난을 받고 제삼 일에 죽은 자 가운데서 살아날 것과 또 그의 이름으로 죄 사함을 받게 하는 회개가 예루살렘에서 시작하여 모든 족속에게 전파될 것이 기록되었으니"라고 하신 예수님 말씀을 조명한다고 본다. 히브리어 성경 어디를 봐도 이 구절이 문자 그대로 기록된 구절은 없다. 그러나 다들 "셋째 날에 우리를 일으키시리니"라는 호세아의 약속이 성경 전체를 관통하고 있음을 알았다.

3차원 안경 쓰기

어떻게 선대의 본문이 후대의 본문을 조명하는가, 어떻게 후대의 사건이 선대의 사건을 반복하고 공명하는가, 이것에 촉각을 곤두세우며 '삼차원'적으로 성경을 읽는 것은 지극히 유대적인 방식이다. 우리는 고대 문학 전반에 걸쳐 이 유대적 방식이 사용된 증거를 발견한다. 이 방식은 미래에 대한 하나님의 약속에 비추어 토라를 읽는 3년 일독표의 요체이기도 하다.

그리스 사상가들은 이런 읽기 방식이 답답할 정도로 부정확하고 엉뚱한 억측으로 귀결될 가능성이 크다고 생각했을지도 모른다. 이는 어느 정도 맞는 말이기도 하다. 하지만 유대인은 성경을 반복적으로 읽었고 내러티브를 통으로 접근하며 회고적 관점에서 연결점을 이어갔음을 유념해야 한다. 랍비들은 본문에 대한 방대한 배경지식을 토대로 패턴과 선례를 끄집어냈다. 사실 그들은 이렇게 사고한다. "하나님은 어떻게 행하시는가? 음, 성경에서 거듭 반복되는 패턴을 볼까. 하나님이 또다시 이런 방식으로 행동하시지 않을까?"

랍비의 통찰은 때로는 한 구절을 한계점까지 잡아 늘이기도 한다.

하지만 그들은 히브리어 성경의 저자들이 의미를 표현하기 위해 상당히 의도적으로 사용했던 반복적인 문구와 뉘앙스에 대해 독특한 민감성을 지니고 있었다. 간혹 우리가 놓친 것을 그들이 발견할 수도 있지 않을까?

서구 그리스도인이 성경의 많은 연결점을 놓친 것은 수준 높은 연구를 위해 습관적으로 성경을 추상개념으로 압축한 탓도 있다. 우리는 비록 성경에는 삼위일체라는 용어가 한 번도 등장하지 않지만, 삼위일체를 논하는 데 많은 시간을 들인다. 분명 성경 전반에 걸쳐 성부, 성자, 성령이 등장하신다. 그러나 우리는 루아흐가 장면에서 장면으로 어떻게 흘러갔는가를 추적하기보다는 추상적 개념 정의로 하늘을 찌를 듯한 신학적 마천루를 건축하길 더 좋아한다.

신학적 진리에 관한 명제논리는 성경과 정렬할 때 위력을 발휘한다. 패턴과 반복과 관련한 히브리적 감수성으로 본문 안에서 중요한 주제를 끄집어낼 수 있다. 둘 다 성경 증거에 부합하면 유익하지만, 성경 증거에서 일탈하면 단순한 억측으로 전락한다.

비유로 성경 읽기

선대 본문들과의 상호작용(본문상호성 intertextuality)에 비추어 신약을 연구하는 것은 기독교 학자들에게는 상당히 새로운 영역이다. 현재 학계에서는 이 분야에 상당한 관심을 보인다. 내가 본 장을 집필할 당시 〈크리스채너티 투데이〉가 듀크 신학대학의 신약학 교수, 리처드 헤이즈의 《복음서에 나타난 성경의 메아리》*Echoes of Scripture in the Gospels*를 올해의 책으로 선정했다.[6] 헤이즈는 지금까지 성경 비유적 읽기의 가치에 관한 책을 세 권 집필했다. 비유적 성경 읽기란 어떻게 선대 사건이 후대 사건의 '예표'prefigure가 되는지에 유념하여 성경을 읽는 것이다. 헤이즈가 에리히 아우어바흐를 인용하여 내린 정의는 이러하다.

> 비유적 해석은 두 사건 또는 인물 중 전자가 자체적 상징성을 가질 뿐 아니라 후자에 대해서도 상징성을 띠며, 후자는 전자와 연결되거나 전자를 성취한다는 식으로 두 사건이나 인물 사이에 연결점을 정립하는 것이다. 비유의 두 극점은 시간적으로 분리되지만 둘 다 실제 사건이나 인물이라는 시간성temporality 안에 있다. 둘 다 역사적 삶이라는 흐르는 강물 안에 담겨 있으며 오직 그 상호의존성의… 이해만이 영적 행동이다.[7]

독자는 구약에서 그리스도의 '유형'type 찾기와 같은 오래된 성경연구법인 유형론적 연구법을 알고 있을 것이다. 가령 이삭은 아버지가 자발적으로 희생제로 내어준 아들이라는 점에서 그리스도의 '유형'이다. 요셉은 가족을 대속하기 위해 고난받았다는 점에서 그리스도의 '유형'이다.

무슨 차이일까? 과거에 일부 그리스도인은 구약을 '유형'과 '그림자'의 집합에 불과한, 즉 그리스도의 도래를 예견하는 것 외엔 별다른 목적이 없는 빈 껍데기로 여기며 구약을 폄하했다. 그리고 기독교 교회는 구약을 홀대했다. 서구 그리스도인은 그들의 헬라적 논리를 그릇 적용하여 본문을 이리 비틀고 저리 눌러 예수님이 성취하실 예언으로 몰아갔다. 예언의 쇼핑 리스트를 작성한 다음 예수가 그리스도라는 물샐 틈 없이 완벽한 증거를 구축할 목적으로 목록에서 하나씩 지워 나가는 식이다.

히브리어 성경이 마치 '예고편으로' 쓰여진 것처럼 그 의미를 찾기 위해 미래만 들여다보며 읽어선 안 된다. 비유적 읽기는 어떻게 과거의 사건들이 신약의 예표가 되었는지를 '회고적으로' 읽기를 강조한다. 히브리어 성경을 보는 유대인에게 더 민감해지기 위해서다. 우리는 구약을 단순히 신약을 예측하기 위해 기록된 것으로 보지 않는다. 동일한 현상이 '구약 안'에서도 벌어지기 때문이다.

하나님이 선지자를 통해 많은 약속을 하신 것은 맞지만, 진심으로 이스라엘 백성을 사랑하셨고 그들의 현 상황을 두고 말씀하셨음을 잊어선 안 된다. 선지자들의 주된 관심사는 당대 현안에 응답하는 것이었다. 노아의 방주는 모세의 방주 '예고편'이 아니다. 창세기에 나온 물 위를 운행하는 영은 왕들과 메시아 위에 강림한 영을 '예견'하지 않는다. 우리는 이런 것들을 '회고적으로' 발견한다. 마찬가지로 선대의 성경적 선례에 비추어 그리스도의 생애를 보면 훨씬 와닿는다.

구약을 예견 모드로 읽으려는 압박을 받지 않는다면 우리는 구약에서 그리스도에 대해 더 많은 방식으로 가르치고 있음을 발견할 수 있다. 예레미야는 사실 종교 지도자들을 꾸짖으며 당대의 성전 파괴를 예언했다. 그의 인생에 일어난 여러 사건은 그리스도의 사건들을 예견하지 않지만, 그것들의 예표가 되었다. 그리스도의 예언적 사역을 회고적으로 보면 그 안에 예레미야의 사역이 보인다. 종종 상호조명할 때 둘 다 더 잘 보인다.

태아의 초음파를 본다고 생각해보자. 비전문가의 눈에 초음파 화면은 어지러이 춤추다가 모여드는 덩어리들의 혼란스러운 집합으로만 보인다. 전체적으로 보면 이 혼란스러운 이미지가 출생 전 아이를 미리 엿볼 수 있는 예고편을 제공한다. 숙련된 전문인의 눈으로 보면 아이가 어떤 모습일지 더 잘 상상할 수 있다. 당시엔 아무것도 모르겠지만, 부모 역시 아기가 태어난 후 초음파 사진을 보면 신생아의 독특한 개성을 뚜렷이 볼 수 있다. 마찬가지로 본문을 3차원적으로 투시하며 그리스도가 태어나기 오래전에 성경 속에 있는 그리스도의 형상을 볼 때 그리스도가 눈에 더 잘 들어온다.

제3부

그분이 성경을 풀어주실 때

족보 이야기가 왜 그렇게 중요한가

: 가족이 진짜 정체성

성경 역자들은 간혹 충격적인 이야기를 들려준다. 이스라엘에서 히브리어 수업을 들을 때 필리핀 사역을 앞두고 어학 공부를 하러 온 성경 역자를 만났다. 어느 날 그가 굉장히 인상적인 경험을 들려주었다. 필리핀의 한 언어 집단을 위해 번역한 마태복음 예비 역본에서 번역자들이 '낳고 낳고'를 누락했다고 한다. 선교사들은 한시라도 빨리 복음을 나누고 싶어 했기에 족보가 별로 중요하지 않다는 생각에 이 부분을 생략한 것이다. 번역자들은 관심을 분산하는 무의미한 명단으로 마태복음을 시작하는 것이 어리석다고 생각했다.

그런데 신약 완역본이 배포된 후 "예수님이 진짜 사람인가요?"라고 묻는 이가 한둘이 아니었다. 최초의 독자들은 복음이 마법적이고 허구적인 영웅에 관한 설화라고 생각했다. 그들의 사고로는 혈족이 없는 예수가 실존 인물일 리 만무했다. 선대가 있다는 것은 성경 저자들만큼 그들에게도 결정적이었다. 세계의 많은 문화권에서 혈통은 모든 정체성의 출발점이다.

서구 사회의 초신자는 처음 성경을 펼칠 때 도덕적 교훈이나 철학을 마주하리라 기대할지도 모른다. 그런데 막상 성경을 펼치면 하나님이 택하신 가족의 장구하고도 굴곡진 서사가 나온다. 성경에서 얼마나 많은 하위 플롯plot이 독자가 성경의 가족 중심 논리를 숙지한 상태라는 전제 위에서 진행되는지 알면 아마 놀랄 것이다. 가족은 구약의 중심이다. 신약에서도 급성장하는 유대 신자들 중심의 초기 예수교 운동에 이방인을 편입시킬지 여부 등 중요한 여러 논란의 중심에는 가족이 있었다. 고대인의 가족관과 함께 그들에게 이 주제가 어떻게 전개되었는지를 파악하면 성경을 처음부터 끝까지 파악하는 데 도움이 된다.

내가 자랄 때 다닌 교회는 구약과 특히 '낳고 낳고'에 별 관심이 없었다. 구약은 그저 둔중하고 시대착오적인 전화번호부 책 같았다. 우리가 거부감을 느낀 또 다른 이유는 성경 가족들은 워드와 준 클리버(전형적인 미국식 백인 가족을 지칭하는 대명사 – 편집자)가 아니었다는 데 있었다. 고대의 일부다처제와 축첩이 오늘날 우리가 따라야 할 모범이라고 믿지는 않더라도 성경 사회는 어떤 식으로 생각했는가를 파악하는 일은 중요하다. 고대 관행이 당신의 입맛에 맞진 않을지라도 그 관행은 성경의 구속사 이야기를 떠받드는 문화적 태도에 기초하기 때문이다. 가족 관계가 고대사회가 이해하는 인생의 요체였음을 살피지 못한다면 굵직한 성경의 주제를 많이 놓치게 될 것이다.

역사상 대부분 사람은 오늘날 서구인보다 성경의 가족 강조에 관해 훨씬 더 이해도가 깊다. 가족은 사회의 토대를 이루는 근간이다. 역사상 전통 문화권은 대가족 관계가 사회 조직의 기본 얼개였다. 그런데 서구 개인주의자인 우리는 원래 성경의 독자라면 당연하게 여겼을 성경의 이 확연한 주제를 받아들이기 어려워한다.

부전자전

'아들'을 뜻하는 히브리어 '벤'*ben*은 성경에서 다목적으로 사용되었고 그 저변에는 특정한 문화적 전제가 깔려 있다. 벤은 문자적인 의미로 아들과 함께 후손을 가리키는 단어로 쓰였다. 그래서 족보에서 여러 세대를 생략하고 비중 있는 조상들만 보고하는 것은 착오가 아니다. 후손을 '아들'이라고 하는 것은 정상적인 일이었다.

고대 근동에서는 아들이 아버지의 직업을 이어받고 아버지가 섬겼던 신을 섬기는 것을 당연시했다. 이 정체성의 상속과 더불어 자녀가 아버지의 성품도 닮는다는 강력한 통념이 있었다. 만일 아버지가 현명하면 후손도 현명할 것이다. 아버지가 호전적이면 후손도 호전적일 것이다. 사과는 나무에서 멀리 떨어지지 않는 법이다. 예수님을 '다윗의 아들'로 칭할 때 예수님은 다윗 계보의 후손이며 다윗처럼 강력한 왕임을 알려준다. 예수님은 "너희 아버지의 아들"에 관해 가르치실 때 이와 동일한 논리를 사용하신다.

> 너희 원수를 사랑하며 너희를 박해하는 자를 위하여 기도하라. 이같이

한즉 하늘에 계신 '너희 아버지의 아들'이 되리니 이는 하나님이 그 해를 악인과 선인에게 비추시며 비를 의로운 자와 불의한 자에게 내려주심이라(마 5:44-45).

우리 아버지는 악인과 선인 모두에게 햇빛과 비를 내리시는 은혜를 베푸신다. 물론 자녀 된 우리는 아버지를 본받아야 한다. 우리를 박해하는 자라도 선대하려고 노력하는 것은 사랑과 인애의 가족 전통을 이어가기 위함이다.

사연 있는 가족일지라도

기억, 역사, 가족은 성경 사회의 씨줄과 날줄이었다. 우리는 이 점을 염두에 두고 성경을 읽어야 한다. 가족의 사연과 가족 간의 관계를 설명하는 일은 사회 전체를 이해하는 데 매우 중요했다. 각 가족 시조의 사연은 그 가족의 핵심 정체성이었다.

난 예전에는 룻기를 단지 시어머니를 잘 봉양하여 좋은 남편을 만난 여자의 이야기로만 알았다. 룻의 가족사와 그 가족사가 더 큰 '통속 드라마' 속에서 어떤 자리를 차지하는지 알기 전까지는 룻기의 가치를 제대로 실감하지 못했다.

성경 시대에 살았다면 우리는 룻이 '모압' 여자라는 가십에 귀를 쫑긋 세웠을 것이다. 우리는 이스라엘 백성이 약속의 땅을 향해 이동하던 고단한 여정에서 모압 백성이 음란과 우상숭배로 그들을 미혹했던 것을 기억한다(수 25:1). 그다음에는 모압 족속의 기원을 보며 롯과 딸들의 그리 점잖지 못한 사연을 기억해 낼 것이다(창 19:30-38). 롯의 딸들은 소돔과 고모라의 멸망을 피해 달아난 후 아버지를 술 취하게 해 임신한다. 신랑감들이 도시에서 떠나기를 거부하다가 죽었기 때문이다. 큰딸이 낳은 모압이라는 이름의 아들이 모압 족속의 조상이 되었다. 고대인의 사고에서 이건 앞뒤가 맞는 이야기였다. 당신의 조상이 부도덕하다면 당신 역시 그럴 가능성이 크다는 것이 그들 사고였다.

이 점을 염두에 두고 룻 이야기를 보자. 룻은 모압 여인이었고 롯의 딸들과 똑같이 자식을 간절히 원하는 과부 신세였다. 나오미는 보아스가 추수 때 밭에서 배불리 먹고 마시고 잠들었을 때 보아스에게 접근하라고 룻에게 일러준다. 그러나 보아스는 룻이 조상들과는 달리 덕스러운 여인이라고 공언했다(룻 3:10). 보아스가 룻과 결혼하여 낳은 아들이 다윗왕의 증조부가 되었다. 게다가 룻은 마태복음 1장 5절에서 그리스도의 계보에 올라가기까지 한다!

고대 독자에게는 이스라엘의 하나님이 이방 여인 룻을 받아들이시고 그녀의 가족사를 깨끗하게 하셨을 뿐 아니라 구속사에서 결정적인 역할을 맡기셨다는 것은 그야말로 충격이었다. 우리 중 부끄러운 가족사나 부도덕한 과거로 고민하는 사람이 있다면 어떻게 하나님이 룻을 속량하시고 기막힌 목적을 따라 그녀를 사용하셨는지를 보고 기뻐해야 할 것이다.

가족이 곧 당신의 정체성이다

마지막으로 자기소개를 했던 때를 생각해보자. 아마 이름 소개 후 가장 먼저 받은 질문은 "무슨 일 하세요?"였을 것이다. 당신은 직업과 직장이라는 이름표로 자신을 소개한 다음, 어쩌면 출신학교와 거주지를 언급했을지 모른다. 많은 사람의 정체성에서 큰 비중을 차지하는 것이 직업이다. 때로는 그게 전부 같기도 하다. 퀴즈쇼 〈제퍼디〉가 어떻게 시작하는지 기억하는가? 한 명씩 스포트라이트를 받으며 출전자가 등장할 때마다 사회자는 쩌렁쩌렁 울리는 소리로 소개한다. 이런 식이다.

> 일리노이 시카고 출신의 외환 딜러…
> 텍사스 댈러스 출신의 도서관 사서…
> 오리건 포틀랜드 출신의 세무사…

각 사람은 직업과 거주지, 이 두 가지로 압축된다. 이제 이것을 소말리아 원주민의 자기소개와 대조해보라. 리자드 카푸시친스키의 《태양의 그림자》*The Shadow of the Sun*에는 이런 내용이 나온다.

> 이 소말리아인은 허름한 텐트 아니면 하늘이 훤히 보이는 노천 길바닥 어딘가에서 태어났다. … 그에게는 가족과 친족과 부족과의 끈으로 정의되는 단 하나의 정체성이 있다. 두 사람이 처음 만나서 하는 첫 질문은 "누구십니까?"이다. 그들은 이렇게 답하기 시작한다.
>
> "전 소바에요, 아마드 압둘라 가문 출신이죠. 무사 아라예 족속 출신이고 더 올라가면 하세안 사이드 부족이 있고 이 부족은 이사크 대부족에 속해 있죠" 등등. 그다음 두 번째 행인이 자신의 뿌리인 계보를 자세히 소개한다. 이 정보 교환은 오랜 시간이 소요되는 중차대한 일이다.

두 개인이 상호 연결점이나 분열점이 있는지, 상대를 포옹할지 칼로 찌를지를 판단하는 중이기 때문이다.

그들의 개인적 유대나 공감대나 적개심은 아무 의미가 없다. 그들의 관계가 호의적일지 적대적일지는 그들이 속한 부족 간의 관계에 달려 있다. 독립된, 독특한 인격을 지닌 인간은 존재하지 않는다. 이 혈통 소속인가 저 혈통 소속인가, 오직 그것만 의미 있다.[1]

가족 정체성으로 한 사람을 규정하는 소바의 현실은 우리로서는 선뜻 상상하기 어렵다. 우리는 가계도가 아니라 개인적 취향과 성취로 자신을 규정한다. 그러나 산업화 시대 이전에는, 믿기 어렵겠지만, 기업이나 개인이 아닌 가족과 부족이 세상을 규정했다. 고대엔 유아 사망, 사고, 질병, 전쟁으로 인한 죽음이 흔한 일이었다. 지속하는 것은 개인이 아닌 가족이었다. 사람들은 가족이라는 더 큰 정체성에 오롯이 자신을 헌신했다.

'나무'라는 가족 메타포가 우리에게 말해주는 바를 보자. 각 개인은 잎을 내고 결실하다가 어느 시점엔 시들어 소멸하는 잔가지와 같다. 그러나 나무는 계속 명맥을 이어간다. 가족이야말로 중요하고 지속하는 것이다.

조상은 당신의 세계를 건설한 이들이고 당신에게 성품과 정체성을 부여한 이들이다. 당신의 자녀는 그것을 이어갈 것이며 노년에 당신을 돌보고, 죽으면 당신을 묻어줄 것이다. 하나님이 복 주신다면 당신에게서 많은 싹이 나와 열매 맺고 거대한 가지로 성장할 것이다. 그래서 메시아를 '가지'라고 말하는 예언이 있는 것이다.

보라. 때가 이르리니 내가 다윗에게 한 의로운 가지를 일으킬 것이라. 그가 왕이 되어 지혜롭게 다스리며 세상에서 정의와 공의를 행할 것이며(렘 23:5).

이새의 줄기에서 한 싹이 나며
그 뿌리에서 한 가지가 나서 결실할 것이요(사 11:1).

이것은 가족이 나무이며 메시아가 다윗 계보의 후손인 '가지'가 되리라는 이미지다. 다윗의 아버지는 이새였고, 고로 메시아는 이새의 계보에서 나온 '싹'이라고 할 수 있다. 이 단어에는 나무를 벤 뒤 밑동에서 곧게 올라오는 긴 싹의 이미지가 있다. 예전에는 이 싹을 가지고 왕의 규와 족장의 지팡이를 만들었다.

이 가족 중심 논리가 성경의 모든 '낳고 낳고' 이면에 있다. 창세기에서 우리는 이스라엘의 가부장들과 만나며 그들 부족이 성장하는 이야기를 읽는다. 각 가족의 모습과 가족 간의 관계에 관한 설명은 사회 전체를 이해하는 데 결정적이다. 그래서 창세기에 각 가족의 시조에 관한 이야기가 그리 많이 나오는 것이다. 그들은 각 가족의 핵심 정체성이었다.

연애물 코너는 어디에 있죠?

어느 서점에 들어가도 열정적인 로맨스로 가득한 '연애물' 코너가 큰 자리를 차지한다. '미스터리'나 '모험' 코너에 가도 어김없이 하위 플롯은 대부분 '연애'다. 어떤 이야기도 연애 없이는 풀어갈 수 없는 듯하다. 이 고독한 영웅은 어떻게 영혼의 반려자를 만나 그 후 오래오래 행복하게 살았다고 하게 될까?

우리 문화는 낭만적 사랑에 최고의 가치를 부여한다. 잘 살려면 '그 사랑을 만나 오래오래 행복하게 살았습니다'를 꼭 해야 한다고 본다. 천생연분을 발견하기 전에는 근심과 자기 회의로 가득 찬 삶이다. 따라서 우리의 문화는 이 '고독에서 구원받은' 이야기에 정서적으로 호응한다.

성경에는 이런 이야기가 거의 없다는 것이 놀랍다. 아가서처럼 성경에도 연정은 있다. 그러나 역사의 상당 기간 결혼은 중매로 이뤄졌다. 자녀의 결혼 상대는 가족이 결정했다. 사랑은 시간이 흐르며 자라는 것이었다. 성공적인 삶의 열쇠는 연인 찾기에 있는 것이 아니라 풍성한 가족을 일구는 것이었고, 이것이야말로 노년의 긍지와 사랑과 지원의 원천이었다.

따라서 성경은 사뭇 다른 감정으로 이루어진 하위 플롯을 거느린다. 바로 '불임不姙에서 구원받은' 이야기다. 이 스토리는 쳇바퀴처럼 되풀이된다. 아브라함과 사라. 이삭과 리브가. 야곱과 라헬. 한나와 엘가나. 엘리자베스와 사가랴. 각자 무자식으로 죽어가는 끔찍한 운명에 처한 사람들이다.

우리는 불임을 실패의 상징으로 보았던 고대사회가 얼마나 부당한지를 지적한다. 하지만 연애의 법칙 역시 혹독한 기준이긴 마찬가지다. 사랑으로 겨루려면 아름답고 매력적이어야 한다. 못생긴 '쑥맥'은 사회 실패자일 뿐이다. 데이트 상대가 없어 거절감을 느꼈던 사람에게 물어보면 알 것이다. 성경 속 여인들은 자신이 속한 문화에서 더 강한 수치심을 느꼈고 우리 문화에서도 마찬가지다. 남녀 모두 기준치 미달이라는 느낌에서 자유롭지 못하다.

이 점을 염두에 둔다면 아브라함의 대하 드라마가 훨씬 잘 이해될 것이다. 그는 하나님을 믿었지만 그와 아내 사라는 자식이 없었다. 하나님은 그에게 하늘의 별보다 많은 대가족을 주시겠다고 복 중의 복을 약속하셨다. 그러나 창세기 15장 2절에서 아브라함은 말한다. "무엇을 내게 주시려 하나이까 나는 자식이 없사오니…." 아브라함의 미래는 암담했다. 가족 기업이 없으니 평생을 허송세월한 셈이었다. 제아무리 종과 가축이 많으면 무얼 하겠는가. 완전한 실패자로 인생을 마감할 텐데.

아브라함과 사라가 손톱을 물어뜯으며 초조하게 아들을 기다렸던 25년의 세월을 감히 상상할 수 있는가? 그다음 하나님이 이삭을 도로 번제로 바치라고 했을 때는 또 얼마나 충격이 컸을까?

후손은 조상과 같은 길을 걸어야 한다는 기대가 있었기에 아브라함은 자녀들에게 하나님을 굳게 붙들라고 믿음을 심어주었고 그 결과 위대한 믿음의 민족이 생겨났다. 이것이야말로 성경 전체를 관통하는 플롯이다. 어떻게 하나님이 아브라함에게 하신 약속을 성취하실까, 그리고 어떻게 이 민족이 전 세계의 복의 근원이 될까? 이것이야말로 예수님의 '낳고 낳는' 이야기의 진짜 출발점이었다. 이것이 유구한 세월에 걸쳐 인류가 반복했던 스토리였다. 아브라함의 확고한 믿음을 따라 하나님은 그에게 열국의 아비가 되는 가장 큰 복을 약속하셨다.

할례는 언약의 '징표'이자 물리적인 기억을 남기는 행위였다. 아브라함 시대부터 지금까지 모든 유대 남성은 의무적으로 할례를 행했다. 이 징표는 우발적으로 선택한 것이 아니었다. 오히려 그 선택은 언약이 아브라함의 '씨'와 이루어졌고, 가족의 각 세대를 통해 계승된다는 사실을 나타낸 것이다. 매번 새로운 자손이 성경 명단에 오를 때마다 하나님이 언약에서 자기 몫을 떠받들고 계심을 알 수 있었다.

왕국의 고자들

최근 들어 많은 그리스도인을 미궁에 빠뜨린 문제가 있다. 왜 성경에는 구약이든 신약이든 동성결혼에 대한 언급이 없을까. 우리는 어떤 문화적 고정관념을 갖고 이 문제를 제기한다. 첫째, 우리는 결혼의 목표가 어떤 낭만적 갈망을 충족하는 것에 있고, 성관계에 합법성을 부여하는 것이 결혼 언약의 목적이라고 본다. 하지만 역사적으로 보면 결혼의 목적은 언약으로 한 가정을 세워 노년에 돌봄을 받고 가족 기업을 이어가는 데 있었다. 불임이 재앙이었던 세상에서 동성결혼은 상상조차 할 수 없는 일이었다.[2]

만일 가정을 꾸리는 것이 그토록 결정적이라면 왜 예수님과 바울은 독신을 인정하셨을까? 분명 예수님은 결혼의 영속성과 관련해 강력한 입장을 취하셨고, 외도 외엔 어떤 이유로도 이혼을 허락지 않으셨다(마 19:3-9). 이 계명을 지키기가 어렵다는 것을 알았던 제자들은 그러려면 차라리 결혼하지 않는 게 낫겠다고, 당시 문화에선 정말 파격적인 생각을 표현했다. 예수님은 제자들의 말에 동의하시면서도 독신으로 부름받을 자는 소수라고 하셨다.

사람마다 이 말을 받지 못하고 오직 타고난 자라야 할지니라. 어머니의 태로부터 된 고자도 있고 사람이 만든 고자도 있고 천국을 위하여 스스로 된 고자도 있도다. 이 말을 받을 만한 자는 받을지어다(마 19:11-12).

여기서 예수님은 '고자'鼓子라는 단어를 사용하여 인생에 의미와 성공을 부여하는 가족과 자녀를 누리지 못하는 사람을 칭하셨다. 예수님은 고자로 타고나거나 다른 이에게 그런 선택을 강요받은 사람도 있지만, 어떤 이들은 하나님을 섬기는 일에 헌신하기 위해 스스로 그 선택을 한다고 하셨다.

이 단어를 사용하실 때 왕실을 염두에 두셨을 수 있다. 많은 왕이 내시를 고관으로 두었다. 이 남자들은 왕을 섬기기 위해 가정을 꾸리는 소망을 포기해야 했다. '고자'라는 단어 자체가 이 함의를 둘 다 가지고 있다. 1세기 즈음엔 단지 성기가 절단된 남자가 아니라 왕실 고관을 뜻하기도 했다(에 2:3, 단 1:3, 행 8:27 참조). 예수님은 이처럼 하나님의 왕국에서 섬기려고 결혼을 포기하도록 부름받은 사람도 있다고 하신 것이다. 우리 문화에서도 충격적인데, 가족 중심 사회였던 그 당시는 이 발상이 얼마나 더 큰 파격이었을까.[3]

신명기 23장 1절은 고자의 성전 출입을 금하기까지 했다. 그런데 예수님은 어떻게 고자를 긍정적인 의미로 말씀하실 수 있었을까? 십중팔구 예수님은 이사야 선지자가 말한 영광스러운 말세 왕국 약속을 생각하셨을 것이다.

여호와께 연합한 이방인은 말하기를
여호와께서 나를 그의 백성 중에서
반드시 갈라내시리라 하지 말며

고자도 말하기를
나는 마른 나무라 하지 말라.
여호와께서 이와 같이 말씀하시기를
나의 안식일을 지키며
내가 기뻐하는 일을 선택하며
나의 언약을 굳게 잡는 고자들에게는
내가 내 집에서, 내 성 안에서
아들이나 딸보다 나은
기념물과 이름을 그들에게 주며
영원한 이름을 주어
끊어지지 아니하게 할 것이며(사 56:3-5).

가계도 확장이 인생 궁극의 의미였던 문화에서 고자는, 잎은 있지만 생명 없는 막대기, 열매 없이 시든 가지가 된다는 의미였다. 그러니 하나님은 한때 다른 신들을 섬겼던 외국인과 심지어 이방 신전에서 섬겼던 고자들까지 환영하신다는 놀라운 약속을 하셨다.

하나님은 놀랍게도 고자에게 "아들이나 딸보다 나은 … 이름"을 주신다고 선언하신다(5절). 여기서 '이름'으로 번역된 단어는 실은 '명망'을 가리킨다(6장에서 상술했다). 인생의 성공, 곧 '명망'은 그가 자녀에게 남긴 기업으로 가늠되었다. 그러나 하나님의 영광스러운 왕국에서 하나님을 섬기기로 택한 자들은 아들과 딸보다 훨씬 오래갈 영원한 기업을 받을 것이다. 하나님은 그들을 자신의 가계도에 접붙이실 것이고 그들은 결코 베임 당하지 않을 것이다.

본 장을 읽는 독자 중에는 깨어진 가정으로 힘들어하거나 미래에 가정을 꾸릴 꿈이 좌절되어 성경의 '가족' 플롯에서 소외된 느낌을 받는 이도 있을 것이다. 나 역시 쉰을 바라보는 나이에 한 번도 결혼하거나 자녀를 가져보지 못한 사람이다. 개인적으로 나야말로 여호와를 섬긴 고자들에게 "아들과 딸보다 나은 이름"을 주시겠다는 주님의 약속을 붙들고 기도해야 할 사람이다.

누가 아브라함의 아들인가?

예수님과 바울 시대 사람들은 누가 '아브라함의 아들'인가를 두고 치열하게 논쟁했다. 한 사람의 구원이 아브라함의 언약 가족에 속하는지의 여부로 결정된다고 이해했기 때문이다. 세례 요한은 족보를 신뢰하지 말라고 사람들에게 경고했다.

> 속으로 아브라함이 우리 조상이라고 생각하지 말라. 내가 너희에게 이르노니 하나님이 능히 이 돌들로도 아브라함의 자손이 되게 하시리라 (마 3:9).

요한복음에서 예수님은 바로 이 주제로 일부 지도자들과 열띤 논쟁을 하셨다.

> 나도 너희가 아브라함의 자손인 줄 아노라. 그러나 내 말이 너희 안에 있을 곳이 없으므로 나를 죽이려 하는도다. 나는 내 아버지에게서 본 것을 말하고 너희는 너희 아비에게서 들은 것을 행하느니라. 대답하여

이르되 우리 아버지는 아브라함이라 하니 예수께서 이르시되 너희가 아브라함의 자손이면 아브라함이 행한 일들을 할 것이거늘 지금 하나님께 들은 진리를 너희에게 말한 사람인 나를 죽이려 하는도다. 아브라함은 이렇게 하지 아니하였느니라. 너희는 너희 아비가 행한 일들을 하는도다(요 8:37-41).

이 대화 이면에는 아브라함이 자신의 조상이므로 '구원받은 자'에 속한다는 발상이 있다. 예수님은 이 관념에 의문을 제기하시며 만일 그들이 아브라함의 자손이었다면 아브라함과 닮아야 하지 않냐고 반문하신다. 오히려 예수님은 그들이 그들의 '아비'인 사단, 곧 '거짓의 아비'를 닮았다고 하신다.

바울도 '아브라함의 자손'인 할례받은 유대인만 구원받는다는 발상을 다루었다. 그리스도인은 전통적으로 바울의 할례 논증이 은혜와 율법주의를 대비한 것이라고 보았다. 그러나 최근 학계의 연구는 하나님이 아브라함 가족 밖에 있는 자들에게 구원을 허락하시는가 여부가 더 관건이라고 시사한다.[4]

1세기의 유대인은 로마제국 내에서 미미한 소수파였고 헬레니즘적 방식을 따르지 않는다는 이유로 많은 이들이 큰 핍박을 감내해야 했다. 그리스도가 오시기 약 150년 전에 유대인들은 하나님께 충성하기 위해 자녀에게 할례를 행한다는 이유로 처형되기도 했다. 유대인은 이방 세계가 잠식해 들어오는 것에 대한 반작용으로 하나님께 신실함을 표현하는 수단인 율법 준수를 크게 강조했고, 이로써 이방인과의 차별화를 꾀했다.

할례받는 것이 중요했던 이유는 할례가 '아브라함의 자손'이며 가족 언약에 속한다는 표시였기 때문이었다. 유대인이 보기에는 온전히 유대교로 개종하지 않은 자를 하나님이 아브라함과 맺으신 언약의 구성원으로 받아들이는 것은 언약을 훼파하는 행위였다.

놀랍게도 바울은 아브라함의 아들이 아니어도 구원받을 수 있다고 하지 않았다. 바울은 '아브라함의 아들'을 재정의하여 '아브라함의 아들' 정의에서 배제된 이방인 집단을 그 정의에 포함하는 식으로 이 사안에 접근했다! 바울은 아브라함도 이방인이었고 그가 하나님의 약속을 받은 것은 할례받기 전에 믿음으로 말미암은 것이라고 지적한다.

> 그런즉 이 복이 할례자에게냐 혹은 무할례자에게도냐 무릇 우리가 말하기를 아브라함에게는 그 믿음이 의로 여겨졌다 하노라. 그런즉 그것이 어떻게 여겨졌느냐 할례시냐 무할례시냐 할례시가 아니요 무할례시니라. 그가 할례의 표를 받은 것은 무할례시에 믿음으로 된 의를 인친 것이니 이는 무할례자로서 믿는 모든 자의 조상이 되어 그들도 의로 여기심을 얻게 하려 하심이라(롬 4:9-11).

아브라함은 원형이자 원천적 본보기라는 의미에서 "무할례자로서 믿는 모든 자의 조상"이다. 아브라함은 자신이 낳지 않은 자들의 '아비'가 되었다! 갈라디아서에서 바울은 유사한 논점을 제시한다.

> 아브라함이 하나님을 믿으매 그것을 그에게 의로 정하셨다 함과 같으니라. 그런즉 믿음으로 말미암은 자들은 아브라함의 자손인 줄 알지어다. 또 하나님이 이방을 믿음으로 말미암아 의로 정하실 것을 성경이 미리 알고 먼저 아브라함에게 복음을 전하되 모든 이방인['고임' *goyim*]이

> 너로 말미암아 복을 받으리라 하였느니라(갈 3:6-8).

바울은 하나님이 아브라함에게 주신 약속의 언어를, 아브라함을 통해 이방인, 즉 '고임'을 축복하신다는 말씀으로 해석한다. 바울은 하나님의 축복이 단지 할례받은 생물학적 후손만이 아니라 세상의 이방인을 위한 것이기도 하다고 말한다. 그러나 이 축복은 아브라함의 가족을 통해서 임한다.

여기서 바울은 예수 그리스도를 믿는 이방 신자들이 참 '아브라함의 아들'이라고 추론했다. 갈라디아서 3장 28-29절에서 바울은 이렇게 결론짓는다.

> 너희는 유대인이나 헬라인이나 종이나 자유인이나 남자나 여자나 다 그리스도 예수 안에서 하나이니라. 너희가 그리스도의 것이면 곧 아브라함의 자손이요 약속대로 유업을 이을 자니라.

회당과 밥상머리 교육

: 성경공부에 푹 젖은 문화

예수와 다른 제자들이 엠마오의 석회 포장도로를 거닐 때 나뭇잎 사이로 반짝이던 햇살이 누그러들었다. 이야기에 집중하느라 아무도 하늘에서 태양이 기우는 것을 눈치채지 못했다. 예수님은 무리를 이끌고 창세기, 신명기, 이사야, 시편, 호세아, 말라기를 등반하셨다. 만일 내가 그들 뒤를 따라가며 유구한 세월을 넘나드는 이 대화를 엿들으려 했다면, 나는 우선 전자성경을 찾으려고 스마트폰부터 꺼냈을 것이다. 그리고 옷자락 밑에서 은밀하고도 빠르게 자판을 두들기며 대화를 따라가느라 동동거렸을 것이다.

어떻게 본문을 앞에 펼쳐놓지 않고도 성경을 공부할 수 있었을까? 얼마 전 바울에 관해 유사한 질문을 제기한 학자들이 있었다. 바울 서

신서는 갖가지 비유와 미묘한 성경 인용으로 넘쳐난다. 성경 암시나 인용이 없는 단락을 찾기 어렵다. 학자들은 바울이 어찌 그럴 수 있었는지 궁금했다. 새로운 도시로 옮겨갈 때마다 수레 가득 두루마리 성경을 싣고 다녔을까? 각 마을의 회당을 찾아 매일 저녁 등잔불 아래에서 두루마리들을 뒤지며 설교 준비를 했을까?

저명한 신약 학자, 에드 샌더스는 자신의 어린 시절 경험을 토대로 이런 가설을 제시했다. 어릴 적 그는 어머니의 영어 교과서에 수록된 서사시를 암송하길 즐겼다. 그가 특히 좋아했던 건 피와 선혈이 낭자한 액션이 속도감 있게 전개되며 운율감까지 뛰어난 시들이었다. 그는 열 살 생일 때 순전히 재미로 "폴 리비어의 한밤의 말타기"를 암송했다.

샌더스의 학교 선생들은 샌더스가 지력을 이렇게 낭비하는 것을 못마땅하게 여겼다. 선생들은 단순 암기가 창의력을 망가뜨리고 지적 성장을 가로막는다고 꾸짖었다. 샌더스는 학교 선생이 수업 중에 이런 말을 한 것을 기억한다. "학생들은 암기하는 게 아니라 어디를 찾아보면 될지만 알면 돼요."

오십여 년 후 샌더스는 어릴 적 익혔던 시 암송 훈련 덕분에 바울이 했던 많은 일을 할 수 있었음을 깨달았다. 샌더스는 아직도 거의 원본 그대로 장황한 본문을 암송할 수 있다. 만일 두 단락이 비슷하면 상호 연관성을 찾아낼 수 있다. 그는 흥미로운 단어가 들어 있는 구절을 재빨리 기억해내고 같은 단어를 공유하는 여러 단락을 비교 대조하며 머릿속에서 단어 공부를 해낸다.

샌더스는 여러 세미나에서 바울이 성경 암송 훈련을 받았을 것이라는 자신의 가설을 나누었다. 그래서 바울은 색인이나 장 표시가 없는 두루마리들을 들춰가며 몇 시간씩 연구하지 않아도 구절들을 연결할 수 있었다. 기독교 학자들의 반응은 거의 비슷했다.

"거의 가능성이 희박한 얘기네요."

"전적으로 불가능한 일이에요."

그러나 세미나실에 유대 학자들이 있었다면 샌더스의 설명에 동의하며 고개를 주억거렸을 것이다. 수 세기 동안 정통 유대 교육은 비단 성경만이 아니라 훨씬 많은 것을 암기하고 있었다.

전통적으로 소년들은 학교에서 열 살 즈음까지 히브리어 성경을 공부한다. 그다음 십 대 초반엔 《미쉬나》라는 토라 주석을 공부했다. 《미쉬나》는 주전 200년경과 주후 200년경 사이에 있었던 랍비들의 발언을 모아놓은 책이며 십여 군데에 바울의 스승인 가말리엘이 등장한다. 그다음 성년기까지 《탈무드》를 공부했다. 《탈무드》는 《미쉬나》에 담긴 논의를 백과사전식으로 풀어놓은 장장 20권이 넘는 저술로서 주후 400-500년경에 쓰였다.

세미나 후, 한 유대인 학자가 샌더스에게 물었다. "바울이 그 외에 뭘 알았다고 생각하세요?" 물론 바울은 성경을 통달했지만 《미쉬나》와 다른 자료도 알지 않았을까?[1]

랍비들의 설교문을 읽어보면 샌더스가 바울의 글에서 발견한 것처럼 성경 인용과 비유가 넘쳐난다. 역사가 마틴 제피의 평이다.

> 현존하는 랍비 문학을 읽다 보면 율법과 신학의 다양한 논점에 대해 잘 알려지지 않은 성경 본문을 그 수사학적 증거로 끄집어내는 현인들의 기막힌 능력에 탄복하지 않을 수 없다. 성경 본문을 자유자재로 다루는 이 능력은 방대한 암기 프로젝트의 방증이다. 그 덕분에 성경을 앞뒤로

안팎으로 속속들이 아는 것이다. …

성경에 관한 랍비들의 주해적 담론에서 거의 빠짐없이 엿보이는 것이 숨이 멎을 정도로 해박한 성경 지식이다. 이를 보면 현인들이 성경을 육체적 친밀함과 지식이란 이중적 의미의 '앎' *da'at*으로 익혔음을 알 수 있다. 성경은 기억 속에 내장되어 지면으로 접하고 혀의 말로 표현되며 입안에서 느껴지는 맛처럼 친밀한 소유물이었다. 결정적으로 토라는 기록된 본문일 뿐 아니라 구술되는 본문이며, 세상에서 발견될 뿐만 아니라 자기 몸의 일부이기도 하다.[2]

우리에게는 암기식 교육이 지루하게 다가오지만 고대사회에서는 흔한 일이었다. 그리스의 문화 엘리트는 시인과 철학자의 작품을 암기했고, 로마인은 라틴어 자료를 암기했다. 그들이 전수한 시는 단지 이야기나 전설, 사랑 노래가 아니었다. 오히려 위대한 구술 시는 "유익한 지식의 거대한 서상소이자 일종의 윤리, 정치, 역사, 기술의 백과사전으로서, 유능한 시민이라면 반드시 익혀야 하는 교육의 핵심 도구였다."[3] 글쓰기가 보편화하기 전, 지식은 서가가 아닌 두뇌 속에 보관되었다. 학식이 있다는 것은 위대한 사상가들의 어록에 관해 백과사전적인 기억이 있다는 의미였다.

1세기 즈음 유대 소년들을 위한 공교육이 회당에서 시작되었다. (어떤 고대의 목격자들은 이 일이 주전 1세기에 시작되었다고 하고, 주후 1세기라고 하는 이도 있다.) 누가복음 4장에서 보았듯이 예수님이 읽기를 배우는 시기였을 가능성이 크다. 학교에서도 대체로 암기를 통해 배웠다. 역사가 슈무엘 사프라이의 평이다.

> 개인과 집단 성경공부, 구절의 반복 등은 큰 소리의 챈팅chanting으로 이루어졌다. "아이들의 지저귐"이라는 표현을 종종 쓰는데, 이는 회당 곁을 지나가던 사람들 귓전을 울리던 아이들의 암송 소리를 가리키는 것이다.[4]

소년들이 흙길을 걸으며 수업 내용을 되뇌는 것은 흔한 광경이었다. 오늘날 아랍 마을에 가도 이런 광경을 볼 수 있다. 암기식 교육에 대한 그들의 열정을 보여주는 격언이 있다.

> 수업 내용을 백번 되뇌는 사람은 백한 번 되뇌는 사람을 따라갈 수 없다![5]

회당과 밥상머리 교육

소녀들과 학교에 갈 형편이 못 되는 사람들은 어땠을까? 그들도 두 가지 기회를 통해 성경에 상당히 많이 노출되었을 것이다. 매 안식일에 회당에 가면 몇 시간씩 토라와 선지서를 소리 내어 낭독하고 설교했다. 공동체의 장로나 방문 교사가 본문을 낭독한 후 회중에게 본문을 가르쳤다.

매주 회당에서 이루어지는 읽기와 더불어 절기 모임 때마다 성경을 토론하는 전통도 있었다. 이를 다바르 토라*davar torah*라고 하는데, 그 뜻은 '가르침의 말'이다. 유대인은 매주 금요일 밤 가족이 한 주 중 최고의 식사를 하며 안식일을 기념한다. 그다음 아버지가 회당에서 공부한 구절을 가지고 가족들과 교훈을 나눈다. 휴일 모임이나 가족 축하 모임 때도 다바르 토라를 했다. 사프라이의 글이다.

> 토라 공부는 제2성전기와 그 후 유대인의 삶에서 두드러졌다. 토라 공부는 학교나 회당 같은 공적 환경에만 국한된 게 아니었고 현인들의 전유물도 아니었다. 토라 공부는 평범한 유대인의 일상의 빠질 수 없는 일부분이었다. 가능하면 시마다 때마다 짬을 내어 토라를 공부했다. … 저녁에 가정집에서 토라 배우는 소리가 흘러나오는 것은 흔한 풍경이었다. 할례나 결혼식으로 사람들이 모이는 기쁜 날엔 따로 한쪽에 모여 율법 공부를 하는 무리가 있었다.[6]

예수님은 이렇게 성경공부에 푹 젖어 있는 문화 속에 사셨다. 이 문화에서는 식사 때 성경을 토론하는 일의 중요성을 강조한 격언이 있다. "세 사람이 한 식탁에서 먹고 토라 이야기가 나오지 않으면 죽은 자의 제단에서 먹은 것과 같다. … 그러나 세 사람이 한 식탁에서 먹고 토라 이야기가 나오면 하나님의 식탁에서 먹은 것과 같다!"(《미쉬나》, 아봇 3:4).[7] 하나님 말씀을 공부하면 하나님의 임재를 소환하여 그 모임을 거룩하게 한다는 뜻이다.

바울과 예수님도 이 전통을 따르셨을까? 그럴 것이다. 우리는 초대교회가 식사 자리에서 바울의 가르침을 들었다는 이야기를 듣는다. 우리는 예수님이 만찬 자리에서 가르치시는 모습도 본다. 사람들은 예수님의 성경 강해를 듣고 싶어 예수님을 자주 식사에 초대했다.

기독교 학자들은 디모데전서 4장에서 특정 음식을 금하는 선생들에 대한 바울의 반박 논리에 고개를 갸웃거린다.

> 하나님께서 지으신 모든 것이 선하매 감사함으로 받으면 버릴 것이 없나니 하나님의 말씀과 기도로 거룩하여짐이라(4-5).

음식이 "하나님의 말씀과 기도로 거룩해진다"라고 했을 때 바울은 무슨 뜻으로 말한 걸까? 어쩌면 다른 유대 선생들이 했던 것처럼 식사 때 하나님의 임재를 부르고 모임을 거룩하게 하는 '다바르 토라' 전통을 염두에 두고 한 말 아니었을까?

아울러 학교에 가지 않고 글을 못 배웠어도 다년간의 듣기로 엄청난 양의 지식을 획득할 수 있음을 유념하라. 글을 배워야만 성경에 해박한 건 아니었다. 회당과 저녁 밥상은 배우는 자들에게는 '동등 기회' 포럼이었음을 주목하라. 소년소녀 모두 성경을 읽고 토론하는 것을 들을 기회가 지천에 널려 있었다. 랍비 교사로 알려진 여성은 없지만, 회당의 고급반 포럼에 참석하여 랍비들에게 권위를 인정받은 견해를 제시한 여성들도 있었다.

처음 유대의 성경 암기 문화에 관해 들었을 때 나 역시 반신반의했다. 내 기준에서 암기는 어떤 보조도 없이 독백으로 암송하는 능력만을 뜻한다고 생각한 탓도 있었다. 분명 고도로 훈련된 교사들은 성경의 여러 책을 통째로 암송할 수 있었다.[8] 그러나 유대인은 늘 소모임으로 공부하는 것이 관행이었고 그래서 참여자들에게 중요한 암기 기술은 넓은 맥락 속에서 본문이 어디 있는지를 파악하는 것이었지 책 전체를 통으로 줄줄 암송하는 것은 아니었다. 정규교육을 받지 못한 남자와 여자들이 통째로 암기하는 기술을 익혔을 것으로 생각된다. 암기 기술 수준은 사람마다 편차가 있었지만, 오늘날 우리보다는 확실히 나은 수준이었다.

기실 과거 수 세기 동안 교회에서도 그랬다. C. S. 루이스는 1611년 킹제임스 성경(KJV)이 출간된 후 널리 대중화되었다고 말한다.

> 3세기 동안 이 성경은 너무도 많이 알려져 다른 영어 서적과 공유하는 단어나 문구를 제외하고는 인용 즉시 출처가 성경임이 드러났다. 당신이 성경 구절을 외치면 모든 이는 당신이 성경을 인용하고 있음을 알았다. 그리곤 모든 독자의 머릿속에 금세 특정한 (성스러운) 연관성이 떠올랐다. 모든 독자는 가정과 학교와 교회에서 거의 의례적으로 성경을 읽는 소리를 들었다. … 일상에서 성경을 경건하게 인용하기도 했고 불경건하게 인용하기도 했다. 여하튼 다들 성경을 인용하는지는 알았다.[9]

오랜 세월에 걸쳐 설교자들은 어떤 성구를 언급하면서 듣는 이가 그 사실을 알아차릴 것을 기대했다. 가령 마틴 루터 킹 2세는 "나에게는 꿈이 하나 있습니다" 연설 중에 "정의를 물같이, 공의를 마르지 않는 강같이 흐르게 할 때까지 우리는 만족하지 않을 것입니다"라고 했고, 청중은 아모스 선지자의 책망이 그의 입술을 통해 흘러나오는 것을 알아차렸다. 성경 말씀은 킹 목사의 설교에 권위를 더했고, 마치 하나님이 1960년대 미국의 인종차별이란 불의에 분노하시는 듯한 분위기를 자아냈다.

성경으로 성경을 설명하다

마틴 루터 킹 2세가 한 일을 예수님과 바울도 했다. 더 정교한 수준에서 그렇게 하셨다. 랍비들은 단어 한두 개만으로 성경을 '암시'하여 듣는 이가 구절 전체를 기억해낼 것을 기대했다. 이것은 드문 일이 아니었다. 때로는 참조 구절이 논점 파악에 아주 중요했다.[10] 예수님이 이런 기법을 사용하신 구절을 하나 소개한다.

> 성전에 들어가사 장사하는 자들을 내쫓으시며 그들에게 이르시되 기록된 바 내 집은 기도하는 집이 되리라 하였거늘 너희는 강도의 소굴을 만들었도다 하시니라(눅 19:45-46).

표면적으로는 예수님이 예배 중 금전 거래를 불법화하신다는 상당히 온건한 말씀 같이 들린다. 예수님은 주일 오전에 돈 받고 카페라테를 파는 교회 커피숍을 반대하신 걸까?

예수님의 인용구를 알고 있다면 환전상에 대한 예수님의 책망이 훨씬 더 강력한 펀치였음을 직감할 것이다. 예수님은 성전에 관한 두 유명한 예언을 대조하셨다. 첫 번째는 온 세계가 예배드리는 영광스러운 환상을 묘사한 이사야 56장에서 가져온 것이다.

> 또 여호와와 연합하여
> 그를 섬기며 여호와의 이름을 사랑하며
> 그의 종이 되며…
> 내가 곧 그들[이방인들]을 나의 성산으로 인도하여
> 기도하는 내 집에서 그들을 기쁘게 할 것이며
> 그들의 번제와 희생을 나의 제단에서 기꺼이 받게 되리니
> 이는 내 집은 만민이 기도하는 집이라 일컬음이 될 것임이라(사 56:6-7).

이 구절은 온 세계가 하나님을 예배하는 장소가 되리라는, 성전에 대한 최고의 약속을 묘사하고 있다. 그런데 예수님이 인용하신 두 번째 구절은 성전 부패로 말미암아 성전이 심판받으리라는 예레미야의 예언이었다.

> 너희가 도둑질하며 살인하며 간음하며 거짓 맹세하며 바알에게 분향하며 너희가 알지 못하는 다른 신들을 따르면서 내 이름으로 일컬음을 받는 이 집에 들어와서 내 앞에 서서 말하기를 우리가 구원을 얻었나이다 하느냐 이는 이 모든 가증한 일을 행하려 함이로다. 내 이름으로 일컬음을 받는 이 집이 너희 눈에는 '도둑의 소굴'로 보이느냐 보라 나 곧 내가 그것을 보았노라. 여호와의 말씀이니라. 너희는 내가 처음으로 내 이름을 둔 처소 실로에 가서 내 백성 이스라엘의 악에 대하여 내가 어떻게 행하였는지를 보라(렘 7:9-12).

이 예레미야서 구절은 사람들이 악행을 일삼고도 성전으로 도망가면 하나님이 망하지 않게 지켜주신다며 성전을 최악의 방식으로 악용하는 세태를 묘사한다. 예레미야는 하나님이 실로의 성막이 파괴되도록 내버려두셨듯이 이 성전 역시 파괴될 수 있다고 했다.

상반되는 두 예언을 알면 마가복음 11장의 예수님 말씀이 어느 정도의 강도인지 파악된다. 예수님은 대제사장 아나스(또는 아나니아) 일가가 소유했던 '아나스의 부스'(환전소 좌판)를 뒤엎으셨다. 아나스의 집은 희생제 짐승에 바가지를 씌워 돈을 갈취했고, 다른 수입이 없는 제사장에게 가야 할 자금을 유용했다. 전후 맥락을 알고 들으면 마가복음 11장이 제사장의 부패로 인한 성전 파괴에 관한 예언으로 확장된다. 이런 견지에서 보면 이 말씀은 예수님이 고난 주간에 하신 다른 심판의 말씀과도 맞아떨어진다.

아마도 예수님은 위의 두 구절이 "내 집"이라는 독특한 히브리어 표현을 공유하기에 둘을 연결시키셨을 것이다.[11] 이 기법을 가리켜 게제라 샤바*gezerah shava*, '동등비교법'이라고 한다(153쪽 참고). 상상이 가겠지만 머릿속에서 독특한 단어를 공유하는 두 구절을 짝 맞춘다는 것은 탁월한 성경 기억력이 있어야만 가능한 일이다.

예수님은 가장 큰 계명이 무엇이냐는 질문에 답하실 때도 이 기법을 쓰셨다.

> 첫째는 이것이니 이스라엘아 들으라. 주 곧 우리 하나님은 유일한 주시라. 네 마음을 다하고 목숨을 다하고 뜻을 다하고 힘을 다하여 주 너의 하나님을 사랑하라 하신 것이요. 둘째는 이것이니 네 이웃을 네 자신과 같이 사랑하라 하신 것이라. 이보다 더 큰 계명이 없느니라(막 12:29-31).

예수님은 토라의 신명기 6장 4-5절과 레위기 19장 18절을 인용하셨다. 두 구절 모두 '베아하브타'*ve'ahavta*라는 독특한 단어를 공유한다. 유대 선생들은 어떻게 두 구절이 거울처럼 서로를 비추는지를 묵상했다.

> 너는 마음을 다하고 … 네 하나님 여호와를 사랑하라(신 6:5).
> 네 이웃 사랑하기를 네 자신과 같이 사랑하라(레 19:18).

예수님은 두 번째가 첫 번째와 같다고 선포하셨다. '기실 마음을 다하여 여호와 너의 하나님을 사랑하려면 네 이웃을 자신처럼 사랑해야 한다.' 이것도 정교한 것처럼 들리는데, 한두 개가 아닌 여러 구절을 짝 맞추어 연결하는 랍비 선생들도 있다. '진주 꿰기'라고 하는 이 관행은 청중이 바짝 주의를 기울여 들으며 머릿속에서 성경을 여기저기 분주히 찾아다니게 했다. 그래야만 설교자의 논점을 파악할 수 있었기 때문이다.[12] 실로 이스라엘의 현인들은 암기의 대가들이었다.

우리에게 예수님의 말씀이 어렵게 다가오는 것은 우리가 그분이 사랑하셨던 성경, 곧 토라, 선지서, 성문서에 익숙하지 않은 탓도 있다. 샌드라 릭터는 이스라엘 성경에 대한 교회의 기억력 부족을 일종의 알츠하이머로 본다. 그녀의 글이다.

> 자신의 유산에 대한 교회의 지식 부족은 신약 보물창고의 상당 부분을 접근 불가한 것으로 만들었다. … 이 비유가 고통스럽게 다가오는 이들도 있겠지만, 안타깝게도 이는 적절한 비유다. 알츠하이머의 큰 비극은 경험과 관계에 대한 자신의 기억을 박탈당하고 인격까지 박탈당한다는 것이다. 알츠하이머에 걸린 할머니는 문 열고 들어오는 자식의 이름을 묻는다(같은 어머니로서 가히 상상하기 어려운 고통이다). 교회도 비슷한 상태다. 알츠하이머 환자가 친자식의 이름을 물어보는 것처럼 교회도 문 열고 들어오는 조상들에게 비슷한 반응을 보인다. 아브라함, 이삭, 야곱은 이름 모를 낯선 이들이다. 그 결과 교회는 자신이 과거에 누구였는지 모르고, 그렇기에 현재 자신이 누구인지 모른다.[13]

이걸 어떻게 치료해야 할까? 구약을 단지 그리스도를 증거하고 예언하는 본문으로 대할 것이 아니라 그 자체로 진지하게 대해야 한다.

주님의 한 가족을 사랑하기 위해 가족의 장구한 사연에 귀를 열어야 하며 그 메아리를 신약에서 즐겁게 들을 줄 알아야 한다. 이에 관해서는 마지막 몇 장에서 더 살펴보고자 한다.

예수님의 대담한 메시아 주장
: 아주 유대적인 방식

1980년대만 해도 대중매체에서 역사적 예수를 다루는 일은 거의 없었다. 예외라면 급진적 냉소주의로 예수에 관한 추문 성격의 '발견'을 다룬 〈예수 세미나〉 정도가 있다. 이 집단은 그리스도의 실재성에 대한 증거로 사용하기엔 신약성서가 신뢰성이 떨어진다고 보았다. 비록 〈예수 세미나〉의 선정성은 두루 비판을 받았지만, 신약에 대한 그들의 불신은 기실 학계에서는 드물지 않은 현상이었다. 1980년대에 난 대학생이었고 신약학 교수는 사복음서가 그리스도 당시보다 한참 후대에 집필되었으며 설화로 가득하다고 확신했다. 진짜 예수의 말과 행적은 미궁에 빠졌으며 내가 섬기는 그리스도는 대체로 이방 교회의 발명품이라는 것이다.

이 주장의 근거 하나는 더 유대적으로 들리는 공관복음(마태, 마가, 누가복음)이 예수를 높이는 요한복음 및 여타 신약의 본문과 일치도가 떨어진다는 것이다. 그들이 마태, 마가, 누가복음을 읽고 발견한 예수는 베틀을 돌리며 대중에게 도덕적 삶을 강론하는 현자 농부 또는 방랑자였다. 그들은 바울과 요한과 나머지 신약 저자들이 예수를 그리스도로 승격시킨 장본인이라고 결론지었다. 사복음서의 환상적인 기적 이야기들은 후대의 이방 그리스도인이 그려낸 거친 상상의 산물이었다. 〈예수 세미나〉의 학자 로버트 펑크는 이렇게 표현했다.

> 복음서의 예수는 상상에 근거한 신학적 구조물에 수수께끼 같은 나사렛 현자의 흔적을 덧입힌 것이다. 그 흔적들은 신앙이 기억을 압도한 자들의 군센 손아귀에 갇혀 자신을 풀어달라고 아우성치고 있다.[1]

당시 많은 학자가 이에 동조하여 예수 스스로는 한 번도 자신이 그리스도라고 주장한 적이 없다는 회의론을 제기했다. 후대 교회가 덧입힌 '종말론적 외피'를 긁어내기 전까진 예수의 참된 역사적 실재를 알 수 없다는 것이다.

독실한 루터교 가정에서 자란 나는 대학교에 가서 더 수준 높은 성경 강좌를 듣길 바라 마지않았다. 그러나 교수들은 종교학의 종착점이 불신앙이라는 메시지를 전했다. 나는 실망한 나머지 진지하게 성경을 공부하는 일을 잠시 접고, 대신 가르치고 연구하는 직업에 종사하기 위한 준비로 생물학 박사 학위 공부에 매진했다.

수년 후 예루살렘에서 유대인과 기독교 학자들의 공관복음에 대한 공동 연구 결과를 접한 다음에 내가 받았을 충격을 상상해보라.[2] 그들은 예수의 말씀을 역사적 배경 속에서 면밀하게 연구했고, 그 결과 예수가 1세기 유대교와 완벽하게 맞아떨어짐을 발견했다. 예수는 1세기의 다른 랍비들처럼 토라를 해석하고 제자들을 가르쳤다. 연구진은 예수의 정체성 주장에 대해 〈예수 세미나〉 학자들과는 상반된 결론에 도달했다. 예수님의 말씀을 면밀히 들여다볼수록 예수님의 강한 메시아 자의식과 주장이 여실히 드러난다는 것이다. 예수님은 누차 말과 행동을 통하여 자신이 하나님이 약속하신 메시아라는 대단한 주장을 하셨다.

우리 대학의 교수들은 왜 이것을 발견하지 못했을까? 에드 샌더스의 청중처럼 그들은 성경 암기를 기반으로 인용과 미묘한 암시를 통해 성경 본문을 지목하는 유대적 방식을 잘 몰랐기 때문이다. 우리는 예수님이 "내가 메시아다!"라고 대놓고 말씀하시는 모습은 보지 못한다. 하지만 예수님이 성경의 유명한 메시아 구절들에 비추어 자신을 간접적으로 지목하시는 것은 볼 수 있다. 그분은 유대 청중이라면 훤히 알고 있는 성경을 끊임없이 인용하시며 아주 세련된 방식으로 유대 청중에게 소통하셨다.

메시아 '암시'

나의 대학 교수들은 예수님이 스스로 메시아라고 믿었다면 그 사실을 지붕 위에서 목이 터져라 외쳤을 거로 생각했다. 그러나 종교적으로 과열된 당시 문화에서 그런 행위는 경악할 만한 신성모독이었다. 성경에 나오는 메시아 호칭으로 자신을 지목하는 것으로도 충분했다.

실제로 이런 접근법을 취한 여러 '자칭' 메시아들이 있었다. 가령 바르 코크바는 자신을 '나시 이스라엘'(이스라엘의 왕자)이라고 칭하며 에스겔 34장 24절("내 종 다윗은 그들 중에 왕이 되리라") 이미지를 시사하는 동전을 주조했다. 스스로 지은 바르 코크바라는 이름도 문자적으로 '별의 아들'을 뜻한다. 이는 왕들이 하늘의 광명체라는 성경 이미지(사 14:12, 60:1-3)와 민수기의 메시아 예언을 암시한다.

> 한 별이 야곱에게서 나오며
> 한 규가 이스라엘에게서 일어나서
> 모압을 이쪽에서 저쪽까지 쳐서 무찌르고
> 또 셋의 자식들을 다 멸하리로다(민 24:17).

'이스라엘의 왕자'나 '별의 아들' 같은 호칭은 기독교 독자에게는 별 의미가 없어 보일 수 있다. 하지만 구약성경 본문에 통달한 자라면 이 호칭을 고대 예언의 성취라는 대담한 선포로 받아들일 것이다.

신약도 비슷한 경우다. 바르 코크바는 한 번도 자신이 메시아라고 직접 주장하진 않았다. 하지만 랍비 아비카를 비롯한 코크바의 추종자들은 더 직접적인 주장을 했다. 마찬가지로 예수의 제자들 역시 예수를 '주'와 '그리스도'로 부름으로써 예수님 자신이 하셨던 것보다 훨씬 큰 주장을 했다.

메시아 호칭을 사용하실 때면 자신에 관해 말씀하시는 것이 분명한데도 예수님은 종종 3인칭으로 말씀하셨다. 가령 예수님이 가르치실 때 친구들이 중풍병자를 지붕에서 달아내리자 "그러나 인자가 세상에서 죄를 사하는 권능이 있는 줄을 너희로 알게 하려 하노라. … 일어나 네 침상을 가지고 집으로 가라"고 하셨다(마 9:6). 예수님이 스스로 '인자'라는 호칭으로 부른 것은 명백하지만 그 소통 방식은 투명하지 않았다('인자'에 관해서는 추후 더 설명하겠다).

희년의 왕

예수님이 유대 맥락에서 어떻게 자신을 드러내셨는지를 인지하지 못하면 그분의 비유와 가르침이 신약에서 예수님을 그리스도로 묘사하기 위해 사용한 예배 언어와 괴리된 것처럼 보일 수 있다. 그러나 예수님 당시의 문화를 알면, 오실 메시아에 관한 강력한 예언들을 자신에게 적용하시는 말씀이 귀에 들리기 시작한다.

예수님이 이사야 61장 1-2절을 인용하여 누가복음 4장에서 하신 말씀을 보자.

> 주의 성령이 내게 임하셨으니
> 이는 가난한 자에게 복음을 전하게 하시려고
> 내게 기름을 부으시고
> 나를 보내사 포로 된 자에게 자유를,
> 눈 먼 자에게 다시 보게 함을 전파하며
> 눌린 자를 자유롭게 하고
> 주의 은혜의 해를 전파하게 하려 하심이라 하였더라(눅 4:18-19).

이 구절은 마쉬아흐(기름 부은 자)와 관련된 동사를 사용하여 주님의

'기름 부음'에 관해 말하고 있음을 금방 알 수 있다. 좀 더 자세히 살펴보면 예수님은 지극히 유대적인 방식으로 아주 세련된 주해를 하고 계신다. 예수님은 이 구절의 끝부분에 이사야 58장 6절의 "눌린 자를 자유롭게 하고"를 끼워 넣으셨다. 신약학자 스티븐 노틀리에 의하면 다분히 의도적인 삽입이었다. 또한 이사야 58장과 이사야 61장 구절의 공통 표현인 '주의 은혜의 해'를 가지고 두 구절을 하나로 묶는 게제라 샤바(동등 비교) 기법이 사용되었다.

두 구절 다 '주의 은혜의 해'인 희년 선포와 시적 연관성이 있다. 희년은 모든 빚을 탕감하고 빈곤 가운데 있는 가족을 고향 집으로 돌아가도록 허락하는 기쁘기 그지없는 선언이다. 레위기 25장 10절은 이스라엘이 50년마다 희년을 발표할 것을 명한다. 하지만 희년을 실제로 준행했을 가능성은 희박하다. 오히려 희년은 메시아 왕이 오실 때 선포될 무언가로 여겨졌다.[3]

우리는 역사적 문헌에서 타국 왕들이 집권 초기에 사면의 해를 선포하는 사례를 알고 있다. 그들은 부자의 기반을 약하게 하고 가난한 사람들의 인정을 얻으려고 모든 빚을 면책한다는 발표를 하곤 했다. 놀라운 것은 왕이 사면을 선포할 때 종종 죄 사함도 같이 선포했다는 것이다. 주전 118년 애굽왕 프톨레마이오스 8세가 희년을 선포한 후 가장 먼저 한 일은 "고의적이건 비고의적이건 살인과 신성모독을 제외한 일체의 죄"를 사한 것이었다.[4]

예수님의 사역을 생각해보면 그 요체가 죄 사함 선포에 있음을 인정하지 않을 수 없다. 종종 예수님은 무자비한 종 비유(마 18:23-35)나 주의 기도("우리에게 죄 지은 자를 사하여 준 것같이 우리 죄를 사하여 주시옵고", 마 6:12)를 가르치시면서도 죄와 빚을 동일시하셨다.

누가복음 4장 18-19절에 나온 간략한 설교에서도 주님은 메시아 왕으로서 희년을 선포하셨다! 예수님의 유대 맥락을 모르면 이런 메시지를 보면서도, 예수님이 스스로 메시아라고 주장하며 죄가 일거에 사함받는 왕국을 선포하고 계심을 알아차리지 못할 것이다. (실제로 듣는 이들을 격분하게 한 다른 가르침도 베푸셨지만 그것은 여기서 우리가 다룰 범위를 벗어난다.[5]) 이 은근한 암시가 후기 이방인 교회의 작품이었을 리 만무하다.

'내' 아버지 되신 하나님

여러 메시아 예언에서 하나님은 언젠가 이스라엘을 다스릴 한 왕을 보내실 것이며, 또 이스라엘이 온 세상을 다스리게 된다는 약속을 그린다. 성경이 "한 규가 이스라엘에게서 일어나서"(민 24:17) 또는 "다윗의 왕위는 영원히 여호와 앞에서 견고히 서리라"(왕상 2:45)고 했을 때 용맹스러운 왕이 집권하는 이미지를 그린다.

열두 살의 예수가 현자들과 토론하려고 성전에 남았다. 며칠간 정신없이 예수를 찾던 부모가 예수를 만나 꾸짖자 예수님이 답하셨다. "내가 내 아버지 집에 있어야 될 줄을 알지 못하셨나이까"(눅 2:49). 여기서 하나님을 "내 아버지"인 아비*avi*라고 인격적으로 칭한 것은 상당히 메시아적이다. 메시아가 하나님을 "내 아버지"라고 부를 것이라는 예견이 메시아 구절에서 종종 발견되며(시 89:26, 대상 17:13) 이는 사무엘하 7장 12-14절에서 하나님이 다윗에게 하신 위대한 약속을 연상케 한다.

> 네 수한이 차서 네 조상들과 함께 누울 때에 내가 네 몸에서 날 네 씨를 네 뒤에 세워 그의 나라를 견고하게 하리라. 그는 내 이름을 위하여 집을 건축할 것이요 나는 그의 나라 왕위를 영원히 견고하게 하리라. 나는 그에게 아버지가 되고 그는 내게 아들이 되리니….

그중 가장 유명한 것이 하나님의 '아들'이 세상의 통치권을 유업으로 받도록 세상에 공개하는 내용의 시편 2편이다.

> 내가 여호와의 명령을 전하노라
> 여호와께서 내게 이르시되 너는 내 아들이라
> 오늘 내가 너를 낳았도다
> 내게 구하라 내가 이방 나라를 네 유업으로 주리니
> 네 소유가 땅 끝까지 이르리로다(시 2:7-8).

하나님을 "내 아버지"라고 부른 것은 단지 하나님을 향한 애틋한 사랑의 발로만은 아니다. 그 호칭을 듣는 이들은 이것이 약속된 "다윗의 아들", 곧 하나님의 아들이라는 대담한 진술이라고 여겼을 것이다. 유대인의 기도는 늘 하나님을 "우리 아버지"라는 복수형으로 부른다. 이스라엘이 민족으로서 하나님의 "장자"(출 4:22)였기 때문이다. 예수님도 제자들에게 가르치신 기도에서 "우리 아버지"라고 하셨음을 주목하라. 예수님이 하나님을 단수형으로 "내 아버지"라고 칭하신 것은 독보적이었다.

메시아를 가리키는 최상급 암시어

그리스도인은 "하나님의 아들"이라는 표현을 접하면 즉각 신격을 떠올리는 경향이 있다. 우리는 이 칭호가 응당 신격을 의미한다고 생각한다. 하지만 1세기 청중은 이 호칭을 들으면 본질적으로 신성에 관한 것이라기보다는 하나님이 택하신 왕을 의미한다고 생각했다. 고대 사회에서 신성한 아들이라는 이미지는 왕과 밀접하게 연관되어 있었기 때문이다.[6] 그들은 왕이 신들의 권위를 가지고 말하며 신들은 왕을 통해 의사를 표현한다는 것으로 이 호칭을 이해했다.

많은 나라의 왕들이 '신의 아들'이란 칭호를 자신에게 즐겨 부여했다. 시저는 이 호칭을 새겨넣은 주화를 주조하기도 했다. 사실 사무엘하 7장 14절에서 하나님이 다윗에게 주신 약속을 보면, 하나님과 너무도 막역한 사이라 하나님을 '아버지'라고 부를 수도 있는 '인간' 왕의 도래로 읽을 수도 있다. 이런 위상을 주장하는 이들이 많았기에 '하나님의 아들'이라는 호칭이 자동으로 신성의 증거로 비치진 않았을 수도 있다.[7]

오히려 두 개의 다른 메시아 호칭이 훨씬 독특한 유대적 방식으로 초인간적 정체성을 암시한다. 그중 하나는 믿기 어렵겠지만 '인자'다. 수 세기 동안 이 호칭은 많은 학자를 미궁에 빠뜨렸는데, 그 이유는 그리스도가 단순한 인간 또는 인간 대표자나 완전한 인간으로 자신을 낮추는 겸양의 화법으로 '인자'人子를 사용한다고 학자들이 보았기 때문이다(기실 "벤 아담"은 시편 8편 4절에서처럼 인간에 대한 시적 호칭이 될 수 있다).

예수님이 말씀하신 바를 이해하려면 다니엘서에서 '인자'라고 부른 존재에 관한 메시아적 예언을 1세기 유대인은 어떻게 해석했는지를 살펴보아야 한다.

내가 보니
왕좌가 놓이고
옛적부터 항상 계신 이가 좌정하셨는데
그의 옷은 희기가 눈 같고
그의 머리털은 깨끗한 양의 털 같고
그의 보좌는 불꽃이요
그의 바퀴는 타오르는 불이며…
심판을 베푸는데
책들이 펴 놓였더라. …
보니 '인자 같은 이'가
하늘 구름을 타고 와서
옛적부터 항상 계신 이에게 나아가
그 앞으로 인도되매
그에게 권세와 영광과 나라를 주고
모든 백성과 나라들과 다른 언어를 말하는 모든 자들이
그를 섬기게 하였으니
그의 권세는 소멸되지 아니하는
영원한 권세요
그의 나라는
멸망하지 아니할 것이니라(단 7:9-10, 13-14).

이 구절은 오실 메시아에 관한 내용이라는 게 보편적 이해다. 다니엘서는 큰 왕국들이 발흥할 것이나 결국엔 영원히 다스리실 지고의 왕 앞에서 무너진다고 예견했다. 다니엘 예언의 정점은 이 인자 같은 존재가 하나님의 보좌가 있는 방으로 들어가 왕관을 받고 보좌에 좌정하여 다스리는 장면이다. 분명 예수님이 재림하실 때 이 위력적인 말씀이 실현될 것이다. "또 내가 보니 흰 구름이 있고 구름 위에 인자와 같은 이가 앉으셨는데 그 머리에는 금 면류관이 있고 그 손에는 예리한 낫을 가졌더라"(계 14:14).

유대적 사고에서 '인자'는 알려진 메시아 호칭 중 가장 메시아를 높이는 호칭이었다.[8] 메시아에 관한 다른 구절들은 그가 단지 다윗 혈통에서 나온 인간 왕이라는 뜻으로 해석할 수 있었다(예를 들어, 삼하 7:12-13, 시 72편). 하지만 다니엘의 환상은 메시아가 어떤 식으로든 신성함을 보여준다. 왜? 그는 땅이 아닌 하늘 출신이며 "인자 같은 이"에서 '같은'이라는 단어 때문이다. 이 인물은 사람처럼 보이지만 실은 훨씬 더 위대한 존재였다!

다니엘 환상의 의미는 확실하진 않았다. 혹자는 '인자'가 미가엘 같은 천사라고 생각했다. 예수님의 공생애 이전에, 이 중요한 예언이 실제로 말하려는 바가 무엇인지를 둘러싸고 추측이 무성했다.[9]

다니엘서 7장 장면에 두 번째 보좌가 있다는 사실 하나만으로도 사람들은 충격을 받고 격론을 벌였다. 어떻게 하늘에 두 보좌가 있을 수 있을까? 어떻게 하나님이 자신의 영광을 누군가와 나누어 가질 수 있지? 주후 초기 몇 세기 동안 이 사안은 그리스도인과 예수를 믿지 않는 유대인 사이에 많은 추측과 이견을 자아냈다.[10]

인자에게 주어진 가장 큰 권세

예수님은 여러 번 인자가 구름을 타고 영광 중에 임하신다고 말씀하셨고, 이것은 분명 다니엘 구절을 인용하신 것이었다. 예수님이 자주 하셨던 발언 중에는 "또 인자 됨으로 말미암아 심판하는 권한을 주셨느니라"(요 5:27)와 같이 인자가 최후의 심판관이 되리라는 내용이 있었다.

왜 그런가? 앞서 왕의 직무 중 재판장 역할이 있었다고 한 것을 기억하는가? 왕은 결백한 자의 결백을 드러내고 죄인의 죄를 벌하고 왕국에 공의를 확립하는 일에도 부름을 받았다. 우리는 다니엘 7장의 예언에서 인자가 입장하기 직전에 인자를 위해 심판의 책들을 펼쳐놓는 모습을 본다(7:10).

마태복음 25장 32절에서 예수님은 자신이 인자로서 열국을 심판하실 것이며 그때 경건한 사람과 불경건한 사람을 나누실 것이라는 무시무시한 말씀을 하셨다. 예수님을 주로 친구와 인도자로만 생각하는 사람도 있다. 하지만 언젠가 갈릴리의 온유한 랍비가 우리의 재판장이 될 것임을 잊지 말아야 한다.

예수님의 재판장 권한을 생각하면 무서운 생각이 든다. 그 견지에서 예수님이 '인자'라는 호칭을 가장 멋지게 사용하신 예는 자신이 가진 '죄 사함의 권세'를 이야기하실 때였다. 재판장에게는 정죄할 능력만 있는 게 아니다. 재판관은 무죄를 선포할 권능도 있다! 공생애 초기, 지붕에서 달아내린 중풍병자를 보시고 예수님은 말씀하셨다.

> 그러나 인자가 땅에서 죄를 사하는 권세가 있는 줄을 너희로 알게 하리

> 라 하시고 중풍병자에게 말씀하시되 내가 네게 이르노니 일어나 네 침상을 가지고 집으로 가라 하시매(눅 5:24).

비록 당시 예수님에게는 장차 임할 영광은 한 움큼도 없었지만, 메시아 재판장의 권한은 이미 가지고 계셨다. 그러나 이 위대한 권능을 처음 행사하신 것이 '용서하기'였음이 우리에겐 큰 위로가 된다.

아울러 우리는 자신의 부정부패를 회개한 누가복음 19장의 세리장 삭개오 이야기에서 정말 놀라운 메시지를 발견한다. 삭개오는 빈곤에 허덕이는 허다한 이스라엘 백성에게서 큰돈을 갈취했을 가능성이 크다.[11] 그러나 삭개오가 회개했을 때 예수님은 인자의 권세를 사용하셔서 그가 죄에서 구원받았다고 선포하셨다. 예수님의 말씀이다.

> 오늘 구원이 이 집에 이르렀으니 이 사람도 아브라함의 자손임이로다. 인자가 온 것은 잃어버린 자를 찾아 구원하러 함이니라(눅19:9-10).

우리의 재판장 되실 분이 우리 죄를 더 용서하고 싶어 하신다. 이 얼마나 소망이 되는 사실인가!

신성한 목자

삭개오 이야기의 마지막 줄에는 경이롭게도 하나가 아닌 두 개의 강력한 암시가 담겨 있다. 잃어버린 자를 찾아 구원한다는 예수님의 말씀은 하나님의 구속에 관한 또 하나의 강력한 메시아 이미지를 연상하게 한다. 바로 신성한 목자 이미지다.

많은 사람이 '목자'라는 단어를 들으면 시편 23편의 "여호와는 나의 목자시니 내게 부족함이 없으리로다"를 생각한다. 우리는 이 위로의 말씀을 무척 좋아한다. 그러나 복슬복슬한 어린 양을 안고 계신 온화한 예수님 이미지가 전부라고 생각한다면, 목자 호칭 안에 있는 심오한 신학적 함의를 잘 몰라서 하는 말이다.

핵심적인 '목자' 구절은 이사야 40장이다. 마태와 요한 모두 이사야 40장 3절의 "광야에 외치는 자의 소리"를 세례 요한과 연결한다(마 3:3, 요 1:23). 그러나 이사야 40장은 뒤이어 세례 요한이 그 도래를 알릴 위대한 목자를 묘사한다.

> 외치는 자의 소리여 이르되
> 너희는 광야에서 여호와의 길을 예비하라.
> 사막에서 우리 하나님의 대로를 평탄하게 하라. …
> 아름다운 소식을 시온에 전하는 자여
> 너는 높은 산에 오르라.
> 아름다운 소식을 예루살렘에 전하는 자여
> 너는 힘써 소리를 높이라.
> 두려워하지 말고 소리를 높여
> 유다의 성읍들에게 이르기를
> 너희의 하나님을 보라 하라.
> 보라. 주 여호와께서 장차 강한 자로 임하실 것이요
> 친히 그의 팔로 다스리실 것이라.
> 보라 상급이 그에게 있고

> 보응이 그의 앞에 있으며
> 그는 목자같이 양 떼를 먹이시며
> 어린 양을 그 팔로 모아 품에 안으시며
> 젖먹이는 암컷들을 온순히 인도하시리로다(사 40:3, 9-11).

여기서 놀라운 점은 장차 오실 목자가 인간 왕이나 정치 지도자가 아니라 "주 여호와" 자신이라는 것이다. 이 구절은 세례 요한이 선포한 메시아가 '성육신한 하나님'이라는 사실을 강력하게 시사한다. 많은 메시아 예언이 위대한 왕의 도래를 그리면서도 왕의 신성을 암시하지는 않았다. 그러나 이 구절은 하나님 '자신'이 오실 목자임을 암시한다.[12]

에스겔은 이스라엘의 목자 되신 하나님에 관한 또 다른 핵심 예언을 공유한다.

> 자기만 먹는 이스라엘 목자들은 화 있을진저 목자들이 양 떼를 먹이는 것이 마땅하지 아니하냐 … 내 목자들이 내 양을 찾지 아니하고 자기만 먹이고 내 양 떼를 먹이지 아니하였도다. … 내가 내 양을 그들의 입에서 건져내어서 다시는 그 먹이가 되지 아니하게 하리라.
>
> 주 여호와께서 이같이 말씀하셨느니라. 나 곧 '내가' 내 양을 찾고 찾되 목자가 양 가운데에 있는 날에 양이 흩어졌으면 그 떼를 찾는 것 같이 내가 내 양을 찾아서 …
>
> '내가 친히' 내 양의 목자가 되어 그것들을 누워 있게 할지라. 주 여호와의 말씀이니라. '그 잃어버린 자를 내가 찾으며' 쫓기는 자를 내가 돌아오게 하며 상한 자를 내가 싸매 주며 병든 자를 내가 강하게 하려

니와 살진 자와 강한 자는 내가 없애고 정의대로 그것들을 먹이리라(겔 34:2, 8, 10-12, 15-16).[13]

여기서도 마찬가지로 목자의 정체가 '주 여호와'라고 한다. 여호와 자신이 양 떼를 구하고 잃어버린 양을 찾고 길 잃은 양을 돌아오게 하려고 오겠다고 약속하신다. 이 점을 염두에 두고 누가복음 19장 10절의 예수님 말씀을 다시 보자.

인자가 온 것은 잃어버린 자를 찾아 구원하려 함이니라.

여기서 '인자'는 심판하고 죄를 사할 그리스도의 권세를 말한다. 잃어버린 자를 찾아 구원하는 것은 에스겔서의 하나님의 약속, "그 잃어버린 자를 내가 찾으며 쫓기는 자를 내가 돌아오게 하며"(34:16)를 인용한 것이다. 이보다 얼마나 더 강력하게 말할 수 있겠는가?

예수님은 삭개오와 만난 이야기의 마지막 줄에서 자신의 사명에 관해 하나가 아닌 두 가지 진술을 하셨다. 이는 성경을 암시하고 두 핵심 메시아 예언을 연결함으로써 아주 미묘하고도 세련된 유대적 방식으로 자신의 사명을 진술하신 것이다. 예수님은 자신이 단지 위대한 인간 왕 메시아라고 주장하지 않으셨다. 예수님은 자신이 하나님의 가장 강력한 약속들의 신성한 성취라고 주장하셨다.

말씀에 불이 붙을 때
: 우리가 이사야 53장에서 놓친 것들

2세기에 사이먼 벤 아자이라는 랍비가 있었다. 그는 '진주 꿰기'(성경 본문을 꼬리에 꼬리를 물고 연결짓기)를 사랑한 불같은 설교자였다. 어느 날 그가 하마터면 집 한 칸을 불살라 버릴 뻔했다! 왜 그랬을까? 그의 말이다.

> 나는 토라의 말씀을 토라의 말씀과 연결지은 다음 선지서 말씀과 연결지었고 그다음 선지서 말씀을 성문서와 연결했다. 시내산에서 말씀이 전수되었던 그날처럼 말씀으로 인하여 기뻤다. 애초에 시내산에서도 말씀은 불 가운데 전수되지 않았던가?[1]

만일 평범한 랍비가 말씀을 전했을 때 사람의 마음이 활활 타오른다면 그리스도가 성경을 직접 풀어주실 땐 얼마나 더 그랬을지 상상이 되는가!

지금까지 돌풍 같은 개괄을 통해 당신의 성경 연구 연장통에 몇몇 새로운 연장이 채워졌기를 바란다. 당신이 이 연장들을 써서 성경 사회의 공동체 및 가족 중심의 문화를 더 잘 공감하게 되고 성경을 읽을 때 '거기 있으라'를 실천하게 되길 바란다. 성경 번역자로서 당신의 오순절 부르심을 감당하려면 1세기 제자의 관점에서 성경을 읽으면서도 우리 세상을 향해 하시는 말씀으로 듣도록 사고를 둘로 쪼개야 한다. 부디 당신이 새로운 히브리적 사고의 범주를 습득했기를, 그리고 성경 속에서 그리스도를 만나기 위해 회고적, 비유적으로 성경을 묵상하는 방법에 담긴 위력을 발견했길 바란다.

이제 당신은 적어도 '그리스도'가 무슨 의미인지를 알고, 왕을 둘러싼 고대의 이미지가 우리가 아는 이미지와 얼마나 다른지를 안다. 이제 당신은 왜 이스라엘이 지상에 공의를 구현할 왕을 갈망했는지, 그리고 어떻게 잠비아의 과부가 그 갈망에 공명하는지를 헤아릴 것이다. 어쩌면 성경은 잠비아의 과부들을 위해 쓰여진 책일지 모른다.

그런데 아직 남은 질문이 있다. 바로 예수님이 친히 엠마오 도상에서 제기하신 질문이다.

> 그리스도가 이런 고난을 받고 자기의 영광에 들어가야 할 것이 아니냐 하시고(눅 24:26).

우리는 하나님이 하신 약속과 관련한 구절을 제법 읽어보았다. 그런데도 몽키렌치처럼 결정적인 연장은 아직 들여다보지 못했다. 어떻게 한 사람이 고난받고 죽고 또 영광스러운 왕이 되기도 할까?

예수님은 그 답이 성경의 모든 면에서 금세라도 튀어나올 듯 자명하다고 생각하시는 것 같다. 신약에서는 그렇다는 것을 알겠지만 과연 구약도 그런 걸까?

답은 핵심 구절인 이사야 53장에 있다. 많은 이들이 아는 구절이지만 우리가 성경 읽기를 위해 획득한 연장들을 총동원한다면 한 번도 열리지 않았던 세계가 열릴 것이다. 이 유명한 예언은 사실 52장부터 시작한다. 이사야 52장 13절-53장 12절을 둘러보고 이제껏 한 번도 보지 못했던 고지가 눈에 들어오는지 보자.

> 보라 내 종이 형통하리니
> 받들어 높이 들려서
> 지극히 존귀하게 되리라.
> 전에는 그의 모양이 타인보다 상하였고
> 그의 모습이 사람들보다 상하였으므로
> 많은 사람이 그에 대하여 놀랐거니와
> 그가 나라들을 놀라게 할 것이며
> 왕들은 그로 말미암아 그들의 입을 봉하리니
> 이는 그들이 아직 그들에게 전파되지 아니한 것을 볼 것이요
> 아직 듣지 못한 것을 깨달을 것임이라(사 52:13-15).

이사야서의 '종'은 네 편의 신비로운 '종 노래'에 얼굴을 비춘 신비로운 인물이다. 때로 그의 정체성은 이스라엘과 융합되고 때로는 이

스라엘과 구별되어 하나님의 방황하는 양들을 돌아오게 할 자, 곧 '이스라엘을 모으는 자'로 행하기도 한다(사 42:1-4, 49:1-6, 50:4-9, 52:13-53:12).[2] 이 구속의 환상들은 서로 중첩되며 통합된다. 각 환상이 거듭 메아리치는 것을 볼 때 각각의 환상을 보다 심도 있게 이해할 수 있다.

어린양의 논리

이사야 53장을 연이어 읽다 보면 '종'이 메시아적 목자이기도 하고 "죽임당한 어린양"이기도 함을 발견한다. "죽임당한 어린양"이라는 구체적인 메타포는 우리 감정을 헤집고 들어와 유월절과 아브라함이 이삭에게 한 약속("어린 양은 하나님이 자기를 위하여 친히 준비하시리라")을 떠올리게 한다.

우리는 다 양 같아서 그릇 행하여
각기 제 길로 갔거늘
여호와께서는 우리 모두의 죄악을
그에게 담당시키셨도다.
그가 곤욕을 당하여
괴로울 때에도 그의 입을 열지 아니하였음이여
마치 도수장으로 끌려가는 어린 양과
털 깎는 자 앞에서 잠잠한 양같이
그의 입을 열지 아니하였도다.
그는 곤욕과 심문을 당하고 끌려갔으나

그 세대 중에 누가 생각하기를
그가 살아 있는 자들의 땅에서 끊어짐은
마땅히 형벌받을 내 백성의 허물 때문이라 하였으리요.
그는 강포를 행하지 아니하였고
그의 입에 거짓이 없었으나
그의 무덤이 악인들과 함께 있었으며
그가 죽은 후에 부자와 함께 있었도다(사 53:6-9).

다시금 무고한 어린 양이 고통당하는 이미지다. 죄 없는 자가 다수의 죄를 담당하는 어불성설이 우리 앞에 펼쳐진다. 우리는 목마르게 답을 찾는다. 과연 하나님이 선하시다면 이렇게 하실까?

내 안에 있는 헬라적 지성은 당장 책장에서 대속의 논리에 관한 책을 찾아볼 것이다. 그러나 히브리인이라면 이 질문에 어떻게 답했을까? 그들은 입증하기보다는 성경을 훑으며 우리 자디잔 인간은 무한하게 뛰어난 존재의 길을 파악할 수 없다고 말할 공산이 크다. 우리는 하나님이 행하신 일로 하나님의 성품을 이해한다. 고로 나는 무고한 자가 다른 이에게 고통받는 다른 정황, 곧 선례를 찾아볼 것이다.

나는 형제들이 죽이려다가 노예로 팔아넘긴 요셉을 떠올린다. 요셉은 억울하게 기소되어 애굽의 음침한 감옥에서 12년이란 긴긴 세월을 보냈다. 형들이야말로 요셉을 거기 넣은 장본인이었다. 그들이야말로 감옥에 있어야 할 자들이었다! 그러나 하나님은 요셉을 단 하루 만에 깊은 지하감옥에서 끌어내셔서 애굽 왕에 버금가는 자리로 높이셨다. 그 성공은 혼자 영예를 누리라고 하신 게 아니라 기근 중에 가족을 아사에서 구하라고 주신 것이었다. 요셉은 기아에서 가족을 구했고 나아가 전 애굽과 주변국까지도 구했다! 인간이 악한 의도로 한 일을 하나님이 선하게 바꾸셨다(창 50:20).

그렇다. 나는 하나님이 자신의 선한 목적을 이루기 위하여 인간의 악을 허락하실 수 있다는 결론에 도달한다. 이전에도 그리 하셨으니 다시 그러실 수 있다.

왕에게 걸맞는 선물

이사야 53장의 종에 대한 애가는 승리의 분위기로 마감한다.

> 여호와께서 그에게 상함을 받게 하시기를 원하사
> 질고를 당하게 하셨은즉
> 그의 영혼을 속건제물로 드리기에 이르면
> 그가 씨를 보게 되며
> 그의 날은 길 것이요
> 또 그의 손으로 여호와께서 기뻐하시는 뜻을 성취하리로다.
> 그가 자기 영혼의 수고한 것을 보고
> 만족하게 여길 것이라.
> 나의 의로운 종이 자기 지식으로 많은 사람을 의롭게 하며
> 또 그들의 죄악을 친히 담당하리로다.
> 그러므로 내가 그에게 많은 자들과 함께 몫을 받게 하며
> 강한 자와 함께 탈취한 것을 나누게 하리니
> 이는 그가 자기 영혼을 버려 사망에 이르게 하며

범죄자 중 하나로 헤아림을 받았음이니라.
그러나 그가 많은 사람의 죄를 담당하며
범죄자를 위하여 기도하였느니라(53:10-12).

마지막으로 우린 익숙한 영역으로 복귀했다. 내가 늘 알았던 복음 제시가 눈에 들어오기 시작한다. 그리스도가 나의 죄를 대속하기 위해 자신의 생명을 내놓으셨고 그리스도의 희생으로 말미암아 나는 하나님 앞에서 의인으로 칭함받을 수 있다. 여호와를 찬양하라!

그런데 이 기쁨에 겨운 축하의 노래에 찬물을 끼얹는 한 줄이 있다. 이사야 53장 12절을 다시 보자.

그러므로 내가 그에게 많은 자들과 함께 몫을 받게 하며
강한 자와 함께 탈취한 것을 나누게 하리니.

우리 귀엔 이것이 별 감흥 없이 건성으로 치는 박수처럼 들린다. 종은 다른 많은 자와 함께 상을 받을 것이며 그가 견딘 모든 고뇌에 대해 잘했다고 등 두드려 주고 어쩌면 박수갈채까지 받을지 모른다. 이것이 합리적으로 들리는가?

문제는 대부분 영어 번역이 이 결정적인 한 줄의 위력을 가렸다는 것이다. 《타나크 성경》*New Jewish Publication Society Tanakh*(1985년판)의 번역을 들어보자.

그러므로 내가 그에게 많은 자들을 그의 몫으로 주리니
그가 허다한 자를 탈취물로 받으리라.

여기서 화자는 하나님이고 종은 단지 귀인 중 하나가 아니다. 이 종에게 "많은 자들"이 주어졌다. 동사 할락*halaq*은 '나누다, 할당하다', '상속을 주다' 또는 정복한 영토 등의 귀한 것을 '나누다', '배정하다'를 의미한다. '종'이 다른 이들과 더불어 상을 받는 것이 아니다. 실은 사람들이 종의 전리품이다. 그는 사람들을 대신하여 당한 고난으로 말미암아 사람들을 상으로 받는 중이다.[3]

와우. 이야말로 대단한 발상 아닌가? '고난받는 종'은 미적지근한 칭송이 아닌 허다한 사람들을 받을 자격이 있다.

이런 일은 생각도 못 해봤을지 모르겠다. 누군가에게 사람 무리를 선물로 주다니. 그러나 우리는 성경의 또 다른 의미심장한 구절에서 이와 동일한 이미지를 발견한다. 매우 메시아적인 시편 2편이다.

> 여호와께서 내게 이르시되 너는 내 아들이라.
> 오늘 내가 너를 낳았도다.
> 내게 구하라. 내가 이방 나라를 네 유업으로 주리니
> 네 소유가 땅 끝까지 이르리로다(시 2:7-8).

하나님이 참 왕인 메시아에게 기름부으신다고 공표하는 시편 2편을 들어본 적이 있을 것이다. 다스리고자 권좌에 오르는 왕에게 열국이 선물로 '주어진다.' 사람들은 그의 피지배자일 뿐 아니라 그의 '소유'다. 우리는 다니엘의 인자 환상에서 비슷한 이미지를 발견한다.

> 그에게 권세와 영광과 나라를 주고
> 모든 백성과 나라들과 다른 언어를 말하는 모든 자들이

그를 섬기게 하였으니

그의 권세는 소멸되지 아니하는 영원한 권세요

그의 나라는 멸망하지 아니할 것이니라(단 7:14).

여기서도 인자는 높임을 받으며 '나라'를 상으로 받는다. 모든 백성과 나라들이 영원토록 그의 것이 될 것이다. '종'은 먼저 자기 백성을 속량하기 위해 고난받는다. 그다음 하나님이 세우신 참 왕으로 선포되어 영광 속으로 들어간다. 실은 그리스도의 고난 때문에 나라를 받은 것이다! 이것이 정말일까?

이사야 53장의 변신

이사야 53장 12절을 이런 식으로 읽으면 종의 노래에서 전체 강조점이 완전히 뒤바뀌는 것을 본다. 이전에 이 예언은 단지 종의 고난과 속죄에 관한 것이었다. 그러나 이제 이사야 53장은 지극히 메시아적으로 들린다. 다니엘 7장의 인자와 시편 2편의 왕의 아들과 똑같이 하나님의 종은 그 고난으로 인해 왕국을 받는다.

예수님도 이런 식으로 이사야 53장 12절을 읽으셨을까? 예수님이 최후의 만찬에서 하신 말씀을 들어보자. 빵과 포도주를 나누시며 새 언약을 선포하신 직후 하신 말씀이다.

너희는 나의 모든 시험 중에 항상 나와 함께한 자들인즉 내 아버지께서 나라를 내게 맡기신 것같이 나도 너희에게 맡겨 너희로 내 나라에 있어

> 내 상에서 먹고 마시며 또는 보좌에 앉아 이스라엘 열두 지파를 다스리게 하려 하노라(눅 22:28-30).

여기에 쓰인 언어는 그리스도가 한 백성을 할당받고(배정 혹은 분할받고) 탈취물을 강한 자와 나눈다는 이사야 53장 12절의 메아리다. 예수님이 고난에 대한 상급을 받으시는 것처럼 하나님 나라를 위하여 박해받은 제자들도 상을 받을 것이다. 그들은 예수님이 그러셨듯이 마지막 숨을 다할 때까지 하나님을 섬기는 일에 끝까지 충성했고, 그런 의미에서 '강한' 자들이다. 바울이 로마서 8장 16-17절에서 이 발상을 어떻게 공명했는지 주목하라. "우리가 … 자녀이면 또한 상속자 곧 하나님의 상속자요 그리스도와 함께한 상속자니 우리가 그와 함께 영광을 받기 위하여 고난도 함께 받아야 할 것이니라."

예수님이 하나님 나라를 통치하시는 것처럼 제자들 역시 그럴 것이다. 어쩌면 제자들을 왕으로 삼는다는 발상에 거부감이 들지도 모르겠다. 흥미롭게도 누가복음 22장은 권세 있는 왕이 되려 하지 말고 겸손한 종이 되기를 힘쓰라고 예수님이 훈계하신 내용이 큰 맥락을 이룬다. 바로 그 전에 예수님이 하신 말씀이다.

> 이방인의 임금들은 그들을 주관하며 그 집권자들은 은인이라 칭함을 받으나 너희는 그렇지 않을지니 너희 중에 큰 자는 젊은 자와 같고 다스리는 자는 섬기는 자와 같을지니라. 앉아서 먹는 자가 크냐 섬기는 자가 크냐 앉아서 먹는 자가 아니냐 그러나 나는 섬기는 자로 너희 중에 있노라(눅 22:25-27).

예수님은 아버지가 자기에게 나라를 주신다는 말씀을 하는 그 순간에 자신을 "섬기는 자"라고 밝히신다. 여기서 부인할 수 없는 연결점이 생성된다. 예수님은 자신이 만왕의 왕이며 동시에 이사야 53장의 '종'이라고 주장하신다.

당신은 어떨지 모르지만 나는 가장 강력한 지도자가 전체의 유익을 위해 온몸을 바쳐 헌신하는 이타적인 종이기도 한 그런 나라에 살고 싶다. 그곳이 나에게는 대단히 좋은 나라처럼 들린다!

이사야 53장 12절을 이렇게 읽으면 전에는 이해되지 않던 다른 신약 구절도 이해되기 시작한다. 그리스도에게 주어진 다수는 그가 죄를 속량하신 사람들이다. 사실 그리스도가 그들을 '값 주고 사신' 것이다. 우리는 그리스도가 자신의 핏값으로 교회를 '사셨다'고 한 사도행전 20장 28절 같은 구절에서 이 발상을 발견한다. 바울은 이를 이렇게 표현했다. "너희는 너희 자신의 것이 아니라 값으로 산 것이 되었으니"(고전 6:19-20). 우리는 또한 사도들이 종종 자신을 '둘로스 크리스토우', 즉 '그리스도의 노예'라고 소개했다는 사실에서도 이를 확인한다.

'노예'라는 말이 현대인의 귀에는 거슬리겠지만, 예수님의 십자가 죽음은 단지 우리의 죗값만 치른 게 아니었다. 그 죽음으로 예수님은 우리 생명까지도 사셨다. 만일 우리가 그리스도를 구세주로 영접했다면 우리는 실제로 그리스도에게 '주어진' 존재인 셈이다.

복음서에서 복음 찾기

이사야 53장 12절에 대한 이 새로운 이해로 나로서는 또 하나의 중요한 수수께끼가 풀렸다. "예수가 하나님의 기름 부은 왕이다"라는 실제적이고 역사적인 유앙겔리온은 전도 소책자에 나오는 복음 제시, 즉 내가 예수님을 인격적 구주로 영접하면 그가 내 모든 죗값을 치르신다는 내용과는 어떻게 일치하는 걸까?

믿기 어렵겠지만, 우리의 복음 제시문은 진실에 상당히 근접했지만 서구 개인주의로 변형된 것이다. 우리는 마치 성경이 우리 각자를 향해 기록된 것처럼 홀로 성경을 읽는다. 우리는 "나 개인을 위해" 죽으시고 "내 죗값을 치루신" 그리스도를 찬양한다. 분명 그것도 사실이다! 그러나 성경은 단지 나나 당신을 위해서가 아니라 희생의 죽음을 통해 '전체 왕국'을 값 주고 사신 그리스도를 이야기한다.

계시록에서 이사야 53장의 어린양이 마침내 보좌에 오르는 영광스러운 장면을 주목하자.

> 내가 또 보니 보좌와 네 생물과 장로들 사이에 한 어린양이 서 있는데 일찍이 죽임을 당한 것 같더라. … 그들이 새 노래를 불러 이르되
>
> 두루마리를 가지시고
> 그 인봉을 떼기에 합당하시도다
> 일찍이 죽임을 당하사
> 각 족속과 방언과 백성과 나라 가운데에서
> 사람들을 피로 사서 하나님께 드리시고
> 그들로 우리 하나님 앞에서
> 나라와 제사장들을 삼으셨으니
> 그들이 땅에서 왕 노릇 하리로다 하더라

> 내가 또 보고 들으매 보좌와 생물들과 장로들을 둘러선 많은 천사의 음성이 있으니 그 수가 만만이요 천천이라. … 큰 음성으로 이르되
>
> 죽임을 당하신 어린양은
> 능력과 부와 지혜와 힘과
> 존귀와 영광과 찬송을 받으시기에 합당하도다 하더라(계 5:6, 9-12).

이제 예수님이 누가복음 24장 46-47절에서 하신 최후의 선포 역시 이해가 된다. "또 이르시되 이같이 그리스도가 고난을 받고 제삼 일에 죽은 자 가운데서 살아날 것과 또 그의 이름으로 죄 사함을 받게 하는 회개가 예루살렘에서 시작하여 모든 족속에게 전파될 것이 기록되었으니."

새로 왕관을 받으신 메시아 왕은 희년을 선포하신 것이다!

사람이 무엇이관대

: '작게 생각하기' 배우기

꿈을 꾼다. 당신은 완벽한 흑암 속에서 깊은 우주를 유영하고 있다. 영원의 시간이 흘러간 듯하지만 변한 것은 아무것도 없다. 오직 당신과 별이 총총 박혀 있는 어두운 벨벳 하늘뿐이다.

멀리 작은 빛이 보인다. 당신은 눈살을 찌푸리며 이 빛이 서서히 부메랑처럼 회전하는 별의 웅덩이로 퍼져나가는 것을 본다. 이것이 은하수임을 깨달은 당신은 영겁의 시간 동안 이 확장하는 발광체를 향하여 천천히 유영한다.

별 무리를 보며 평생 '태양'으로 알았던 미미한 점 하나가 어디에 있는지 부지런히 살핀다. 웬일인지 별 무리의 3분의 2 정도 지점에 파묻혀 있는 흐릿한 점 하나가 당신을 끌어당기는 듯하다. 수천 년에 걸쳐 그 작은 점 근처로 떠내려가던 중 드디어 행성이 눈에 들어왔다! 고리 달린 작은 토성과 붉은 반점이 있는 목성이 보인다.

청록색의 구슬이 눈에 들어오자 당신의 심장이 두방망이질 친다. 이 자전체가 시야에서 차츰 커진다. 구름 이불 아래 대륙과 대양이 보인다. 성층권을 뚫고 내려가는데 산맥과 사막이 내려다보인다.

이제 저 아래에 불빛이 번쩍이는 밤의 도시가 보인다. 집 쪽으로 방향을 틀어 하강하는데, 점점 속도가 느려진다. 기적같이 당신의 집 앞 잔디밭에 사뿐히 착륙한다!

그다음 잠에서 깬 당신은 밖으로 나가 밤하늘을 올려다본다. 꿈꾼 장면이 환상이 아니었음을 깨닫는다. 믿기 어려운 사실이지만 이것은 현실이다. 매일 밤 별이 총총한 까만 하늘을 올려다볼 때 당신은 우주의 가장 먼 반대편을 기웃거리는 것이다. 당신은 이 세상의 수십억 인구 중 한 명에 불과하지만, 우주 속에서는 지구도 한 점에 불과하다.

당신은 상상할 수 없을 만큼, 무한하게, 미미한 존재다. 요즘 사람들은 이런 주제를 시간을 들여 묵상하지 않는다. 최신 허블 망원경이 촬영한 이미지와 뉴스에 나오는 나사의 탐사 이야기로 우리 입이 절로 다물어지고 경외감에 압도당하리라 생각한다면, 오판이다.

놀랍게도 성경 사회가 우리보다 이 현실을 훨씬 예리하게 인식했다. 유대 성경학자 제임스 쿠겔에 의하면 히브리어 성경 전반에는 '자신의 작음'[1]에 관한 근본적 겸허가 배어 있다. 고대 저술의 공통된 주제는 인간이 더 큰 시스템의 작디작은 일부이며 자신보다 훨씬 큰 힘에 좌우된다는 것이다. 인간은 사막과 바다의 광대함에 견주면 미미한 존재였다. 풍랑, 가뭄, 기근, 자연재해 앞에서 속수무책이라는 면에서도 작은 존재였다. 인간은 또한 주변의 변덕스러운 신들과 귀신들

앞에서도 미미한 존재였다. 오직 뭉치는 것만이 살길이었다.

인간이 미미한 존재라는 인식은 이스라엘의 하나님 인식에서 정중앙을 차지했고, 이것은 성경적 경배의 본질이기도 하다. 시편과 예언서는 인류의 미미함과 이와 대조되는 하나님의 전적인 광대하심의 이미지로 차고 넘친다.

> 너희가 알지 못하였느냐
> 너희가 듣지 못하였느냐
> 태초부터 너희에게 전하지 아니하였느냐
> 땅의 기초가 창조될 때부터 너희가 깨닫지 못하였느냐
> 그는 땅 위 궁창에 앉으시나니
> 땅에 사는 사람들은 메뚜기 같으니라(사 40:21-22).

> 아버지가 자식을 긍휼히 여김같이
> 여호와께서는 자기를 경외하는 자를 긍휼히 여기시나니
> 이는 그가 우리의 체질을 아시며
> 우리가 단지 먼지뿐임을 기억하심이로다.
> 인생은 그 날이 풀과 같으며
> 그 영화가 들의 꽃과 같도다
> 그것은 바람이 지나가면 없어지나니
> 그 있던 자리도 다시 알지 못하거니와(사 103:13-16).

> 이는 하늘이 땅보다 높음같이
> 내 길은 너희의 길보다 높으며

내 생각은 너희의 생각보다 높음이니라(사 55:8-9).

놀랍지 않은가? 기술 발전으로 그 어느 때보다 우주의 광대함과 우리의 극미함이 속속들이 드러났는데도 우리는 그다지 겸손해지지 않았다. 우리는 세기가 갈수록 지식이 증대하여 우리가 지적으로 더 정교해질 것으로 생각한다. 그러나 쿠겔은 근대성이 실은 우리의 현실 감각을 둔하게 한 건 아닌지 의심한다. 오히려 성경 속 인물들은 어려움 없이 현실을 인식했다. 쿠겔은 말한다. "무언가, 어떤 특정한 인지 방식이 점진적으로 우리 내면을 에워싼 결과 오늘날 대부분 사람은 선대가 보았던 것을 아예 접수하지도 못하거나 접근조차 할 수 없게 되었다."[2] 우리야말로 경외와 경이를 느낄 줄 모르는 무감각하고 둔한 이들이다.

우리 문화는 스스로 찬란함에 압도된 나머지 자신보다 큰 것을 못 보는 소경이 되었다. 우리는 난생처음 1박 2일 야외 캠핑을 간 컵스카우트 단원들 같다. 어둠 속에서 끈기 있게 기다리면 눈이 차차 적응하여 성운과 구상 성단星團과 원거리의 은하를 감지할 수 있을 것이다. 하지만 우리는 새로 산 멋진 플래시를 들고 돌아다니거나 텐트 안에서 장난을 치느라 여념이 없다. 마침내 하늘을 올려다봤을 땐 은하수조차 보이지 않는다.

랍비 아브라함 헤셸도 같은 견해다. 그는 현대 독자들이 하나님의 위용을 제대로 실감할 능력이 결여되어 있다고 단언한다.

헬라인은 이해하기 위해 배웠다. 히브리인은 경외하기 위해 배웠다. 현대인은 사용하기 위해 배운다. … 현대인은 모든 것을 수치화하여 계산

> 할 수 있다고 생각한다. 현대인은 통계를 지극히 신뢰하며 신비라는 발상을 혐오한다. 현대인은 우리를 에워싼 모든 것이, 인간이 어슴푸레 인지하긴 하지만 속속들이 파악하진 못한 신비임을, 이성조차도 신비의 영역에 속함을 고집스레 외면한다. 현대인은 모든 신비를 해명할 수 있다고 자신한다.
>
> 광대함과 숭고함에 대한 인식은 현대인의 사고에서 사라지기 일보 직전이다. … 인간 영혼의 내적 위대함의 징표이자 모든 사람에게 잠재적으로 주어진 숭고함은 이제 진귀한 재능이 되어버렸다. 그러나 이 숭고함이 사라지면 세상은 무미건조해지고 영혼은 빈껍데기가 된다.[3]

하나님은 아주 멀리 계신다는 생각

우리 자신이 '크다'라는 생각은 첨단기술이 아닌 우리의 서구적 관점에서 비롯된 것이다. 헬라적 사고를 하는 서구인은, 특히 학문을 한다는 사람들은 엄청난 자의식과 함께 성경을 읽는다. 마치 우리가 자신보다 무한히 큰 어떤 존재의 사상과 행동을 체계적으로 예견할 수 있는 것처럼 말이다.

우리는 하나님의 본질을 몇 가지 속성으로 압축하여 크기와 방향으로 정의되는 벡터의 힘으로 환원하는 것이 더할 나위 없이 합리적이라고 본다. 그다음 우리는 하나님의 동기를 우리의 공의라는 저울대 위에 올려놓고 하나님이 스스로 해명할 것을 요구한다. 그런 식으로 우리는 하나님의 모든 목표와 목적을 파악할 능력을 갖추고 있다고 생각한다! 욥이 하나님과의 대화를 통해 정반대 사실을 배웠다는 점은 무시한다.

서구 그리스도인은 신학적 추측에 많은 시간을 쏟으며 유대 사상은 왜 이렇게 하지 않는지 의아해한다. 유대식 사고 체계에서 논의의 초점은 대체로 어떻게 인류는 하나님의 뜻대로 살아가도록 부름받았는가에 있다.[4]

쿠겔은 중동의 아랍과 유대인 모두 하나님을 향한 '작음'의 문화적 인식을 공유한다고 했다. 그 언어의 관용구에는 하나님의 주권에 대한 반응으로 인류가 마땅히 가져야 할 겸허함이 배어 있다. 가령 아랍어권에서는 인샬라("하나님의 뜻이라면")라는 관용구를 붙이지 않고는 장래 계획에 대해 말할 엄두도 못 낸다. 유대인이라면 히브리어의 베즈랏 하셈*B'ezrat HaShem*("하나님의 도우심으로")이라는 관용구를 덧붙일 것이다. 쿠겔의 말이다.

> 이라크에 살던 한 유대인이 청년 시절 불가피하게 고향 바그다드를 떠나 서구에 정착하며 겪었던 문화 충격을 들려주었다. "바그다드에서는 온갖 종류의 사람이 있었어요. 아주 전통적인 사람도 있었고, 우리 가족처럼 현대적인 사람들도 있었죠. … 현대적이든 전통적이든 우린 다들 하나님은 매우 크시고 인간은 매우 작다는 사실을 알았죠. 제가 바그다드를 떠나 서구 사회로 이주한 후 어느 날 유명한 신학자의 강의를 들으러 간 일이 있었어요. 그에게서 뭔가 혜안을 얻으리라 기대했는데, 그가 말을 하면 할수록 그의 생각과 내 생각이 머릿속에서 뒤엉키며 당혹감만 커졌어요. 그의 말을 들을수록 인간은 매우 크고 하나님은 매우 멀리 떨어져 있다는 생각을 떨칠 수 없었어요.[5]

인간의 뇌가 만들어낸 하나님?

오즈의 마법사를 기억하는가? 다섯 살 때, 사악한 마녀가 앙상하게 뼈가 훤히 드러난 구부러진 손가락을 내보이며 쇳소리를 내며 "널 잡겠어, 예쁜이!"라고 할 때마다 나는 얼른 소파 뒤로 달려가 몸을 숨겼다. 마녀보다 더 무서웠던 건 연기에 휩싸여 천둥 같은 소리를 내는 '위대하고 무서운 오즈'였다. 물론 토토가 커튼을 젖혀 사기꾼의 정체가 드러나기 전까지만 그랬다.

오늘날 많은 사람은 이 신학적 탈환상 이야기에 공감한다. 우리는 자라며 삶의 가혹한 현실 앞에서 주기적으로 회의에 빠질 때마다 혹시 세상엔 인류만 존재하고 종교적 신앙은 이상理想의 단순한 투사 작용이 아닌지 의심한다. 어쩌면 하나님은 우리 자신의 투사로 인한 연기와 거울에 불과한 존재가 아닐까.

쿠겔은 고대사회에 관한 연구에서 의외의 사실을 고찰한다. 고대사회엔 하나님이 존재하지 않는다는 생각을 진지하게 품은 사람은 없었다는 것이다. 쿠겔에 따르면 성경은 사람들의 의심을 주저하지 않고 표현한다.

때로는 하나님의 대적들이 그분을 조롱하고, 하나님을 따르는 자들은 그분이 악인을 벌하지 않으시며 고통받는 자에게 응답하지 않으신다고 불평한다. 그러나 그 어디에도 '글쎄, 어쩌면 하나님이 없는 건지 몰라'라는 말은 없다. 어떤 분기탱천한 신성모독자라도 인류가 '신'이란 발상을 고안했다고 여기거나, 세상엔 오직 인간밖에 없다고 생각하지 않았다. 쿠겔의 글이다.

> 분명한 사실은 보통 사람들은 이런 생각을 떠올리지도 못했고, 신성모독자 역시 그랬다. 오히려 정반대였다. 하나님의 존재와 근본적 실체는 어디서나 너무도 잘 알려진 사실이라 따로 상술할 필요가 없는 당연한 전제였다. 이와 같은 이유로 성경은 현실 속에서 하나님을 정의하거나 그 실재성을 설명하는 것을 출발점으로 삼지 않는다. 그럴 필요가 없었던 것이 틀림없다.[6]

왜 그럴 필요가 없었을까? 그들이 목가적 삶을 살았기 때문은 분명 아니었을 게다. 현실은 질병, 전쟁, 기근 등으로 지금보다 훨씬 참담했다. 하나님이 세상에 허락하신 비극을 놓고 항변했던 사람은 비단 욥 하나만이 아니었다. 그러나 욥이 하나님의 존재 자체를 의심했다는 이야기는 어디서도 찾아볼 수 없다.

이스라엘이 너무 원시적이라서 회의주의가 비켜 간 것도 아니다. 신지자들은 나무토막의 절반은 조각하여 우상으로 만들고 절반은 취사용 땔감으로 쓰는 자들의 명백한 어리석음을 조롱했다(사 44:19). 뭔가 다른 요인이 작동했다고 본다.

그들과 오늘날의 세계관 사이에 인지적 지각판에 대이동이 있었다. 성경은 인류가 장엄한 현실의 미미한 일부분에 불과하다고 전제한다. 인간은 우리보다 훨씬 큰 힘 앞에서 속수무책인 연약한 존재들이다. 우리는 '근본적으로' 작다.

서구인은 창세기를 펴들고도 하나님이 존재한다는 증거를 찾지 못해 힘들어한다. 그러나 성경 시대엔 누구도 그런 의문을 갖지 않았다. 고대인의 관점에서 보면 하나님이 자그마한 인간의 뇌에서 비롯되었다는 것은 생각조차 할 수 없는 일이었다.

약체 나라, 강력한 하나님

또 하나 명심할 점은 성경 인물들이 스스로 '작다'고 여겼을 뿐 아니라 이스라엘 백성 역시 자기 민족을 '작다'고 보았다는 것이다. 주변국은 약골 이스라엘의 얼굴에 모래를 뿌려대며 늘상 괴롭혔다. 이스라엘은 역사 내내 애굽과 바벨론 같은 초강대국의 틈바구니에 끼어 시달렸고 앗수르, 그리스, 로마와 같은 외세의 침략과 압제를 겪었다.

이 '약소국' 사고는 이스라엘 백성이 애굽을 떠나 약속의 땅 변방에 다다랐을 때 확연하게 드러났다. 하나님이 그들에게 가나안의 풍성함을 보라고 청하자 그들은 두 장정이 막대에 끼워 들고 와야 할 만큼 거대한 포도송이를 보았다. 장차 받을 놀라운 선물을 생각하며 마음이 부풀어 오르기는커녕 그들은 겁에 질렸다. 땅은 비옥하고 과실은 거대할지 몰라도 그곳 주민은 거인들이었다! 이스라엘 백성은 흐느꼈다. "우리는 스스로 보기에도 메뚜기 같으니 그들이 보기에도 그와 같았을 것이니라"(수 13:33). 그들은 너그러우신 하나님을 찬양하는 대신 자신들을 전장에서 죽이려고 끌어내셨다고 하나님께 악담했다.

이것은 옛적 애굽에서 익힌 패배주의적 태도의 잔재였다. 그들은 처음에는 모세를 신뢰했지만 바로가 거듭 풀어주기를 거절하자 자포자기했다. "마음의 상함과 가혹한 노역으로 말미암아 모세의 말을 듣지 아니[했다]"(출 6:9). 그들은 수백 년간 노예였고, 노예살이가 세상의 전부였다. 그들은 주인이 시키는 대로 단순노동을 하는 밑바닥 인생이었다. 그들에게는 희망도, 힘도, 가치도 없었다.

그들은 주변의 이교도 사회에서 또 다른 종류의 '작음'을 배웠을 가능성도 있다. 다신주의 고대 근동에 만연한 신학은 인간이 신들의 노예가 되려고 지음받았다고 주장했다. 각 나라는 유한한 권능을 가진 신들을 섬겼고 그 신들의 주요 관심사는 전쟁을 통해 다른 신을 제압할 권력을 갖는 것이었다. 인간은 신들의 졸개였고 패권 획득을 위한 전쟁의 장기 말에 불과했다. 강대국의 신들은 전쟁에 주로 승리하는 강대한 신들인 반면, 약소국의 신들은 패배하는 약체 신들이었다. 모든 전쟁은 신들 사이의 겨루기였고 누가 승리하고 패할지를 다 알았다. 애굽의 군사력은 전설적이었고 무시무시한 신들의 판테온이 웅장한 신전에서 군림했다. 거대한 신전 건축물을 보는 사람마다 애굽의 가공할 수호신들을 떠올렸다.

출애굽기가 원래의 청중에게 주었던 충격을 실감하려면 작게 생각해야 한다. 하나님은 세상에 자신을 계시하기 위해 하늘에서 천둥 치듯 신학적 선언문을 내밀지 않으셨다. 하나님은 그들이 아는 가장 힘센 신들과 겨뤄 압승을 거두심으로써 자신을 입증하셨다. 이스라엘이 다른 나라들에 접근했을 때 그 나라들이 애굽 신들을 격퇴한 하나님의 명성으로 공포에 떨며 반응한 일이 한두 번이 아니었다(민 22장, 수 6장 참조). 모세는 이스라엘에게 하나님의 지고하심을 일깨우고자 전대미문의 역사적 사건을 회고했다.

> 네가 있기 전 하나님이 사람을 세상에 창조하신 날부터 지금까지 지나간 날을 상고하여 보라. 하늘 이 끝에서 저 끝까지 이런 큰일이 있었느냐 이런 일을 들은 적이 있었느냐 … 어떤 신이 와서 시험과 이적과 기사와 전쟁과 강한 손과 편 팔과 크게 두려운 일로 한 민족을 다른 민족에게서 인도하여 낸 일이 있느냐 이는 다 너희의 하나님 여호와께서 애굽에서 너희를 위하여 너희의 목전에서 행하신 일이라(신 4:32, 34).

출애굽기의 도입부를 고대인의 눈으로 읽어보자. 한 무명 신이 바로에게 비천한 이스라엘 잡부들이 광야에서 절기를 지키도록 풀어달라고 요구했으니, 얼마나 우스꽝스러웠겠는가. 바로는 이 듣도 보도 못한 무명 신에게 코웃음을 치며 당장 노예들을 노역으로 복귀시키라고 명령했다.

> 그 후에 모세와 아론이 바로에게 가서 이르되 이스라엘의 하나님 여호와께서 이렇게 말씀하시기를 내 백성을 보내라 그러면 그들이 광야에서 내 앞에 절기를 지킬 것이니라 하셨나이다 바로가 이르되 여호와가 누구이기에 내가 그의 목소리를 듣고 이스라엘을 보내겠느냐 나는 여호와를 알지 못하니 이스라엘을 보내지 아니하리라 그들이 이르되 히브리인의 하나님이 우리에게 나타나셨은즉 우리가 광야로 사흘 길쯤 가서 우리 하나님 여호와께 제사를 드리려 하오니 가도록 허락하소서 여호와께서 전염병이나 칼로 우리를 치실까 두려워하나이다 애굽 왕이 그들에게 이르되 모세와 아론아 너희가 어찌하여 백성의 노역을 쉬게 하려느냐 가서 너희의 노역이나 하라(출 5:1-4).

출애굽 이야기가 전개되는 과정에서 하나님은 애굽인과 이스라엘인 모두에게 자신의 진정한 권능을 계시하신다. 이 알려지지 않은 신이 애굽에 접근하자 역병이 돌았다. 처음에는 강이 붉게 변하더니 벌레가 들끓고 짐승들이 떼죽음을 당하기 시작했다. 이 두려운 하나님이 가까이 다가오자 우박과 메뚜기와 완전한 흑암으로 하늘이 캄캄해졌다.

마침내 이스라엘 백성이 어린 양을 희생제로 바치고 애굽 한복판에서 여호와 하나님을 예배하자 하나님의 권능이 애굽인에게 쏟아졌고 이스라엘의 압제자들에게 심판이 임했다. 바로가 이스라엘 백성이 하나님을 예배하지 못하게 속박하자 그분은 압제자를 벌하시고 스스로 백성을 해방하셨다.

우리가 '크게 생각'하여 왜 무한한 하나님이 이런 원시적이고 폭력적인 이미지로 자신을 계시하셨을까 하고 이상하게 여긴다면, 완전히 논점에서 빗나간 것이다. 왜 하나님은 이스라엘 백성을 단숨에 약속의 땅으로 공간이동 시키지 않으셨을까? 왜 그때 그리스도를 보내셔서, 현대의 신학 용어로 자기 실체를 설명하지 않으셨을까? 각 재앙은 사실 신학적 진술이었다. 각 재앙은 애굽의 무시무시했던 신들이 각각 얼마나 무력한지를 드러내고 있었다.[7] 하나님은 근대 서구인이 아닌 고대 근동 사회가 이해할 만한 언어로 자신을 계시하셨다.

출애굽 스토리에는 하나님이 '작은 척' 하신다는 발상이 세미하게 녹아 있다. 하나님이 바로에게 보여주라고 모세에게 허락하신 두 기적, 뱀으로 변하는 지팡이와 나병 걸린 손은 둘 다 애굽의 술사들도 어느 정도는 흉내 낼 수 있는 기적이었다(7:20-24). 첫째와 둘째 재앙 역시 따라 할 수 있었다(8:1-14). 얼핏 별것 아닌 것같아 보이는 먼지가 이로 변하는 셋째 재앙부터는 술사들이 진땀을 흘리기 시작했다. 술사들은 이는 하나님의 손이라고, 즉 그들의 신은 생명을 만들어낼 수 없다고 외쳤다!

흡사 하나님이 일부러 극적 긴장을 고조시키려고 처음에는 낮은 땅볼 몇 개로 시작하신 느낌이다. 마치 하나님이 볼품없는 약골 클라크 켄트가 술집 건달들에게 싸움 거는 장면을 연기하시는 것 같다. 먼저 하나님은 뿔테 안경을 콧등 위로 밀어올리며 현란한 카드 섞는 기교를 선보이신다. 악당들은 맥주를 홀짝이며 코웃음 친다. 그때 클라크가 넥타이를 풀고 안경을 벗는다. 다들 그다음에는 어떤 일이 벌어질지 안다.

경외감 회복하기

어떻게 하면 하나님에 대한 경외감을 되찾을 수 있을까? 우리는 시편을 읽고 세상을 성경적으로 바라보는 방식을 묵상할 수 있다. 그다음 우리의 작음을 인정하는 기도를 드릴 수도 있다. 실로 기도는 그런 작음의 '실천'이다. 기도는 사랑의 하나님이 임하셔서 우리의 염려와 근심을 경청하신다는 전제가 있어야 가능하다.

그리스도인은 그리스도 당시로 거슬러 올라가, 유대인이 읊조렸던 '여호와를 송축하는 기도'에서 배울 점이 있다. 수천 년간 이어온 이 전통은 삶 속에서 좋은 것과 마주할 때마다 짤막한 찬양의 기도를 올리는 것이다. 그런 식으로 온종일 기도를 흩뿌린다.

가령 천둥소리를 들으면 이렇게 고백한다. "그 힘과 권능으로 세상을 채우시는 우주의 왕 되신 여호와 우리 하나님을 송축합니다."

처음 새 옷을 걸칠 때는 이렇게 기도한다. "벌거벗은 자를 입히시는 우주의 왕 되신 여호와 우리 하나님을 송축합니다."

오렌지를 깔 때는 "과일에 기분 좋은 향을 주신 당신을 송축합니다"라고 기도한다.

하나님의 임재와 사랑의 돌보심을 끊임없이 스스로 일깨울 때 경외와 감사를 어렵지 않게 느낄 수 있다. 바울은 우리에게 "항상 기도하

라. 범사에 감사하라"(살전 5:17-18)고 주문한다. 바울이 이 말을 할 때 유대인의 이 기도 습관을 염두에 두었을 가능성이 크다.[8]

이 기도는 우리 삶의 모든 일상에서 하나님께 감사드리는 연습 그 이상의 것이다. 앞에서 소개한 전통적 기도 형식은 '나'는 전적으로 배제한 채 모든 축복의 근원이신 하나님을 찬양하는 데 초점을 맞춘다. 모든 초점은 모든 이를 위해 베푸신 하나님에 있다.

사람이 무엇이관대 주께서 그를 생각하시나이까

고대 근동에서는 인류가 변덕스러운 신들의 노예로 창조되었다는 관념이 있었다. 그들이 바라본 세상은 한 치 앞을 내다볼 수 없는 자의적이고 잔인한 곳이었다. 인간의 생애가 어떤 식으로든 의미 있다는 생각이 들어설 여지가 없었다. 고대 메소포타미아의 글은 번뇌의 손아귀에서 무기력과 근심에 싸인 인간 군상을 그린다. 냉혹하고 예측할 수 없는 세상에서 인간의 유일한 소망은 생존이다.

뿌리 깊이 인 박힌 이 비천한 관념을 몸소 파악하기 전에는 인류가 어떤 식으로든 하나님께 소중하며 친밀한 관심의 대상이라는 사상이 얼마나 기막힌 것인지를 실감하지 못할 것이다.

> 주의 손가락으로 만드신 주의 하늘과
> 주께서 베풀어 두신 달과 별들을 내가 보오니
> 사람이 무엇이기에 주께서 그를 생각하시며
> 인자가 무엇이기에 주께서 그를 돌보시나이까

그를 하나님보다 조금 못하게 하시고
영화와 존귀로 관을 씌우셨나이다(시 8:3-5).

하나님이 우리를 영광으로 관 씌우셨다는 사실은 우리가 '작다'라는 사실을 바꾸지 못한다. 우리는 작지만, 하나님이 창조세계에 자신의 거룩한 형상을 비출 거울로 창조한 존재이기도 하다. 이것이 인간 존엄성의 궁극적 원천이며 인간의 생명이 하나님께 소중한 이유다.

나훔 사르나는 인류가 하나님께 소중하다는 토라의 주제의식이 모세 시대의 청중에게는 소스라치게 놀랄 만한 발상이었다고 한다. 토라는 이교도 신화와 의도적으로 상충하는 창조 기술에서 시작한다. 이교도 신화는 신들이 피비린내 나는 전쟁을 벌이며 서로의 몸을 토막 냄으로써 세상을 창조하는 이야기로 가득하다. 이와 달리 창세기는 하나님의 형상 담지자로 지음받고 세상을 통치하는 사명을 받은 인류의 창조 이야기를 전한다.[9] 우리 인간은 작지만 하나님께 지극히 보배로운 존재다.

토라의 급진적 사상

전반적으로 고대사회에서 인간의 생명은 믿기 어려울 만치 값싼 것이었고 이 사실은 고대 근동의 법 조항에 고스란히 반영된다. 가상 상황을 생각해보자. 한 남자가 자기 소를 몰고 강을 건너던 중 다른 남자에게 살해당한다. 살인자는 남자의 소도 훔친다. 형벌은? 살인자가 히타이트인이라면 피해자 일족으로 들어가 피해자가 하던 일을 벌충해야 했다. 생명 손실은 아무 문제가 되지 않았다.

마찬가지로 고대사회에서 살인은 일정 금액의 돈으로 청산 가능한 부족 간의 채무에 불과했다. 혹은 어떤 법은 살인자가 아내나 아들이나 노예 같은 자기 '소유'의 사람을 대신 내어주는 일을 허용했다. 혹은 적은 수의 낙타, 양, 소를 내줄 수도 있었다.

저명한 학자 모쉬 그린버그는 바로 이것이 이스라엘의 율법이 다른 나라와 근본적으로 갈라지는 지점이라고 고찰한다.[10] 이스라엘의 많은 독특한 율법은 하나님이 인간 생명에 부여하신 독특한 가치를 기반으로 한다. 여느 지역과 달리 이스라엘에서 살인은 하나님 자신에 대한 범죄로 간주되었다. 인간이 하나님의 형상으로 지음받았기에 인간은 하나님께 막대한 가치를 지닌다. 돈을 아무리 많이 줘도 인명을 대신할 순 없었다. 살인자 자신의 목숨 이외에는 그 어떤 것으로도 살인을 배상할 순 없었다.

> 다른 사람의 피를 흘리면
> 그 사람의 피도 흘릴 것이니
> 이는 하나님이 자기 형상대로 사람을 지으셨음이니라(창 9:6).

성경적 사고에서 사형은 살인과 같지 않음을 유의하라. 하나는 무분별한 악의적 폭력이고 다른 하나는 극악무도한 범죄에 대해 하나님이 요구하시는 벌이다. 인간의 생명은 하나님께 소중하지만, 어떤 형벌도 비켜갈 수 있을 정도로 지고하지는 않다. 하나님은 인간에게 생명을 주셨고 각 사람에게 얼마만큼의 생명이 주어질지 최종 결정권을 가지신다. 만일 우리가 다른 사람을 멸하면 하나님이 우리의 생명까

지도 요구하실 수 있었다.[11]

아무튼, 인간의 생명이 하나님께 독보적 가치가 있다는 점은 전대미문의 급진적 발상이었다. 우리에게는 이것이 자연스럽지만, 고대 근동 사회에서는 파격적인 관념이었다. 우리 사고의 저변엔 인명의 존엄성에 대한 의식이 깔려 있다. 우리에게는 그런 관념이 없는 세상이 상상이 잘 안 된다. 우리 사회와 법은 인명이 존엄하다는 인식으로 완전히 탈바꿈되었기 때문이다. 우리는 고대의 배경에서 이것이 얼마나 획기적인 발상인가를 헤아리지 못한다.

창세기에도 의외의 메시지가 있다. 우리는 하나님이 인간을 애틋하게 빚으셨고 인간이 하나님께 귀한 존재임을 본다. 그러나 인간은 죄 가운데로 빠져들었다. 하나님은 슬퍼 근심하시면서도 단지 죄인을 멸하시는 데 그치지 않으시고 악의 문제에 대한 해결책을 찾아 나서신다. 우리는 이미 창세기에 그리스도의 구속 계획에 관한 맹아가 있음을 본다.

Reading the Bible with Rabbi Jesus

감사의 글

책 쓰기는 고독한 작업 같아 보이지만 실은 온 공동체가 동원되어야 하는 일이다. 너무나 많은 전문적이고 학문적 지식이 요구되는 이 일에, 많은 친구와 가족이 집필을 격려하고 축복해주었다.

차드 앨렌과 베이커 출판사의 모든 팀원에게 큰 감사를 전한다. 차드, 당신의 열정과 집필 기간 내내 나눴던 여러 만남에 대해서도 너무도 감사드려요. 잭 쿠하체크, 당신의 편집 피드백에 너무도 감사드려요. 책 편집 과정에서 전문가로서의 안목을 보여준 린지 스풀스트라에게, 표지 디자인을 맡아준 파티 브링크스에게 감사해요. 에일린 한슨과 마케팅 팀의 노고도 엄청나게 도움이 되었어요.

앤 스팽글러, 출판업계에서 나의 현명한 길잡이가 되어준 것에 감사드려요. 또 나의 모든 질문에 귀 기울여준 것에 감사해요. 당신과 동역자라는 것이 얼마나 감사한지 몰라요.

티투스 바라카, 밀리 에레마, 스티븐 카짐바 그리고 나의 모든 우간다 친구들이여, 당신들과 함께 배우는 건 정말 신나는 일이었어요!

데이비드 비빈, 랜덜 부스, 스티브 노틀리, 게리와 샤론 앨리, 그 외에도 나에게 큰 가르침을 준 여러 학자에게 감사드린다. 아울러 나의 사고의 날을 여러 방식으로 연마해준 레이 밴더 란과 제임스 휘트먼 같은 멘토들에게도 감사드린다.

리사와 로렌 브레데부드, 케이스와 로라 블리스트라, 린 오스틴, 토비 그루펜, 마샤 존슨, 힐라리 매디슨, 캐서린 밴다이크, 메릴린 브라이트, 낸시 브라운, 그 외 내가 초고를 읽도록 몰아붙인 나의 여러 친구에게 감사드린다

여러 아이디어를 놓고 나와 끈질기게 씨름한 셜리 후거붐, 창의적인 아이디어와 기막힌 글쓰기로 도움을 준 멜라니 드크루터, 최종 편집을 해준 캐서린 세처에게 특별한 감사를 전한다. 그리고 내 사무실에서 수고한 안드레아 피처에게 감사한다.

엘리자베스와 팀 웨스트, 뎁과 릭 스미스의 변함없는 우정에 감사한다.

나의 소중한 가족, 특히 데이비드와 로바와 티어베르그가의 딸들, 그리고 나의 다수의 현명한 자매 상담가들에게 특별한 감사를 전한다. 여러분은 나에게는 과분한 복이에요.

더 깊이 읽기를 위한 묵상 질문

1장. 예수와 함께 성경을 펼치다

❶ 예수님과 제자들 사이에 오가는 대화를 주목하며 누가복음 24장 13-35절을 읽어보라. 그들이 사용하는 표현 중에 선뜻 이해되지 않는 부분이 있는가? 어떤 의문이 드는가? 독자들이 이미 안다고 전제하고 말하는 듯한 부분이 있는가? 예수님이 자기 사명을 설명하기 위해 성경을 인용하셨을 때 전하려던 메시지는 무엇이었을까?

❷ 오늘날 중동의 전통을 유지해오는 공동체로 여행한다면 당신이 지금 사는 곳과 비교해 어떤 문화적 차이가 예상되는가?

❸ 히브리어 성경의 세 부분을 그대로 열거한 《타나크 성경》을 살펴보라(280쪽). 당신에게 있는 성경의 목차와 비교할 때 다른 점은 무엇인가?

❹ 성경의 유대성과 관련해 당신은 특히 어떤 부분이 궁금한가?

한 단계 더 들어가기

- '진짜' 엠마오 길에 관해 더 알고 싶다면,

〈예루살렘 퍼스펙티브〉(www.jerusalemperspective.com) 사이트를 검색해보라(예수의 1세기 유대적 맥락에 관한 탁월한 글들이 많다). 편집자 데이비드 비빈은 나에게 그 고대의 길을 처음 소개한 사람이다. 사람들이 도로 보존에 소극적이라 도로 소실 위험이 있다는 그의 최근 보고도 있다.

2장. 거기 있는 법 배우기

❶ 사도행전 1장 4-8절과 2장 1-8절을 읽어보라. 예수님은 제자들에게 어떤 사명을 맡기셨는가?(마 28:19-20 참조.) 오순절 때 성령은 제자들에게 어떤 능력을 부여하셨는가? 메시지를 전 세계로 전파하기 위해 당신이 갖추어야 할 능력은 무엇인가?

❷ 신구약 성경 사회에서 어떤 면이 받아들이기 가장 어려운가? 성경 시대 이래로 개선된 것이 있다면 무엇인가?

❸ '거기 있으라'는 말씀을 실천하려면 시공간을 가로질러 여행을 해야 한다. 당신이 보기에는 서구 WEIRD 문화의 어떤 면이 성경 사회와 우리를 갈라놓는 것으로 보이는가?

❹ 해외 거주 경험이 있는 사람들에게 적응하기 힘들었던 문화적 현상이 무엇이었는지 이야기해달라고 해보라. 그들이 특별히 이상하다고 여긴 WEIRD 문화의 면모가 있다면?

한 단계 더 들어가기

- 다른 문화에 속한 사람과 친분이 있다면 그들과 당신의 관점에 어떤 차이가 있는지 토론하는 습관을 들이라. 성경공부 모임에 초대하여 함께 공부하며 의견을 구하라. 나의 우간다 친구들이 나눠준 풍성한 통찰이 유익했던 이유는 그들이 나와 다른 문화적 관점을 제시했기 때문이었다.

- 아울러 자신의 배경과 다른 세계를 접했거나 거기서 성경을 가르쳤던 선교사나 성경 번역자들과 이야기를 나누어보라. 그들은 종종 가르침을 주려 했던 사람들에게서 무수한 통찰을 얻는다.
- 문화적 차이를 이해하는 데 정말로 유익한 책이 있다. 장담컨대 당신도 사라 라니어Sarah Lanier의 《낯섦에서 익숙함으로: 냉온대 기후 문화를 이해하기 위한 길잡이》*Foreign to Familiar: A Guide to Understanding Hot- and Cold-Climate Cultures*(2000)라는 간략하면서도 유익한 안내서가 아주 마음에 들 것이다.
- 문화가 우리의 성경 읽기에 어떻게 영향을 미치는지에 관한 탁월한 책들이 있다. 다음을 참고하라.
  - 랜돌프 리처즈, 브랜든 오브라이언 공저, 《서구의 눈으로 오해한 성경: 성경을 더 잘 이해하기 위하여 문화적 눈가리개 제거하기》*Misunderstanding Scripture with Western Eyes: Removing Cultural Blinders to Better Understand the Bible*(2012)
  - 잭슨 우, 《모든 민족을 위한 하나의 복음: 성경 맥락화를 위한 실용적 접근법》*One Gospel for all Nations: A Practical Approach to Biblical Contextualization*(2015)

3장. '그리스도'는 정확히 무슨 뜻일까

❶ 이스라엘 통일왕국의 왕들은 사울, 다윗, 솔로몬, 르호보암이었다. 제사장이 다스리던 시대 이후 이스라엘 백성이 처음으로 왕을 구한 사무엘상 8장 1-20절을 읽어보라. 그들은 어떤 경고를 받았는가? 역대하 10장 1-16절을 읽어보라. 르호보암 통치기에는 어떤 일이 일어났는가?

❷ 신명기 17장 14-20절을 읽어보라. 이 율법은 어떤 면에서 예수님과 그분의 왕국을 묘사한다고 볼 수 있는가? 최초의 '다윗의 아들'인 솔로몬은 이 율법을 어떻게 준행했는가? 열왕기상 11장 1-8절을 참조하라.

❸ 이사야 11장 1-9절과 42장 1-7절에 나온 이사야 선지자의 메시아 왕 환상 부분을 읽어보라. 이사야가 환상으로 본 메시아와 예수님을 비교해보라. 예수님은 선대 왕들과 어떻게 다른가?

❹ 열왕기상 1장 33-40절과 요한복음 12장 3-13절을 읽어보라. 이 이야기 사이에 어떤 유사점이 보이는가? 기름 부음과 그 장면의 나머지 이야기를 통해 예수님에 관해 알 수 있는 바는?

한 단계 더 들어가기

- 신약에서 '그리스도'란 단어가 나올 때마다 '하나님이 택하신 왕'을 대입하여 '왕'의 관점에서 본문을 읽어보라.
- 성경 내용에 거부감이 들 때마다 한 발짝 뒤로 물러나 당신이 미처 모르는 문화적 요소가 작용하지 않았는지 자문해보라. 이것은 '거기 있기' 위해 최선을 다하는 태도이다.
- 우리가 현대에 살고 있기 때문에 성경에서 문화적으로 받아들이기 힘든 부분이 보일 수도 있다. 가령 조부모나 증조부모의 관점에서 이 시대를 생각해보라. 수십 년 전만 해도 왕은 지금보다는 더 친숙하고 긍정적인 이미지였다.
- 1세기 유대교의 '하나님 나라' 담론과 메시아 예수와 이 담론의 연관성에 관해 더 알고 싶다면 《랍비 예수의 발치에 앉다》*Sitting at the Feet of Rabbi Jesus*를 참조하라.
- 브래드 영의 《유대 신학자 예수》*Jesus the Jewish Theologian*(1995)에 하나님 나라에 관한 예수님의 유대적 가르침을 다룬 장들이 있다. 그 외 도움이 될 만한 책으로는 N.T. 라이트의 《하나님은 어떻게 왕이 되셨나》(에클레시아북스 역간)가 있다.

❶ 마가복음 12장 28-31절의 지상계명을 읽어보라. 그다음에 부록의 〈성경공부에 유익한 히브리 단어 30개〉에서 듣다, 사랑하다, 마음, 혼, 율법에 관한 광의의 정의를 찾아보라. 각 단어의 풍성한 의미를 배우는 일은 이 중요한 구절에 대한 이해를 심화하는 데 도움이 되는가? (여기에 관해 더 알고 싶다면 《랍비 예수》 2-4장을 참조하라.)

❷ 부록의 〈히브리 단어 30개〉를 읽으며 공부를 심화해보자. 가령 두어 개의 다른 성경으로 관련 구절 일부를 찾아보거나 바이블게이트웨이BibleGateway.com나 블루레터바이블BlueLetterBible.com 같은 성경공부 웹사이트에서 비교 대조해보라.

❸ 소모임에서 2개 국어 가능자가 있는지, 혹은 그런 가정에서 자란 사람이 있는지 물어보라. 영어(한국어)로는 아예 대응어가 없거나 영어(한국어) 대응어와는 다른 속뜻을 가진 단어에는 무엇이 있는가?

한 단계 더 들어가기

- 필자는 본 장에 관한 보충 자료로, 성경에 나온 다섯 개의 흥미진진한 히브리 단어를 탐구하는 《모든 그리스도인이 알아야 할 히브리 단어 5개》 *5 Hebrew Words That Every Christian Should Know*란 짧은 전자책을 집필했다. 이 책은 각 단어가 어떻게 다양한 방식으로 번역되었는지를 독자들이 직접 찾아볼 수 있도록 BibleGateway.com에 링크되어 있다. 한번 찾아보길 바란다. (책은 OurRabbiJesus.com나 아마존 킨들에서 구할 수 있다.)
- 필자의 책 《성경 언어 듣기: 예수님의 귀로 듣기》*Listening to the Language of the Bible: Hearing It through Jesus' Ears*(2004)는 61개의 히브리 단어들과 문화적 발상에 관한 묵상 지침서다. 더 깊은 탐구를 돕기 위해 성경공부 자료도 수록되어 있다.

- 《NIV 스터디 바이블: 문화적 배경》*Cultural Backgrounds NIV Study Bible*(2016) 역시 상당히 잘 정리한 50여 개의 히브리 단어들과 그 단어들이 수록된 성경 구절을 제시한다.
- 히브리어나 헬라어를 직접 배우고 싶다면 Biblical Language Center (BiblicalLanguageCenter.com)의 강좌를 강력 추천한다.

5장. 헬라적 뇌, 히브리적 뇌

❶ 마태복음 6장 28-32절에 나온 들의 백합화 비유를 읽어보라. 이 비유는 우리의 자연 세계 경험과 어떤 식으로 연결되는가?

❷ 이제 이사야 40장 6-8절과 40장 21-24절을 읽어보라. 마태복음의 들의 백합화 비유에서 이사야 구절이 메아리치는 소리가 들리는가? 청중이 예수님의 가르침을 확인하고 받아들이는 데 성경을 인용한 것이 어떤 도움이 되었을까?

한 단계 더 들어가기

- 마빈 윌슨의 탁월한 책, 《우리 조상 아브라함: 기독교 신앙의 유대적 뿌리》*Our Father Abraham: The Jewish Roots of the Christian Faith*(1989)를 참조하라.
- 히브리적, 역설적 사고를 취급한 또 하나의 역작으로는 애톨 딕슨의 《모세의 눈으로 본 복음: 나의 유대인 친구들이 가르쳐준 것》*The Gospel According to Moses: What My Jewish Friends Taught Me about Jesus*(2003)이 있다.
- 아울러 필자의 책 《랍비 예수》에서 "10장. 양손으로 생각하기"와 "14장. 하나님이 지키시는 비밀" 챕터도 도움이 될 것이다.

6장. 오직 나에게만 주시는 말씀?

우리는 자기를 소개할 때 직업과 학력, 개인적 관심사를 중심으로 말한다. 여기에선 집단 정체성에 기반한 소개 방법을 생각해보자. 아래의 질문들을 활용하면 좋겠다.

❶ 나는 ________(성씨) 가문에 속한 ____________(이름)입니다.

❷ 나는 ____________에서 삽니다. (당신과 가까운 이웃은 어떤 사람인가?)

❸ 나의 가족에게는 ____________한 특징이 있습니다. (상인, 농부, 음악가, 건축가, 목회자 집안인가? 이런 집안의 특징은?)

❹ 나는 ____________(아버지 이름)의 _________ (첫째, 둘째, 셋째) 아들/딸입니다. 아버지는 ______________ 가문의 (첫째, 둘째, 셋째) 아들이었습니다.

❺ 나는 ____명의 자녀와 ____명의 손자 손녀를 둔 아버지/어머니입니다. (이것은 성경적으로 보아도 큰 자랑거리다.) 당신을 이렇게 한 집단의 일부로 정의하는 것이 개인적인 소개와는 어떤 차이가 있다고 느끼는가?

❻ 당신의 인생 역정을 돌아보면 어디어디에 소속되었는가? 당신은 그중 어떤 부분을 귀하게 여기는가?

한 단계 더 들어가기

- 이 주제와 관련해서 더 많은 통찰과 탁월한 논의를 알고 싶다면 랜돌프 리처즈와 브랜든 오브라이언이 공저한 《성경과 편견》(성서유니온선교회 역간)을 보라. 특히 2부의 4장과 5장을 살펴보라.
- 잭슨 우는 집단적 맥락에 관해 복음이 중국에서 소통된 방식을 잘 다루고 있다. 그의 책 《열방을 위한 유일한 복음: 성경적 맥락화를 위한 실용적 접근》*One Gospel for all Nations: A Practical Approach to Biblical Contextualization*(2015)을 읽어보라.

7장. 말씀이 말씀을 부른다

❶ 창세기 1장 1절-2장 3절을 전통적인 3년 일독표상의 이사야 65장 17-25절 하프타라와 함께 읽어보라. 이사야의 '새 창조'에 관한 비전이 창세기 1장과 어떻게 중첩되며 대비되는가?

❷ 창세기 6장 9절-7장 24절을 3년 주기 일독표의 이사야 54장 9-17절 하프타라와 같이 읽어보라. 이사야가 이스라엘에 한 약속은 창세기 본문과 어떻게 연결되고 창세기 본문을 어떤 식으로 확장하는가? 이 본문에 담긴 메시아 시대에 관한 비전은 무엇인가?

❸ 창세기 11장 1-9절의 바벨탑 이야기를 읽어보라. 그다음 하프타라의 병행 구절 스바냐 3장 9-20절을 읽어보라. 스바냐 선지자는 창세기 11장의 이미지를 어떻게 뒤집었는가?

❹ 창세기16장을 고대 하프타라 구절인 이사야 54장 1-10절과 함께 읽어보라. 창세기 16장의 사라 이야기를 마치 이사야 54장이 미래에 관한 비전을 사라에게 주는 것처럼 들어보라.(이사야 말씀은 예루살렘 거민이 유배지로 끌려간 후 예루살렘을 향해 한 것이다. 예루살렘을 아이를 잃고 애통해하는 여인에 빗낸 것이다. 수 세기 전 하나님이 아브라함에게 열국의 아비가 되리라고 약속하셨기에 사라 역시 이 자녀들의 '어미'가 되었다[창 17:4].)

❺ 갈라디아서 4장 22-28절을 읽어보라. 바울은 이 논증에서 창세기 16장과 이사야 54장을 어떤 식으로 사용했는가?

❻ 바울은 그리스도가 사망에 대해 승리하심으로써 이제 하나님 나라를 통치하시며 하나님의 '새 세상'이 시작되었다고 본다. 우리는 바로 지금 메시아 시대를 살아가는 것이다. 위에서 읽은 예언들이 어떻게 서로 연결되는가? 아직 미실현된 예언에 대해서는 어떻게 생각해야 하는가?

한 단계 더 들어가기

- 토라의 이미지는 나머지 성경(신구약)을 면면히 흐르고 있다. 만일 한 번

도 토라를 공부한 적이 없다면 예수님과 다른 신약 기자들이 토라를 전제로 이야기한 많은 내용을 놓칠 수밖에 없다. 창세기와 신명기를 제대로 공부하는 것을 출발점으로 삼아보자. 아니면 친구들과 함께 토라를 완독하는 방법도 생각해보라. 가을에 시작한다면 연간 토라 읽기 전통을 따라갈 수 있다. 달력과 본문은 인터넷에 있다.

- 상급반 독자는 토라와 하프타라를 3년 일독표를 따라 완독하는 모임을 생각해보라. 초급자에게는 권하지 않는다. 총 4년이 소요되고 연결점이 확연하게 드러나지 않는 지점이 많다. 그러나 배경지식이 있다면 기막힌 경험이 될 것이다. 자세한 정보는 OurRabbiJesus.com 참조.

8장. 3차원으로 읽기

❶ 마태복음 17장 1-8절의 변화산 이야기를 읽어보라. 그다음 아래 구절을 읽고 이 장면들이 어떻게 신약 이야기의 예표가 되는지를 상고해보라.

출애굽기 24:12-18

출애굽기 34:4-10, 28-30

열왕기상 19:8-14 (호렙은 시내산의 별칭이다.)

❷ 당신이 엘리야 시대에 살고 있고 출애굽기의 두 구절을 알았다면, 열왕기상에서 엘리야가 호렙산으로 간 이유를 이해하는 데 그 지식이 도움이 되었을까? 하나님이 모세에게 자신을 계시한 방식과 엘리야에게 자신을 계시한 방식을 비교해보라.

❸ 만일 우리가 변화산 사건을 이전 장면과 중첩된다고 보며 비유적으로 읽는다면 어떻게 될까? 하나님은 이전에도 산꼭대기에서 자신을 계시하신 적이 있었다. 이번에는 하나님이 자신에 관해 무엇을 계시하셨는가?

❹ 말라기 4장 4-6절을 읽어보라. 이 구절은 모세와 엘리야를 어떻게 추억하는가? 마태복음 17장 9-13절에 의하면 이 말씀은 어떤 방식으로 실현되었

는가? (눅 1:16-17 참조.)

한 단계 더 들어가기

- 리처드 헤이즈의 《복음서에 나타난 성경의 메아리》(2016)와 《거꾸로 읽기》*Reading Backwards*(2014)가 특히 독자들에게 유익할 것이다.

9장. 족보 이야기가 왜 그렇게 중요한가

❶ 누가복음 15장 11-32절의 탕자 비유를 읽어보라. 결속력과 충성심이 강한 가족 문화에서 가족의 유산 중 큰 몫을 미리 챙겨 떠난 아들은 어떤 취급을 받았으리라 생각하는가? 이런 문화 속에서 사람들은 아버지의 대응을 어떻게 보았을까? 만일 당신의 자녀가 이렇게 행동한다면 부모로서 당신은 어떻게 반응하겠는가?

❷ 당신의 이력서에 성취 부분을 직업 경력이 아닌 가족 이야기에 근거하여 쓴다고 상상해보자. 당신은 얼마나 성공적인 삶을 살았는가? 이 부분에서 당신은 하나님을 어떻게 섬겼는가?

❸ 한 가족의 장자는 "기력의 시작"(시 105:36)이자 아버지의 정력과 강력한 기업을 남길 만한 능력의 표시로 여겨졌다. 그러나 하나님은 아브라함, 이삭, 야곱, 유다, 요셉, 다윗의 장자를 통해 복이 계승되게 하지 않으셨다. 여기에는 어떤 의미가 있으며 예수님과는 어떤 연관이 있을까?

❹ 창세기에서 야곱 가족의 형성에 관해 기록된 부분(29:1-30:22, 48-49장)을 읽어보라. 각각의 어머니와 여종에게서 난 자식들을 종이에 열거해보라. 이들이 이스라엘 지파의 선조들이다. 누가 가장 유명한가? 예수님은 어느 지파에서 나오셨는가? 야곱이 요셉의 아들들인 에브라임과 므낫세를 입양한 것에는 어떤 의미가 있을까?

- 앞으로 성경을 읽을 땐 야곱의 아들들이 부족을 이룬 후 어떻게 되었는지를 추적하고 어디에 정착했는지를 지도에서 살펴보라. 누가 레아의 가족이었고 라헬의 가족이었는지를 추적하라. 이 관계들은 이스라엘 역사 전반을 이해하는 데 핵심 열쇠가 된다.
- 〈지붕 위의 바이올린〉(1971)이란 탁월한 영화를 추천한다. 이 영화는 러시아에 사는 유대인의 가족 중심적인 전통을 서구적 근대성이 잠식해 들어오는 과정을 그린 고전 뮤지컬이다. 딸들은 하나같이 아버지의 기대를 저버리고 연애를 하며 신랑감을 선택한다. 그리고 그 남편들 때문에 가족과 점점 더 소원해진다. 이 영화를 개인의 만족보다 가족에 대한 충성을 강조하는 관점에서 보도록 하자. 이런 관점으로 보면 스토리는 얼마나 더 풍성해지는가?

10장. 회당과 밥상머리 교육

❶ 예수님이 성전 청소를 하시기 직전에 나귀를 타시고 예루살렘에 입성하실 때 하신 누가복음 19장 37-44절 말씀은 성경 인용으로 가득하다. 아래 구절들을 찾아보고 더 넓은 맥락을 파악하기 위해 전후 구절을 읽어보라. 직역에 가까운 역본(KJV, ESV, NASB 등)을 사용하면 공통으로 들어 있는 단어를 파악하기가 한결 쉽다. 그렇게 했을 때 이 장면에 대한 이해가 깊어졌는가?

누가복음 19:40 - 하박국 2:11

누가복음 19:42 - 이사야 59:8

누가복음 19:43 - 이사야 29:3

(백성들이 인용한) 시편 118:26 - 백성들은 무엇이라고 했는가?

❷ 누가복음 20장 17절을 보자. 성전에서 예수님은 시편 118편 22절, "건축자가 버린 돌이 집 모퉁이의 머릿돌이 되었나니"를 인용하신다. 이 시편은 왕들과 지도자들을 일컬어 '모퉁잇돌'이라고 했기에 메시아적이라고 여겨졌다. 이 시편을 읽고 이것이 어떻게 승리의 예루살렘 입성 장면과 맞아떨어지는지 보라. '모퉁잇돌' 인용 후 예수님이 누가복음 20장 18절에서 하신 말씀은 무엇인가? 이사야 8장 14-15절을 읽어보라. 예수님의 말씀과 어떻게 연결되는가?

다니엘이 2장 31-35절에서 해석한 꿈은 또 어떠한가? 시편 118편, 이사야 8장, 다니엘 2장의 '돌' 이미지의 의미를 파악한 후 예수님의 말씀에 대한 이해가 깊어졌는가?

한 단계 더 들어가기

- 나는 개인적으로 성경을 소리 내어 낭독하는 것이 글로만 읽는 것보다 효과적인 암기법이라고 생각한다. 나는 다른 이들과 공부할 때마다 늘 본문을 낭독하는 방식을 사용한다. 하나님의 말씀이 우리 입을 통해 흘러나올 때 성령이 더 큰소리로 말씀하시는 것처럼 느껴진다. 출퇴근 길이나 운동할 때 들을 수 있는 오디오 성경 애플리케이션도 많다.
- 예수님의 '성경 암시' 습관에 관한 더 알고 싶다면《랍비 예수의 발치에 앉다》에서 '진주 꿰기' 부분을 읽어보라.
- 예수님의 성경 인용에 관한 유익한 책으로 G.K. 빌Beale과 D. A. 카슨이 공저한《신약의 구약 사용 주석》(CLC 역간)을 추천한다.

11장. 예수님의 대담한 메시아 주장

❶ 에스겔 34장 1-31절을 읽어보라. 그리스도의 말씀 속에서 이 에스겔 구절의 메아리를 발견하고 나니 이 말씀이 다르게 들리지 않는가? 이 발상에 비추어 요한복음 10장 1-6절을 읽어보라.

❷ 이제 신명기 30장 1-6절을 읽어보라. 거기서도 하나님이 목자가 되신다는 약속이 암시된 것이 보이는가? 이것은 토라의 어디에 있는가?

❸ 예수님이 대제사장에게 질문을 받는 장면인 마태복음 26장 63-64절을 읽어보라. 예수님은 여기서 다니엘 7장 13-14절과 재판장으로서 자신의 역할을 인용하셨다. 이 지식이 마태복음 말씀을 이해하는 데 어떻게 도움이 되는가?

❹ 바울은 사도행전 17장 22-31절에서 아테네의 이방인을 위해 복음의 본질을 압축해 전한다. 이것은 당신이 그리스도의 메시아 주장에 관해 배운 바와 어느 정도 일치하는가?

❺ 누가복음 7장 36-50절을 읽어보라. 본 장에서 알게 된 내용에 비추어 보니 이야기가 더 실감나게 다가오는가? 당신의 삶에 대해 이 이야기는 무엇을 말해주는가?

한 단계 더 들어가기

- 레이 밴더 란의 〈신앙 수업〉Faith Lessons DVD 시리즈를 찾아보라. 총 16장의 DVD는 성경의 땅과 문화를 연구하고 동양적, 유대적 맥락 속에서 살아가신 예수님을 부각한다. (레이 밴더 란은 예수님의 메시아 주장에 관한 새로운 시각으로 나를 충격에 빠뜨렸던 우리 교회의 성경교사였다.)

12장. 말씀에 불이 붙을 때

❶ 이사야 52장 13절부터 53장 12절을 다시 읽어보라. 그리고 유월절 최후의 만찬에 관해 언급된 누가복음 22장 14-38절을 읽어보라. 예수님은 어디에서 이사야의 예언을 인용하시는가?

❷ 예수님이 제자들에게 하신 말씀을 심도 있게 이해하는 데 이사야서 말씀은 어떤 도움이 되었는가? 많은 자와 함께 상을 받는다는 12절에 관해서는 어떻게 달리 이해되었는가?

❸ 그리스도가 그의 나라를 상급으로 받는다는 발상이 신약의 다른 곳에는 어떤 식으로 등장했는가?

❹ 예레미야 31장 31-34절을 읽어보라. 어떻게 이 약속이 그리스도가 최후의 만찬에서 하신 새 언약으로 성취되는지 보이는가?

❺ 나라의 최고 지도자들이 겸손하게 종으로 다스리는 나라는 어떤 모습일까? 이 나라를 섬기고 확장하는 데 당신은 어떤 역할을 하고 있는가?

한 단계 더 들어가기

- 예수님의 가르침 속에 나타난 하나님 나라를 다룬 드와이트 프라이어의 〈왕국의 베일을 벗기다〉Unveiling the Kingdom DVD 시리즈를 찾아보라. 유대-기독교 연구소(CJS)에서 JCStudies.com을 통해 제공하는 예수님의 히브리적 맥락에 관한 탁월한 자료다.
- 테렌스 프레트하임의 《하나님의 고난》*The Suffering of God*(1984)을 읽어보라.

13장. 사람이 무엇이관대

아침 일찍 또는 평온한 하루를 마감할 무렵 밖으로 나가 혼자 앉아 있을 만한 조용하고 고즈넉한 장소를 찾으라. 아래의 구절 중 몇 개를 골라 큰 소리로 낭독해보라.

❶ 당신이 애굽의 노예살이에서 이제 막 풀려나 두 눈으로 홍해가 갈라지는 광경을 목격한 고대 이스라엘 사람이라고 해보자. 마치 그 현장에 있는 것처럼 출애굽기 15장 1-18절의 모세의 노래를 읽어보자. 어떤 느낌인가?

❷ 이제 당신이 솔로몬 왕 시대에 예루살렘에 거주하며 이제 막 완공된 성전을 마주하고 섰다고 상상해보자. 역대하 5-6장의 솔로몬의 성전 준공식 이야기를 읽으며 그 장면을 재구성해보라.

❸ 시편 103편을 읽으며 다윗왕과 이스라엘이 얼마나 연약하고 작은 존재인지, 그리고 하나님의 사랑은 이에 견주어 얼마나 위대한가를 노래하는 소리를 듣는 중이라고 상상해보라.

❹ 성경 시대를 살아가던 사람의 관점으로 자연 세계의 이미지를 그리며 시편 104편을 묵상하라. '거기 있으라'를 실천해보라. 하나님은 과학이 사람들 머릿속에 자리 잡기 수천 년 전부터 예배자들을 사랑하시고 그들에게 말씀하셨다. 이 시편에서 가장 감동적인 내용은 무엇인가?

한 단계 더 들어가기

- 다음의 책을 찾아보라. 1) 아브라함 요수아 헤셸의 《안식》(복있는사람 역간). 하루 동안 멈추는 것이 하나님에 대한 경외심을 회복하는 데 어떤 도움이 되는지를 다루는 역작이다. 2) 나훔 사르나, 《창세기 이해》*Understanding Genesis*(1966). 원래의 고대 맥락에 비추어 창세기의 독보성을 다룬 고전적 작품이다.

- 나의 책《랍비 예수의 발치에 앉다》에서 "범사에 송축하기" 챕터도 흥미롭다. 모든 좋은 것에 여호와를 송축하는, 이 쉬지 않고 기도하는 연습을 시도해보라.

성경공부에 유익한 히브리 단어 30개

히브리어는 하나님의 '마음 언어'라고 할 수 있다. 히브리 단어에는 영어로 일대일 대응어를 찾기 힘든, 여러 하위 의미와 폭넓은 메타포를 포함하는 경우가 많다. 히브리어의 뉘앙스를 알면 무수한 방식으로 성경공부가 풍성해지고 깊어진다. 또한 헬라어 성경에는 유대 저자들의 히브리 '억양'이 반영되어 있으므로 히브리 원어를 아는 것은 신약을 읽는 데도 도움이 된다.

여기서는 가장 유익하고 흥미로운 히브리 단어 30개를 골라, 기본 의미뿐 아니라 확장된 의미까지 간략하게 소개한다. 성경을 공부할 때 이 단어들이 나오면, 광의의 정의가 해당 구절을 이해하는 데 어떤 도움이 되는지 시험해보라. 이는 역본 간의 차이를 이해하는 데도 도움이 된다.

아울러 참고자료에서 원어를 찾기 위한 표준화된 숫자 기호, 스트롱 번호도 기재했다. 물론, 이 짧은 길잡이는 사전을 대체할 의도로 제공된 것이 아니다. 여기에 실린 설명은 초보자가 출발점으로 삼기에 유익한 것이며, 상세한 내용은 다루지 않았다.

믿음/신앙(에무나*emunah*, H0539) 우리에게 믿음은 지성에 국한되는 경우가 많지만, 성경에 나오는 믿음은 그 자연스러운 결과물인 신실함, 인내, 굳건함을 포괄한다. 모세가 이스라엘이 전쟁에 승리할 때까지 모세가 종일 양손을 들고 있었을 때, 그 팔이 굳건하게 "자리를 지켰다"는 의미로 '에무나'를 가졌다고도 했다(출 17:12).

빵(레헴*lechem*, H3899) 빵에 해당하는 성경 단어는 종종 일반적인 양식을 뜻하며 우리의 육적 필요에 대한 하나님의 공급을 가리킨다. 룻기 1장 6절에서 하나님은 기근을 끝내심으로 백성들에게 빵을 공급하셨다. 예수님이 제자들에게 일용할 빵(양식)을 위하여 기도하라고 가르치신 것은 생계 일반에 관해 말씀하신 것이다(마 6:11).

악하다/나쁘다(라*ra*, H7451) 이 단어의 기본 뜻은 '나쁘다'지만 맥락에 따라 그 의미가 달라진다. 종종 도덕적 잘못을 가리키지만, 단순히 환난이나 불행을 뜻하기도 한다. 시편 121편 7절, "여호와께서 너를 지켜 모든 '환난'*ra*을 면하게 하시며"에서 '환난'을 종종 '악'으로 번역하는데, 실제 의미는 '환난'에 가깝다.

두려움(이르아*yirah*, H4172) 동일한 히브리 단어가 부정적 감정(무서움 또는 겁먹음), 긍정적 감정(짜릿함, 충만한 경외심), 온건한 감정(존중), 강한 감정(경외, 레 19:3, 30)을 묘사할 수 있다. '이르아'에는 신약의 "하나님을 두려워하는 자"처럼 '경배'라는 뜻도 있다. 성경에서 "여호와를 두려워함"(이랏 아도나이)은 하나님을 경외함을 뜻하며 항상 긍정적인 의미다(잠 14:26-27).

잊다(샤카흐*shakach*, H7911) 문자적으로 '망각' 외에 외면하다, 요구를 받고도 행동하지 않다는 뜻도 있다. 술 관원이 요셉을 '잊었다'고 했을 때 그 뜻은 도와달라는 요셉의 간청을 그가 외면했다는 것이다(창 40:23). 마찬가지로 하나님이 이스라엘에게 언약을 "잊지 말라"고 경고하실 때는 언약의 계명을 외면하거나 저버리면 안 된다는 뜻으로 사용됐다(신 4:23).

이방인/열방(고임*goyim*, H1471) 동일한 히브리 단어(고임)가 '이방인'과 '열방' 둘 다로 쓰인다. 신약의 헬라어 에스노스*ethnos*(G1484)도 마찬가지다. 때로 고임은 '우상숭배를 하는 외국인'이라는 부정적인 뉘앙스를 띠기도 한다. 바울은 에스네*ethne*/고임*goyim*이 아브라함을 통해 복을 받는다(갈 3:8)고 했고, 고린도인의 음행은 "이방인[*ethne/goyim*] 중에서도 없는 것이라"(고전 5:1)고 책망한다. 종종 하나 이상의 의미를 고려하는 것이 유익하다.

손/팔(야드*yad*, H3027, 제로아*zeroa*, H2220) 둘 다 비유적으로 힘이나 권력을 가리킬 수 있다("강한 손과 편 팔", 신 4:34). 누군가의 "오른손"(야드 야민)은 힘을 더 강조한 의미이고 통치자의 특별한 은총을 말하기도 한다(출 15:6-12).

듣다(샤마*shama*, H8451) 듣다, 쉐마*shema*뿐 아니라 경청하다, 이해하다, 순종하다, 청한 대로 행하다, 라는 의미도 있다. 사실 성경에 나온 '순종'이란 단어는 대부분 '듣다'라는 동사 샤마를 번역한 것이다. 예수님이 "들을 귀 있는 자는 들을지어다"(마 13:9)라고 한 것은 말씀을 단지 듣기만 하라는 게 아니라 실천에 옮기라는 호소였다.

마음(레브*lev*, H3820 또는 레바브*levav*, H3824) 히브리어에서 '마음'은 단지 감정의 자리로 이해되는 게 아니라 지력의 원천과 의지로도 이해된다(눅 6:45). 그 함의는? 히브리적 이해에서 당신의 지력을 사용하여 성경을 공부하는 것은 하나의 중요한 예배 형태다.

집(바이트*bayit*, H1004) 종종 가족, 후손, 소유물로 쓰이며(잠 14:1) 성전을 가리키기도 한다. 이 가변적 의미를 사용하여 기막힌 언어유희를 하기도 한다. 다윗왕이 하나님을 위한 '집'(성전)을 짓겠다고 하자 하나님은 다윗을 위해 영영 끊기지 않을 왕실 계보를 뜻하는 '집'을 지어주시겠다고 하셨다(대상 17:4, 10). 신약은 그리스도를 믿는 자들이 하나님의 '집', 곧 하나님의 성전이자 가족이라고 한다(히 3:1-6).

심판하다/의로움을 인정하다(단*dan*, H1777, 샤파트*shaphat*, H8199) 우리는 심판(미쉬팟*mishpat*)이란 단어를 보면 움츠러들지만, 이 단어엔 '공의'라는 뜻도 있다. 재판관이 힘없는 자를 변호하며 의인의 의로움을 인정하며 악을 징벌한다는 의미에서 상당히 긍정적으로 쓰이기도 한다. 그래서 하나님을 "고아의 아버지시며 과부의 재판장이시라"(시 68:5)고 찬양한 것이다. 아울러 라헬은 하나님이 자식 없는 자신의 의로움을 인정해주셨다고 아들의 이름을 '단'이라고 지었다(창 30:6).

알다(야다*yadah*, H3045) 야다는 단지 정신적 활동만이 아니라 관계와 경험, 헌신, 충성, 신뢰라는 뜻도 있다. 이 단어는 창세기 4장 1절에서 아담이 아내를 "알았을 때"(KJV) 이브가 잉태했다고 한 것처럼 육체적 친밀함을 가리키기도 한다. 성경에서 "하나님을 아는 지식"(다아트 엘로힘)은 하나님의 실재성을 입증하는 것보다는 하나님께 순종하는 관계로 살아가는 것을 말한다(시 91:14, 사 11:2).

율법(토라*torah*, H8451) 많은 그리스도인에게 '율법'은 짐스러운 의무이며 우울한 작업 감독관이다. 그러나 히브리 단어의 실제 뜻은 '가르침' 또는 '안내'다. 가령 잠언 31장의 현숙한 아내는 그 혀에 '인애의 법'(헤세드의 토라)를 지녔다고 한다(잠 31:26, 13:14 참조). 우리는 하나님을 무정한 입법자가 아니라 우리에게 어떻게 살지를 사랑으로 가르치는 아버지로 보아야 한다. 이 단어는 교회 전통에서 가장 많이 오해하는 단어 중 하나다.

사랑(아하바 *ahavah*, H0157) 우리에게 사랑은 마음의 영역에 국한된 따듯하고 감상적인 감정이다. 모르는 누군가를 사랑하는 것은 불가능한 일이라고 여긴다. 그러나 히브리어의 사랑은 사랑에서 우러나온 '행동'(절조와 남을 위한 선행)을 가리키기도 한다. 고로 낯선 사람이나 심지어 원수도 사랑할 수 있는 것이다(레 19:34, 눅 6:35).

메시아(마쉬아흐 *mashiach*, H4899) 메시아에 해당하는 히브리어다. 헬라어로는 크리스토스 *Christos*(G5547)이다. 문자적인 뜻은 '기름 부은 자'이고, 하나님이 백성을 위해 특별히 선택하시고 위대한 왕(제사장)으로 기름 부은 자를 보내신다는 하나님의 약속을 가리킨다(삼상 24:6, 시 2:2).

자비/인애(헤세드 *hesed*, H2617) 헤세드란 단어가 '은혜'를 내포하며 그보다 훨씬 큰 개념임을 모르는 이들은 구약 어디에 은혜가 나오는지 궁금해한다. 헤세드는 자격 없는 자에게 인애를 베풀고 그들을 위해 간섭하는 오래 참는 사랑이다(출 34:6, 사 54:10, 애 3:31-32).

이름(쉠 *shem*, H8034) 쉠이란 단어는 종종 한 사람을 부르는 이름이 아니라 공동체 내에서의 평판, 권위, 정체성을 가리킨다(사 56:5). "예수의 이름으로"는 "예수의 권위로" 또는 "예수로 말미암아"를 뜻한다. 요한복음 1장 12절은 말한다. "영접하는 자 곧 그 이름을 믿는 자들에게는 하나님의 자녀가 되는 권세를 주셨으니"에서 "그 이름을 믿는다"는 것은 '하나님이 세우신 메시아라는 예수님의 정체성을 믿는다' 또는 '하나님의 왕으로서의 예수님의 권위에 복종한다'를 뜻한다.

고통/슬픔(아차브 *atzav*, H6087, 이차본 *itzavon*, H6093) 세상에 죄가 관영하자 하나님은 마음으로 슬퍼하시며 근심하셨다(창 6:6). 같은 고통이 아담과 이브에게 임했다. 아담은 양식을 얻기 위해 고된 노동에 매였고 이브는 자녀를 생산하기 위해 산고를 겪어야 했다(창 3:16-17).

길(오라흐 *orach*, H0734, 데레크 *derek*, H1870) '길'은 우리가 사는 방식을 묘사하는 이미지다. 우리의 삶의 방식을 우리의 '걸음'이라고 한다. 흥미롭게도 성경이 그리는 길은 잘 포장된 다차선 고속도로가 아니라 우리가 따르기도 하고 남기기도 하는 발자취를 말한다(시 16:11, 사 2:3, 히 12:13).

평안(샬롬 *shalom*, H7965) 샬롬은 단지 평안과 평정을 말하는 게 아니라 번영과 건강과 온전함과 완전함을 통칭한다. 다윗왕은 전장에서 복귀한 군인에게 사령관의 샬롬과 백성의 샬롬과 전투의 샬롬을 물었다(삼하 11:7). 그리스도가 제자들에게 "평안[샬롬]을 너희에게 끼치노니 곧 나의 평안[샬롬]을 너희에게 주노라"(요 14:27)고 약속하셨을 때 그리스도가 생각하신 것은 단순한 내면의 평정보다 훨씬 큰 무엇이었다.

기억하다(자카르 *zakhar*, H8451) "은총을 베풀다, 도와주러 오다." 홍수 후 하나님은 노아를 '기억'하셔서 물을 마르게 하셨다. 즉 노아를 구조하셨다(창 8:1). 한나는 잉태했을 때 하나님이 자신을 '기억'하셨다고 했다. 즉, 하나님이 그녀에게 은총을 베푸셨다는 것이다(삼상 1:19). 시편은 백성을 기억해달라고 하나님께 간청하는 노래가 많은데, 그 의미는 백성을 구조하거나 죄 사함의 "자비를 기억"해달라는 것이다(시 25:6-7).

의롭다(체데크 *tzedek*, H6662) 우리는 '의로움'을 율법적인 올바름으로 이해하지만, 이 단어엔 언약적 신실함이 내포되어 있다. 그래서 구약은 백성을 환난에서 구하셨다는 의미에서 "하나님의 의로운 행위"를 "풍성한 자애" 또는 "은혜로운 건지심"으로 번역하기도 한다(삿 5:11, 삼상 12:7, 시 35:24). 1세기 무렵엔 체데카(의로움)가 마태복음 6장 1-2절처럼 구제행위를 가리키기도 했다. 오늘날 유대인은 이 단어를 여전히 구제행위란 뜻으로 사용한다.

섬기다(아바드 *avad*, H5647) 동일한 단어가 예배하다, 일하다, 섬기다 등으로도 사용된다. 섬기는 사람은 에베드(H5650), 종 또는 노예라고 한다. 하나님은 백성이 하나님을 위해 섬기고/예배하고/일하도록 애굽의 노예살이에서 백성을 속량하셨고, 백성은 다른 누구에게도 종노릇해서는 안 되었다(레 25:42). 바울은 이 점을 염두에 두고 스스로 "그리스도의 종"(롬 1:1, 빌 1:1)이라고 불렀다. 예수님 역시 종의 섬김에 대해 말씀하신다(마 20:27).

아들(벤 *ben*, H1121) 손자와 더 후대의 자손을 포함하는 '후손'이란 뜻도 된다. 이스라엘 사람은 남자건 여자건 "이스라엘의 아들"이었고, 메시아는 "다윗의 아들"이어야 했다(마 12:23). 후손은 조상을 닮는다는 관념이 있었기에 "다윗의 아들"은 왕답고 큰 권세를 지니는 존재라고 생각했다. 예수님은 화평하게 하는 자들은 하나님의 성품을 닮았기에 "하나님의 아들"로 불릴 것이라고 하셨다(마 5:9).

혼(네페쉬 *nefesh*, H5315) 예수님이 "네 혼soul을 다하여 … 여호와를 사랑하라"고 하셨을 때 쓰신 단어가 네페쉬인데, 이것은 우리가 흔히 아는 '혼'이 아니다. 네페쉬의 요체는 당신의 삶, 당신의 호흡, 당신의 참 자아다(창 2:7, 신 6:5, 10:12).

그늘/그림자(첼 *tzel*, H6738) 사막의 뙤약볕 아래에서는 그늘만큼 반가운 것도 없다. 그 이미지는 "여호와는 너를 지키시는 자이며 네 우편의 그늘이라"(시 91:1, 121:5, 사 25:4-5)처럼 하나님의 보호하심을 가리킨다.

영(루아흐 *ruach*, H7307) 우리는 영, 바람, 호흡(창 1:2)을 뜻하는 이 단어에서 하나님의 활동적이며 위력적인 임재에 관해 많은 것을 배운다. 루아흐가 새 생명을 불어넣기 위해 마른 뼈 골짜기에 불었을 때(겔 37장) 루아흐의 다양한 뜻이 총동원되었음을 본다. 요한복음 3장 8절도 참조.

헛됨/무가치함(헤벨 *hevel*, H1892) 전도서 1장 2절은 "헛되고 헛되며 헛되고 헛되니 모든 것이 헛되도다"라고 선언한다. 헤벨이란 단어는 무가치함, 텅빔, 덧없음을 뜻한다. 우리 사회는 무가치함에 대해 많이 논의하지 않지만, 성경은 자주 논한다(렘 2:5, 16:19, 롬 3:11).

방문하다(파카드 *pakad*, H8451) 긍정적 또는 부정적 의미로 '주목하다'라는 뜻을 지닌다. 하나님이 한 사람을 파카드하시면 그 사람을 돌보시거나 구해주신다(시 8:4, "사람이 무엇이기에… 주께서 그를 찾아오시나이까"[흠정역]). 그러나 하나님이 행악자를 파카드하시면 "너희의 악행 때문에 … 보응[방문, *pakad*]"(렘 23:2)하신다. 이 기막힌 양날의 검은 구약과 신약의 여러 구절에 등장한다(눅 19:43-44, 벧전 2:11-12).

걷다(할라크 *halakh*, H1980) 히브리어에서 '걷다'는 시편 1:1, "복 있는 사람은 악인들의 꾀를 따르지[walk] 아니하며"처럼 한 사람의 도덕적 생활방식을 묘사하는 메타포로 널리 사용된다. 신약에서도 '걷다'(페리파테오 *peripateo*, G4043)가 종종 이런 식으로 사용된다. 가령 요한은 우리에게 예수님이 걸으신 대로 걸으라고 말한다(요 8:12, 요일 2:6, 요이 1:6).

단어 공부를 위한 성경 역본

성경 단어의 폭넓은 뜻을 알아보는 방법 중에는 여러 성경 번역본을 비교 대조하는 방법이 있다. 일부 역본들은 약간 어색한 느낌이 들더라도 아주 직접적이고 문자적으로 영어 대응어를 사용한다. 다른 역본들은 구절의 의미를 현대 영어로 전달하기 위해 관용적 표현을 사용한다. 역본들과 구절들을 조금만 비교해보아도 한 단어가 사용되는 범위를 감지할 수 있고 왜 역자들이 그렇게 번역했는지가 보인다. 다수 역본들을 비교 대조하면 한 역본으로는 알 수 없는 원어의 뉘앙스가 더 잘 이해된다.

이런 류의 성경공부를 어떻게 하는지 맛보고 싶다면 필자가 집필한 짧은 전자책, 《모든 그리스도인이 알아야 할 히브리 단어 5개》를 추천한다(아마존과 OurRabbiJesus.com에서 구할 수 있다). 이 책에는 다섯 개의 히브리 단어에 대한 스터디 가이드가 담겨 있으며 독자들이 비교 대조할 수 있도록 다수의 역본들과 링크되어 있다.

강하게 추천하는 역본은 유대출판학회Jewish Publication Society에서 출간한 《타나크 역본》*Tanakh: The Holy Scriptures*(1985년판 또는 NJPS)이다. 이것은 시적 문구와 관용적 표현을 아주 세련되게 포착한 역본이다. 이것은 퍼블릭 도메인에 있는 1917년판이 아니다. NJPS는 '옛날' JPS와는 영 딴판으로 히브리어 본문을 완전히 새롭게 번역한 것이다. 스터디에 유익한 역본을 몇 개 소개한다.

딱딱한 일대일 대응 (직역)

English Standard Version(ESV)

King James Version(KJV), New King James Version(NKJV)

New American Standard Bible(NASB)

균형 있는 일치 (중도)

Holman Christian Standard Bible(HCSB)

New English Translation(NET)

New International Version(NIV)

New Revised Standard Version(NRSV)

기능적 일치 (의역)

Contemporary English Translation(CET)

God's Word(GW)

New Living Translation(NLT)

주목할 만한 또 다른 자료에는 에버레트 폭스의 《모세오경》*The Five Books of Moses*(1995)이 있다. 히브리어를 초문자적으로 번역하여 독자에게 원문의 운문과 반복성을 들을 수 있게 한다.

별로 도움이 되지 않았던 것은 고유명사를 히브리어 발음에 가깝게 옮긴 성경들이었다(예수Jesus를 예슈아Yeshua로, 바울Paul을 샤울Sha'ul로, 야고보James를 야코브Ya'akov로 등등). 더 현실적인 발음으로 옮긴 건 맞지만 언어의 뉘앙스를 이해하는 데는 별 도움이 안 된다. 《메시지 성경》 같은 패러프레이징(다른 표현으로 바꾸기) 역시 원어를 너무 느슨하게 옮겨 단어 공부에는 도움이 되지 않았다.

타나크 성경

'타나크'는 세 부분, 즉 토라*Torah*(율법서), 네비임*Neviim*(선지서), 케투빔*Ketuvim*(성문서)의 첫 글자를 딴 약어다. 아래는 예수님이 읽으셨던 히브리어 성경(구약)에 수록된 책들을 유대의 타나크 성경 그대로 열거한 것이다.

토라(율법서 또는 모세오경)

창세기
출애굽기
레위기
민수기
신명기

네비임(선지서)

여호수아
사사기
이사야
예레미야
에스겔
호세아
요엘
아모스
오바댜
요나
사무엘상하
열왕기상하
미가
나훔
하박국
스바냐
학개
스가랴
말라기

케투빔(성문서)

시편
잠언
욥
아가
룻
예레미야 애가
전도서
에스더
다니엘
에스라
느헤미야
역대상하

주

1장. 예수와 함께 성경을 펼치다

1. 예를 들어, 다음을 참조하라. Craig Evans, *Fabricating Jesus: How Modern Scholars Distort the Gospels*(Downers Grove, IL: InterVarsity Press, 2006), 100-122. 도심 지역은 헬라의 영향이 강했고 일부 귀족들은 헬레니즘을 수용했다. 그러나 예수님이 가르치셨던 갈릴리 촌마을은 율법을 준수했고 종교적으로 보수적이었다. 주후 70년 이전의 갈릴리의 종교적 세팅에 관한 자료는 다음 참조. Shmuel Safrai, "The Jewish Cultural Nature of the Galilee in the First Century," *Immanuel* 24/25 (1990): 147-86.(《만들어진 예수》, 새물결플러스, 2011).
2. Anson Rainey and Steven Notley, *The Sacred Bridge: Carta's Atlas of the Biblical World* (Carta: Jerusalem, 2006), 367-68. Also see Carsten Peter Thiede, *The Emmaus Mystery* (New York: Continuum, 2005). (《성경역사, 지리학, 고고학 아틀라스》, 이레서원, 2010).
3. 이 책 전반에 걸쳐 나는 '히브리어 성경'이나 '타나크'가 아닌 '구약'이란 표현을 많이 사용했다. 안타깝게도 '구약'이란 용어에는 '시대에 뒤쳐졌다'는 뉘앙스가 있지만 이 단어가 일반 기독교 청중에게 더 익숙한 용어이기 때문에 '구약'을 자주 썼다. 많은 독자에게 맥락적 접근은 생소한 영역이므로 독자들에게 끊임없이 새로운 어휘를 소화하는 부담을 주기보다는 익숙한 용어를 쓰는 것이 낫다고 판단했다.
4. Kenneth Bailey, *The Cross and the Prodigal* (St. Louis: Concordia, 1973), 9.
5. Kenneth Bailey, *Finding the Lost Cultural Keys to Luke 15* (St. Louis: Concordia, 1992), Kindle loc. 403-6.

2장. 거기 있는 법 배우기

1. Simcha Raz and Edward Levin, *The Sayings of Rabbi Menachem Mendel of Kotz* (New York: Roman & Littlefield, 1995), 149. Rabbi Mendel lived between 1787 and 1859.
2. 이 주제에 관해 더 알고 싶다면 다음 참조. Andrew Sullivan, "I Used to Be a Human Being," *New York Magazine*, September 2016, http://nymag.com/selectall/ 2016/09/andrew-sullivan-my-distraction-sickness-and-yours.html. (단축주소 https://goo.gl/BAmeYL)
3. Malcolm Gladwell, "The Ethnic Theory of Plane Crashes," in *Outliers* (New York: Little, Brown & Co, 2008), 177-223. (《아웃라이어》, 김영사, 2009).
4. Robert Funk, *Honest to Jesus: Jesus for a New Millennium* (San Francisco: Harper Collins, 1997), 314.
5. Sandra Richter, *The Epic of Eden* (Downers Grove, IL: InterVarsity Press, 2008), 38. (《에덴에서 새 에덴까지》, 부흥과개혁사, 2013).
6. Eugene Nida, *Meaning Across Cultures* (Maryknoll, NY: Orbis, 1981), 29.
7. Jackson Wu, *One Gospel for All Nations: A Practical Approach to Biblical Contextualization* (Pasadena, CA: William Carey Library, 2015). 잭슨 우는 저서에서 복음이 중국인을 위해 맥락화되어야 한다는 발상을 옹호하며 복음이 공동체와 명예/수치를 중시하는 문화 속에서 어떻게 들릴지를 상술했다. 고대 유대교의 집단주의적 속성에 관한 나의 지식을 근거로 보자면 그가 중국의 문화적 전제라고 묘사한 것들은 성경 사회의 전제들과 상당히 유사했다.
8. Joseph Henrich, Steven Heine, and Ara Norenzayan, "The Weirdest People in the World," *Behavioral and Brain Sciences* 33 (2010): 61-135.
9. Phillip Jenkins, "The Power of the Bible in the Global South," *The Christian Century* (July 11, 2006), 22-26.

3장. '그리스도'는 정확히 무슨 뜻일까

1. 이스라엘의 왕 개념과 관련된 메시아 발상에 관한 상세 자료는 참조. Roland deVaux, *Ancient Israel: Its Life and Institutions* (London: Dartmon, Longman and Todd, 1994), 100-114; and Sigmund Mowinckel, *He That Cometh* (Grand

Rapids: Eerdmans, 2005).

2. Gary Haugen, "The Hidden Reason for Poverty the World Needs to Address Now," TED 2015, 22:08, filmed March 2015, www.ted.com/talks/gary_haugen_the_hidden_reason_for_poverty_the_world_needs_to_address_now. (단축 주소 https://goo.gl/wnfO9D)
3. 위의 자료.
4. 주전 약 100-200년경에 기록된 외경 솔로몬의 지혜서 6장 1-6절이다. 비슷한 구절이 누가복음 12:48, 야고보서 3:1에 나온다.

4장. 히브리어로 색칠하기

1. 이 수치는 성경에 수록된 성경 히브리어만 계수한 것이다. 실제 단어 수는 약간 더 많을 수 있지만 대부분의 현대어에 비하면 여전히 미미한 수다. 단어 수는 다른 입말 토착어와 별반 차이가 없다. 토착어의 단어 수가 적은 이유는 인쇄물로 기록하지 않아 더 이상 사용되지 않는 단어들은 자꾸 소실되기 때문이다.

   영어는 역사적으로 타 언어의 용어들을 흡수해 왔기 때문에 단어 수가 이례적으로 많다. 자주 사용되는 단어 수를 기준으로 보면 불어의 두 배나 된다. 그런 의미에서 영어는 섬세하고 다채롭게 의미를 표현할 수 있는 비범한 능력을 갖추었다고 하겠다. 참조. Bill Bryson, *The Mother Tongue: English and How It Got That Way* (New York: Harper Collins, 1990), 13. (《빌 브라이슨의 유쾌한 영어 수다》, 휴머니스트, 2013).
2. Jules Michelet, *The Life of Luther from His Own Writings* (London: Whittaker, 1846), 283.
3. Dave Brunn, *One Bible, Many Versions* (Downers Grove, IL: InterVarsity Press, 2013). 파푸아 뉴기니에서 성경 번역자로 일한 경험을 토대로 브룬은 전혀 연관성이 없는 언어 사이에서 성경 번역을 하는 어려움을 논한다.
4. 히브리 단어의 의미를 아는 것은 성경 독자들에게 큰 도움이 된다. 히브리어에 어떤 신비한 능력이 있기 때문이 아니라 우리가 쓰는 언어와는 아주 다른 문화적, 언어학적 배경을 갖고 있고 헬라어와 영어로는 이름 붙일 수 없는 개념을 가리키는 단어가 많기 때문이다. 대다수 그리스도인이 이 점을 잘 모르는 이유는 번역된 성경만 읽기 때문이다. 우리의 언어와 예수님이 읽으시고 가르치셨

던 성경 언어 간의 대비를 부각하기 위하여 이 책은 히브리어 뉘앙스에 초점을 맞추었다(헬라어는 독자들이 다른 곳에서 배우기를 기대한다).

5. Gunther Ebel, "Peripateo," in The *New International Dictionary of New Testament Theology*, vol. 3, ed. Colin Brown (Grand Rapids: Zondervan, 1978), 943-45. 신약의 셈족 헬라어가 아람어의 반영이거나 저자들이 칠십인역(구약의 헬라어 역본)의 스타일을 모방했다고 생각하는 이들이 더러 있다. 사실 칠십인역은 '할라크'*halakh*를 헬라어 '페리파테오'*peripateo*로 번역하지 않았다.

   신약 속 다른 히브리어의 흔적은 구약 시대의 히브리어가 아니라 1세기에 사용된 히브리어(미쉬나 히브리어) 용례의 반영이다. 아람어는 히브리어와 밀접한 연관성이 있고, 예수님은 아람어와 히브리어를 둘 다 유창하게 구사하셨다. 예수님이 성경을 인용해 가르치시거나 비유를 드실 때 사용한 언어는 히브리어가 거의 틀림없다. 랍비 비유는 항상 히브리어였고 아람어가 지배적 언어가 되어 수 세기가 지난 후에도 그랬다. 아울러 예수님은 아람어가 아닌 히브리어로 성경 구절을 연결하셨다(게제라 샤바). 누가복음 4장에서 이사야 61장과 58장을 연결한 것은 히브리어로만 말이 된다(210쪽 참조). 더 상세한 자료는 참조. R. Steven Notley and Randall Buth, eds., *The Language Environment of First Century Judaea* (Leiden: Brill, 2014). 다른 자료도 있다. Dr. Notley, "Between the Chairs: New Testament Evidence of the Hebrew that Jesus Spoke," lecture, Lanier Theological Library, www.youtube.com/watch?v=cuPDW_3RtJQ.

6. Michelet, *The Life of Luther from His Own Writings*, 284.

7. '이르아'*yirah*의 연계형 형태인 '이르앗'*yirat*(이르아트)이 쓰였고, 이는 다음 단어에 '붙는다'는 의미다. 연계형으로 바뀔 때 *heh*(h 소리) 글자로 끝나는 단어들은 *tav*(t 소리)를 취한다. 또 다른 예는 토라 봉독이 다시 창세기로 넘어가는 것을 축하하는 '토라의 기쁨'이란 의미의 심하트 토라이다. 통상 기쁨을 의미할 때 '심하'*simchah*가 쓰이는데, 여기서는 '토라'와 연결되는 연계형으로 쓰였다.

8. Abraham Joshua Heschel, *God in Search of Man* (New York: Farrar, Straus and Giroux, 1955), 76-77. (《사람을 찾는 하느님》, 한국기독교연구소, 2007).

9. 인색함과 너그러움을 가리키는 '나쁜 눈'과 반대말 '좋은 눈'이란 관용구에 관해서는 다음을 참조. Lois Tverberg, *Walking in the Dust of Rabbi Jesus* (Grand Rapids: Zondervan, 2012), 69-79. (《랍비 예수》, 국제제자훈련원, 2018).

5장. 헬라적 뇌, 히브리적 뇌

1. Roger Newton, *Galileo's Pendulum: From the Rhythm of Time to the Making of Matter* (Cambridge: Harvard University Press, 2009), 1.
2. 17세기 프랑스 철학자인 데카르트의 고전적 발언이다. 합리주의 논리의 예시로 포함했다.
3. Bradley W. Patterson, *Redefining Reason* (Xlibris, 2011), Google ebook, 177.
4. 월터 옹Walter Ong은 고대사회의 문해율literacy 상승 또한 서구화에 기여했다고 지적한다. 비문자화된 입말 문화에서는 근대 서구인처럼 추상으로 소통하기보다는 구체적인 이미지를 통해 소통하는 경향이 있다. 문해율이 확산하면 사람들은 더 복잡한 추상으로 소통하기 시작하는데, 장황한 연쇄 논증은 문자로만 기록 가능하기 때문이다. 아울러 발상의 출처가 사람이 아니라 책일 때에는 발상이 더 객관적이고 개인 경험에서 멀어지는 경향이 있다. Walter Ong, *Orality and Literacy* (New York: Routledge, 1982). (《구술문화와 문자문화》, 문예출판사, 1995).
5. Gary Burge, *Jesus, the Middle Eastern Storyteller* (Grand Rapids: Zondervan, 2009), 21-22.
6. Ken Bailey, *Finding the Lost: Cultural Keys to Luke 15* (St. Louis, MO: Concordia, 1992), 21.
7. 위의 책.
8. George Orwell, "Politics and the English Language" in *George Orwell: In Front of Your Nose, 1946-1950* (Boston: Godine, 2000), 133.
9. Eric Havelock, "The Alphabetic Mind: A Gift of Greece to the Modern World," *Oral Tradition* 1, no. 1 (1986): 134-50.
10. Brunn, *One Bible, Many Versions*, 142-45.
11. 히브리어에서 '사랑'으로 번역되는 두 단어는 아하바*ahava*와 헤세드*hesed*다. 아하바란 단어는 친구들과 가족 간의 사랑을 묘사한다. 헤세드는 자비나 인애로 표현될 수 있는 장기적, 언약적 사랑에 더 가깝다.
12. Nahum Sarna, *The JPS Torah Commentary: Genesis* (New York: Jewish Publication Society, 1989), 17.
13. 구약 내러티브 속 실물 이미지의 복합적이고 예술적인 용례에 관한 상세 자료

는 다음 참조. Robert Altar, *The Art of Biblical Narrative* (New York: Basic Books, 1981).

14. 상세 자료는 다음 참조. *Sitting at the Feet of Rabbi Jesus,* 180-96. 세례 요한이 (다른 제자를 통해) 예수님이 오실 그분이냐고 물었을 때 예수님은 메시아 시대에 일어날 치유와 긍휼와 관련한 여러 예언을 인용하심으로 답을 대신하셨다(마 11:2-4). 다음 참조. *Walking in the Dust of Robbi Jesus,* 146-48.
15. 유대적 배경 속에서 예수님의 비유에 관한 상세 자료는 참조. Brad Young, *Jesus the Jewish Theologian* (Peabody, MA: Hendrickson, 1995). 더 많은 분석을 위한 자료는 다음 참조. R. Steven Notley and Ze'ev Safrai, *The Parables of the Sages* (Jerusalem: Carta, 2011); and Brad Young, *The Parables* (Peabody, MA: Hendrickson, 1998).
16. Galileo Galilei, Andrea Frova, and Mariapiera Marenzana, *Thus Spoke Galileo: The Great Scientist's Ideas and Their Relevance to the Present Day* (New York: Oxford University Press, 2006), 121-23.
17. John MacArthur, "Understanding the Sabbath," 설교문, *Grace to You*, September 20, 2009.
18. 물론 함의는 예수님을 믿는 유대인 신자들은 여전히 토라대로 살도록 부름 받았다는 것이다. 구원을 '공로화'하기 위해서가 아니라 하나님이 이스라엘과 맺으신 언약에 이 민족이 다른 민족과 구별될 것을 요구하는 독특한 율법이 들어 있기 때문이다. 상세한 자료는 참조. David Rudolf and Joel Willitts, eds., *Introduction to Messianic Judaism* (Grand Rapids: Zondervan, 2013); or Mark Kinzer, *Post-Missionary Messianic Judaism* (Grand Rapids: Brazos Press, 2005).
19. Karl Barth, *Dogmatics in Outline* (New York: Harper, 1959), 31.(《교의학 개요》, CH북스, 2001).
20. 쉐마*Shema*에 대한 논의에 관해서는 다음 참조. *Walking in the Dust of Rabbi Jesus*, 31-41.
21. 그리스도 시대에 식탁 교제가 의미한 바는 다음 참조. *Sitting at the Feet of Rabbi Jesus,* 128-44.

6장. 오직 나에게만 주시는 말씀?

1. *Your* Personalized Bible, based on the World English Bible (public domain) (Richland, VA: Phronesis, 2013). 책 제목에서 Your를 이탤릭체로 한 것은 실제 성경에 그렇게 표기되었기 때문이다. 이 성경이 얼마나 개인을 위한 것인가를 강조하고자 그리 했을 것이다.
2. 바울의 글 중 신자 개인의 몸이 성령의 성전이라고 말한 구절은 한 군데밖에 없다(고전 6:19). 집단적 의미로 말한 성전 발언이 압도적으로 많다. Gerald Hawthorne and Ralph Martin, *The Dictionary of Paul and His Letters* (Downers Grove, IL: InterVarsity Press, 1993), 127.
3. Kapuscinski, *Shadow of the Sun*, 36.
4. Sarah Lanier, *Foreign to Familiar: A Guide to Understanding Hot- and Cold-Climate Cultures* (Hagerstown, MD: McDougal Publishing, 2000), 45.
5. 남편의 성을 따르는 여자들은 원가족의 명망을 포기하는 것이다. 여자들은 전통적으로 새로운 가족을 세우는 데 헌신했으므로 남편의 이름을 따랐다. 나의 노르웨이계 조상들은 농장 전체를 장남에게 물려주고 남동생들에게는 아무것도 물려주지 않았다. 이는 노년의 부모를 봉양할 책임이 장남에게 있었기 때문이다. 장남이 아닌 아들들보다는 오히려 가난한 가정의 딸들이 결혼을 통해 신분 상승을 도모할 기회가 많았다.
6. 많은 이들이 지나치게 이름들의 철자와 발음에 초점을 맞추는 이유는 '쉠'이란 단어가 한 사람의 정체성, 명성, 명망을 가리키기도 함을 모르기 때문이다. 그래서 이름의 '명찰 기능'에 협소하게 초점을 맞추는 것이다.
7. Jacob Milgrom, *The JPS Torah Commentary: Numbers* (New York: Jewish Publication Society), 127, 410-13.
8. Michael Fishbane, *The JPS Bible Commentary: Haftarot* (New York, Jewish Publication Society, 2002), 296. 히브리어 성경은 단수형과 복수형이 둘 다 같은 절에 사용될 수 있다. 단수 2인칭이 이스라엘 민족을 인격화하는 시온과 예루살렘에 사용될 경우 여성형이 되기도 한다.
9. C. S. Lewis, *The Chronicles of Narnia: The Lion, the Witch and the Wardrobe* (New York: MacMillan, 1950), 178-79. (《사자와 마녀와 옷장》, 시공주니어, 2001).

10. Nahum Sarna, *Understanding Genesis* (New York: Shocken Books, 1966), 150–51.

11. Solomon Schechter, *Aspects of Rabbinic Theology* (Grand Rapids: Baker, 1998), 170–98.

12. 아케다에 대한 기막힌 주석과 유대 사상 속 해석에 관한 자료는 다음 참조. Shalom Spiegel, *The Last Trial* (New York: Berman House, 1979).

7장. 말씀이 말씀을 부른다

1. 지역별 유대 회중마다 봉독문에는 약간의 차이가 있다. 가장 큰 두 집단은 아슈케나지(유럽계)와 세파르딕(스페인과 북아프리카계) 유대인이다. 토라는 1년 주기로 일독하면서도 3년 주기 선지서 봉독문을 보존까지 한 공동체가 소수 있었다.

2. 피르케 아봇*Pirke Avot* 5:22에서 벤 백백Ben Bag Bag(1세기 초에 살았던 힐렐의 제자다)이 한 말이다.

3. 1년과 3년 하프타롯*haftarot*의 차이에 관한 논의는 다음 참조. Michael Fishbane, *JPS Bible Commentary: Haftarot* (New York: Jewish Publication Society), xix–xxxii. 이번 장에서 참조한 3년 주기 봉독문에 관해서는 다음 참조. Charles Perrot, "The Reading of the Bible in the Ancient Synagogue," in *Mikra*, ed. Martin Mulder (Philadelphia: Fortress Press, 1988), 137–59.

   지난 세기에 많은 근대 회중은 연간 토라 달력을 토대로 3년 주기 스케줄로 바꿨다. 그들은 창세기부터 신명기까지 매년 일독을 하지만 매주 봉독문의 3분의 1만 읽으며 다른 해에 나머지 부분을 읽는다. 총 소요 기간은 3년 반 정도 되는 것으로 보인다. 과거의 3년 주기 전통에서는 토라 부분은 파라샤*parashah*라고 부르지 않고 세데르*seder*(복수형 sederim)라고 칭했다. 1년 주기와 3년 주기의 선지서 읽기는 하프타롯이라고 부른다.

4. 이사야서는 1년 일독표에서 훨씬 적게 읽힌다. 예외는 신명기를 읽는 연말의 몇 주 동안이다. 그때 이사야서를 많이 읽는 이유는 토라와 연관성이 있어서가 아니라 유대 성일을 앞둔 몇 주간 이사야서에서 위로의 말씀을 읽는 전통이 있기 때문이다.

5. 누가복음 7장 27절 참조. "기록된 바 보라 내가 내 사자를 네 앞에 보내노니 그

가 네 앞에서 네 길을 준비하리라 한 것이 이 사람에 대한 말씀이라." 여기서 예수님은 출애굽기 23장 20절과 말라기 3장 1절의 결합으로 세례 요한을 지목하신다. 말라기 3장은 출애굽기 23장 20절에 대한 3년 하프타라 봉독문이다(막 1:2도 참조).

6. Steven Di Mattei, "Paul's Allegory of the Two Covenants (Gal. 4.21-31) in Light of First-Century Hellenistic Rhetoric and Jewish Hermeneutics," in *New Testament Studies* 52 (November 2006): 102-22. 3년 일독표에서 또 다른 '잡아끄는' 교훈은 출애굽기 34장 27-35절과 예레미야 31장 32-39절을 토대로 한 고린도후서 3장 6-18절에 나온다. 한 학자의 보고에 의하면 1세기 이집트의 유대인 철학자 필로Philo가 3년 일독표를 알고 있었다고 한다. Naomi Cohen, *Philo's Scriptures: Citations from the Prophets and Writings: Evidence for a Haftarah Cycle in Second Temple Judaism* (Leiden, Netherlands: Brill, 2007).
7. Safrai and Stern, "Jewish Cultural Nature of the Galilee in the First Century."
8. 3년 일독표를 토대로 하는 찬송가(피유트*piyyut*)도 가사가 히브리어다. 아람어에 관해 학자 Daniel Machiela는 달굼은 주후 70년 이전에는 사용되지 않았다고 한다. "Hebrew, Aramaic, and the Differing Phenomena of Targum and Translation in the Second Temple Period and Post-Second Temple Period," in *The Language Environment of First Century Judaea* (Leiden: Brill, 2014), 209-45.
9. Hananel Mack, "What Happened to Jesus' Haftarah?" HaAretz (August 12, 2005), www.haaretz.com/news/what-happened-to-jesus-haftarah-1.166699. 다른 학자들도 여기에 주목한다.
10. 개인적 관찰이다. 게니자 일독표는 약 9세기 연대로 보인다. 이 일독표들에는 주후 1100년경까지 카이로의 회당에서 사용된 더 오래된 3년 전통에 관한 기록이 있다.

8장. 3차원으로 읽기

1. *JPS Torah Commentary* (New York: Jewish Publication Society) 시리즈는 연결점에 관해서는 아주 민감하고 탁월한 주석집이다. 움베르토 카수토Umberto Cassuto의 창세기와 출애굽기 주석도 고전이다.

2. 아브라함 시대에 창조 기술을 어떻게 이해했을지에 관한 상세한 자료는 다음 참조. John Walton, *The Lost World of Genesis One* (Downers Grove, IL: IVP Academic, 2009). 월튼은 또한 성경이 근대의 과학적 질문에 답할 것을 기대하지 말고 문화적으로 '거기 있는' 실천을 해야 한다고 지적한다.
3. 창세기 랍바 2:4. 창세기 랍바Genesis Rabbah는 주후 300-500년 연대에 나온 랍비들의 창세기 설교 모음집으로서 이전 세기의 통찰을 기록하고 있다. 랍바*Rabbah*는 본문에 대한 방대한 주석이라는 의미에서 '크다'라는 뜻이다.
4. Genesis Rabbah 56.
5. Pinchas Lapide, *The Resurrection of Jesus: A Jewish Perspective* (Minneapolis: Augsburg Fortress, 1982), 91-93.
6. Richard Hayes, *Echoes of Scripture in the Letters of Paul* (New Haven: Yale University Press, 1989); *Reading Backwards* (Waco: Baylor University Press, 2014); 심층 연구를 위해서는 다음 참고. *Echoes of Scripture in the Gospels* (Waco: Baylor University Press, 2016).
7. Erich Auerbach, *Mimesis* (Princeton: Princeton University Press, 1968), 73. (《미메시스》, 민음사, 2012).

9장. 족보 이야기가 왜 그렇게 중요한가

1. Ryszard Kapuscinski, *The Shadow of the Sun* (New York: Random House, 2002), 205.
2. 물론 동성애 행위는 구약과 신약 공히 금하는 것이다. 우리는 결혼으로 성행위가 합법화된다고 보지만, 남매나 가족 간의 금지된 성적 결합은 해당되지 않는다. 그들은 결혼할 수 없었다.
3. 더 자세한 내용은 다음 참조. Ken Campbell, *Marriage and Family in the Biblical World* (Downers Grove, IL: IVP Academic, 2003).
4. A. Chadwick Thornhill, *The Chosen People: Election, Paul and Second Temple Judaism* (Downers Grove, IL: InterVarsity Press, 2015), 135-46.

10장. 회당과 밥상머리 교육

1. E. P. Sanders, "Paul's Jewishness," in *Paul's Jewish Matrix*, ed. T.G. Casey

and J. Taylor (Rome: Gregorian & Biblical Press, 2001), 50-63.

2. Martin Jaffee, "Ontologies of Textuality in Classical Rabbinic Judaism," in *Voice, Text, Hypertext*, ed. Raimonda Modiano, Leroy Searle, and Peter L. Shillingsburg (Seattle: University of Washington Press, 2004), 89.
3. Eric Havelock, *Preface to Plato* (Cambridge: Harvard University Press, 2009), 27. (《플라톤 서설》, 글항아리, 2011).
4. Shmuel Safrai and Menahem Stern, eds., *The Jewish People in the First Century* (Amsterdam: Van Gorcum, 1976), 953.
5. Babylonian Talmud, Hagiga 9b.
6. Safrai and Stern, *Jewish People in the First Century*, 968.
7. 이 인용은 랍비 시므온 벤 요하이(주후 100-160년)의 것이다. 상세한 자료는 다음 참조. Jordan Rosenblum, *Food and Identity in Early Judaism* (Cambridge: Cambridge University Press, 2010), 132.
8. 《예루살렘 탈무드》 메길라 2:5에 의하면 2세기에 갈릴리에 살았던 랍비 메이어 Meir는 방문한 마을에 에스더 두루마리가 없는 것을 보고 즉석에서 써 주었다는 일화가 있다.
9. C. S. Lewis, *The Literary Impact of the Authorized Version* (Philadelphia: Fortress Press, 1963), 28.
10. 나도 처음에 들었을 땐 믿기지 않았다. 하지만 유대 관련 저술을 20년 넘게 읽은 지금까지 나는 많은 사례를 목격했다. 가령 아브라함 헤셸의 《사람을 찾는 하느님》은 성경과 랍비 문학에 대한 참고문헌으로 가득하다. 인용은 얼마 안 되고, 훨씬 많은 부분은 본문에 씨줄과 날줄로 꿰어져 있다. 종종 그리스도인들은 유대 사상에 대한 입문서로 《사람을 찾는 하느님》을 읽을 것을 추천받지만 행간에 너무 많은 내용이 담겨 있어 독서는 더디 진행될 것이다. 헤셸은 그가 쓴 단어 중 성경이나 랍비 사상에서 비롯되지 않은 것은 단 한 단어도 없다고 했다. 이 주제에 관한 상세한 자료는 참조. chapter 3 "String Pearls," in *Sitting at the Feet of Rabbi Jesus*, 36-49.
11. R. Steven Notley and Jeff Garcia, "Hebrew-Only Exegesis: A Philological Approach to Jesus' Use of the Hebrew Bible," in *The Language Environment of First Century Judaea*, vol. 2 (Leiden: Brill, 2014), 370-71.

12. 이 설교들은 《미드라쉬》라는 유대 문학 작품 모음집에 있다. 후대의 랍비들은 본문에서 설교의 교훈을 끌어내기 위해 더 창의적인 방법을 고안해냈다. 신약시대 후 수 세기 동안 랍비들은 히브리 단어의 철자에서 의미를 끌어내거나 문자에 상응하는 숫자를 계산하기 시작했다. 이 지나치게 창의적인 기법은 1세기까지는 사용되지 않았다. David Instone Brewer, *Techniques and Assumptions in Jewish Exegesis before 70 AD* (Tubigen: Mohr Siebeck, 1992).
13. Richter, *Epic of Eden*, 17.

11장. 예수님의 대담한 메시아 주장

1. Robert Funk, *The Five Gospels: What Did Jesus Really Say? The Search for the Authentic Words of Jesus* (New York: Macmillan, 1996), 4.
2. 〈Jerusalem School of Synoptic Research〉를 말한다. 이는 예수님을 1세기 유대 맥락 속으로 재정립하기 위하여 역사적, 언어학적, 비판적 전문지식을 갖추고 공관복음을 연구할 목적으로 모인 유대인과 기독교 학자들의 씽크탱크다.
3. 메시아가 이사야 61장이 이루어졌다고 선포함으로써 희년을 선포한다는 발상은 사해 두루마리 11Q13에 있다.
4. Moshe Weinfeld, "Sabbatical Year and Jubilee in the Pentateuchal Laws and Their Ancient Near Eastern Background," in *Law in the Bible and Its Environment* (Gottingen: Vandenhoeck and Ruprecht, 1990), 173. 흥미롭게도 레위기 25장 9절에서 하나님은 이스라엘의 모든 죄가 사함받는 속죄일에 희년을 선포하라고 명하신다.
5. R. Steven Notley, "First-Century Jewish Use of Scripture: Evidence from the Life of Jesus," *Jerusalem Perspective*, January 1, 2004, www.jerusalemperspective.com/4309/.
6. 다른 방식으로 이 호칭이 사용되기도 했다. 그리스인은 전설적인 영웅을 "하나님의 아들들"이라고 칭했다. 히브리어 성경에서 베네이 엘로힘*benei Elohim*이라는 표현은 욥기 1장 6절처럼 천사를 가리키기도 한다.
7. James Dunn, *Jesus Remembered* (Grand Rapids: Eerdmans, 2003), 709-10. (《예수와 기독교의 기원: 상·하권》, 새물결플러스, 2010).

8. David Flusser with R. Steven Notley, *The Sage from Galilee* (Grand Rapids: Eerdmans, 2007), 107-16. Brad Young, *Jesus the Jewish Theologian* (Peabody, MA: Hendrikson, 1995), 243-52.
9. 〈에녹1서〉 46 참조. 에녹1서는 예수님이 오시기 약 200년 전에 쓰여진 유대 외경이다. 정경의 권위는 없지만 이 책을 통해 예수님이 살던 시대의 유대인의 사고를 읽을 수 있다.
10. Alan Segal, *Two Powers in Heaven: Early Rabbinic Reports of Christianity and Gnosticism* (Leiden, Netherlands: Brill, 2002).
11. 난 삭개오를 직업 때문에 부당하게 소외당했으나 심성은 본디 착한 자로 그리는 주석들에 반대한다. 공동체 사회에서 로마 집권자들 편에 서서 동족에게 피해를 입히고 가족을 배반한 것은 천인공노할 일이었다.
12. David Flusser, *The Sage from Galilee: Rediscovering Jesus' Jewishness* (Grand Rapids: Eerdmans, 2007), 31-32.
13. 예레미야 23장 1-5절과 스가랴 10장 3절에도 유사한 예언들이 있다.

12장. 말씀에 불이 붙을 때

1. Leviticus Rabbah 16:4.
2. 이사야서의 '종'이 늘 이스라엘 민족을 지칭하는 것은 아니라고 보는 해석자들이 있다. 이것은 사실이 아니다. 136-137쪽에서 나는 집단적 사고로 말미암아 지도자가 이끄는 집단과 지도자를 시적으로 동일시하는 경우가 성경에서 종종 발견된다고 했다. 이사야서의 '종의 노래'는 개인과 집단을 넘나드는 여러 성경 구절 중 하나에 불과하다.
3. J. W. Olley, "'The Many:' How is Isaiah 53:12a to Be Understood?" *Biblica* 68 (1987): 330-56; and Jan L. Koole, *Isaiah III, Volume 2: Isaiah 49-55* (Belgium: Peeters, 1998), 336-39. 이 한 줄을 분석하기 위해 뢰벤Leuven은 무려 4페이지 이상을 할애했다. ESV 번역이 용납할 만한 수준이지만 NJPS 타나크*Tanakh*보다는 의미를 제대로 반영하지 못했다고 설명한다.

   주전 3세기 연대의 칠십인역(구약의 헬라어 역본)은 이사야 53장 12절을 NJPS 타나크와 동일하게 해석한다. "그러므로 그가 무리를 상속받고 강한 자와 함께 탈취한 것을 나누게 하리니." NJPS는 12절 후반부를 전반주의 병행구절로 해석하고 있지만, 하나님이 전리품을 종에게 할당하시거나 종이 전리품을 강한 자에게 할당하거나, 어느 쪽으로 읽어도 무방하다. 누가복음 22장 29절에서 예수님은 두 번째 방식으로 해석하셨던 것으로 보인다.

13장. 사람이 무엇이관대

1. James Kugel, *The Great Poems of the Bible* (New York: Simon and Schuster, 1999), 30-43.
2. 앞의 책.
3. Abraham Joshua Heschel, *God in Search of Man* (New York: Ferrar, Straus and Giroux, 1955), 36.
4. John Levenson, "Why Jews Are Not Interested in Biblical Theology" in *The Hebrew Bible, the Old Testament, and Historical Criticism* (Louisville: Westminster John Knox, 1993), 31-61.
5. Kugel, *Great Poems of the Bible*, 30-43.
6. 앞의 책.
7. Ziony Zevit, "Three Ways to Look at the Ten Plagues," *Bible Review* 6, no. 3 (June 1990): 16-23, 42. 민수기 33장 4절은 "여호와께서 그들의 신들에게도 벌을 주셨더라"고 했음을 주목하라.
8. 송축 기도에 관한 상세한 자료는 다음 참조. Ann Spangler and Lois Tverberg, *Sitting at the Feet of Rabbi Jesus* (GrandRapids: Zondervan, 2009). 특히 "For Everything a Blessing" 챕터와 복에 관한 별첨 목록 참조.
9. Sarna, *Understanding Genesis*, 4-18.
10. Moshe Greenberg, " Some Postulates of Biblical Law" in *Essential Papers on Israel and the Ancient Near East*, ed. Fredrick Greenspahn (New York: NYU Press, 1991), 333-52.
11. 그린버그Greenberg는 신약시대에 이르러서는 유대 율법에 인명이 소중하다는 발상이 더 강하게 반영되어 사형이 극히 드문 일이 되었다고 한다. 살인자의 생명조차도 하나님께 소중하다는 것이다.

참고문헌

Bailey, Kenneth E. *Jesus through Middle Eastern Eyes*. Downers Grove, IL: IVP Academic, 2008. (《중동의 눈으로 본 예수》, 새물결플러스, 2016).

———. *Poet and Peasant and Through Peasant Eyes*, combined ed. Grand Rapids: Eerdmans, 1983. (《중동의 눈으로 본 예수님의 비유》, 이레서원, 2017).

Bivin, David. *New Light on the Difficult Words of Jesus: Insights from His Jewish Context*. Holland, MI: En-Gedi Resource Center, 2005. (《유대인의 눈으로 본 예수》, 이스트윈드, 2018).

Boyarin, Daniel. *The Jewish Gospels: The Story of the Jewish Gospels*. New York: The New Press, 2012.

Brunn, Dave. *One Bible, Many Versions: Are All Translations Created Equal?* Downers Grove, IL: InterVarsity Press, 2013.

Burge, Gary. *Jesus, the Middle Eastern Storyteller*. Grand Rapids: Zondervan, 2009.

Dickson, Athol. *The Gospel According to Moses: What My Jewish Friends Taught Me about Jesus*. Grand Rapids: Brazos Press, 2003.

Flusser, David with R. Steven Notley. *The Sage from Galilee: Rediscovering Jesus' Genius*. Grand Rapids: Eerdmans, 2007.

Haidt, Jonathan. *The Righteous Mind*. New York: Pantheon, 2012. (《바른 마음》, 웅진지식하우스, 2014).

Hammer, Reuven. *The Torah Revolution: Fourteen Truths That Changed the World*. Woodstock, VT: Jewish Lights Publishing, 2011.

Hayes, Richard. *Echoes of Scripture in the Gospels*. Waco: Baylor University Press, 2016.

———. *Echoes of Scripture in the Letters of Paul*. New Haven: Yale University Press, 1989.

———. *Reading Backwards*. Waco: Baylor University Press, 2014.

Heschel, Abraham. *God in Search of Man: A Philosophy of Judaism*. New York: Farrar Straus Giroux, 1976. (《사람을 찾는 하느님》, 한국기독교연구소, 2007).

———. *The Prophets*. New York: Harper and Row, 1962. (《예언자들》, 삼인, 2004).

Kaiser, Walter and Duane Garrett. *Archaeological Study Bible: An Illustrated Walk through Biblical History and Culture*. Grand Rapids: Zondervan, 2006.

Knohl, Israel. *The Messiah before Jesus: The Suffering Servant of the Dead Sea Scrolls*. Berkeley: University of California Press, 2000.

Lanier, Sarah. *Foreign to Familiar: A Guide to Understanding Hot- and Cold-Climate Cultures*. Hagerstown, MD: McDougal Publishing, 2000.

Lapide, Pinchas. *The Resurrection of Jesus: A Jewish Perspective*. Eugene, OR: Wipf & Stock, 1982.

Nida, Eugene. *Meaning Across Cultures*. Maryknoll, NY: Orbis, 1981.

Pearl, Chaim. *Theology in Rabbinic Stories*. Peabody, MA: Hendrickson, 1997.

Provan, Iain. *Seriously Dangerous Religion: What the Old Testament Says and Why It Matters*. Waco: Baylor University Press, 2014.

Pryor, Dwight A. *Behold the Man*. DVD series and study guide. Dayton, OH: Center for Judaic Christian Studies, 2008.

———. *Unveiling the Kingdom of Heaven*. DVD series and study guide. Dayton, OH: Center for Judaic Christian Studies, 2008.

Richards, E. Randolph and Brandon O'Brien. *Misreading Scripture with Western Eyes*. Downers Grove, IL: InterVarsity Press, 2012. (《성경과 편견》, 성서유니온선교회, 2016).

Richter, Sandra. *The Epic of Eden*. Downers Grove, IL: InterVarsity Press, 2008. (《에덴에서 새 애덴까지》, 부흥과개혁사, 2013).

Rihbany, Abraham Mitrie. *The Syrian Christ*. New York: Houghton Mifflin, 1916.

Rudolph, David and Joe Willits, eds. *Introduction to Messianic Judaism*. Grand Rapids: Zondervan, 2013.

Safrai, Shmuel and Menahem Stern, eds. *The Jewish People in the First Century* (2 vols.). Philadelphia: Fortress Press, 1976.

Sarna, Nahum. *Understanding Genesis: The World of the Bible in Light of History*. New York: Schocken Books, 1966.

———. *Exploring Exodus: The Origins of Biblical Israel*. New York: Schocken Books, 1996.

Schechter, Solomon. *Aspects of Rabbinic Theology*. Peabody, MA: Hendrickson, 1998 (1909).

Spangler, Ann and Lois Tverberg. *Sitting at the Feet of Rabbi Jesus: How the Jewishness of Jesus Can Transform Your Faith*. Grand Rapids: Zondervan, 2009.

Stern, David H. *Jewish New Testament Commentary*. Baltimore: Messianic Jewish Resources International, 1992.

Tverberg, Lois. *Listening to the Language of the Bible: Companion Bible Study*. Holland, MI: En-Gedi Resource Center, 2005.

———. *Walking in the Dust of Rabbi Jesus: How the Jewish Words of Jesus Can Change Your Life*. Grand Rapids: Zondervan, 2012. (《랍비 예수》, 국제제자훈련원, 2018).

Tverberg, Lois with Bruce Okkema. *Listening to the Language of the Bible: Hearing It through Jesus' Ears*. Holland, MI: En-Gedi Resource Center, 2004.

Vander Laan, Ray. *Faith Lessons*. DVD series and study guides. Grand Rapids: Zondervan, 1998–2008.

Walton, John. *The Lost World of Genesis One*. Downers Grove, IL: IVP Academic, 2009.

Walton, John and Craig Keener. *Cultural Backgrounds NIV Study Bible*. Grand

Rapids: Zondervan, 2016.

Wilson, Marvin. *Our Father Abraham: The Jewish Roots of the Christian Faith*. Grand Rapids: Eerdmans, 1989.

Wright, N.T. *How God Became King: The Forgotten Story of the Gospels*. New York: Harper Collins, 2012. (《하나님은 어떻게 왕이 되셨나》, 에클레시아북스, 2013).

———. *The Challenge of Jesus: Rediscovering Who Jesus Was and Is*. Downers Grove, IL: InterVarsity Press, 1999. (《예수의 도전》, 성서유니온선교회, 2014).

Wu, Jackson. *One Gospel for all the Nations*. Pasadena, CA: William Carey Library, 2015.

Young, Brad. *Jesus the Jewish Theologian*. Peabody, MA: Hendrickson, 1995.

———. *The Parables: Jewish Tradition and Christian Interpretation*. Peabody, MA: Hendrickson, 1998.

유용한 웹사이트

Our Rabbi Jesus: His Jewish Life and Teaching	OurRabbiJesus.com
En-Gedi Resource Center	EnGediResourceCenter.com
Center for Judaic-Christian Studies	JCStudies.com
That the World May Know	ThatTheWorldMayKnow.com
Jerusalem Perspective	JerusalemPerspective.com
Hebrew for Christians	Hebrew4Christians.com
Torah Class	TorahClass.com

국제제자훈련원은 건강한 교회를 꿈꾸는 목회의 동반자로서 제자 삼는 사역을 중심으로 성경적 목회 모델을 제시함으로 세계 교회를 섬기는 전문 사역 기관입니다.

랍비 예수와 함께 성경 읽기

초판 1쇄 인쇄 2018년 9월 13일
초판 1쇄 발행 2018년 9월 20일

지은이 로이스 티어베르그
옮긴이 손현선

펴낸이 오정현
펴낸곳 국제제자훈련원
등록번호 제2013-000170호(2013년 9월 25일)
주소 서울시 서초구 효령로68길 98(서초동)
전화 02)3489-4300 **팩스** 02)3489-4329
이메일 dmipress@sarang.org

ISBN 978-89-5731-768-6 04230
ISBN 978-89-5731-767-9 04230 (세트)

※ 표지 디자인은 Baker Books의 영문판 원서를 참고하였음.

※ 책값은 뒤표지에 있습니다. 잘못된 책은 구입하신 곳에서 교환해드립니다.